개정판

집단 미술치료 방법론 II

임상적 실제

옥금자 지음

圖書出版 하나醫學社

머리말

나의 첫 기억에서부터 지금에 이르기까지 수많은 집단경험을 돌아보면 누군가와의 관계를 소중히 하는 삶을 가슴으로 가리키신 내 아버지의 모습이 가장 먼저 떠오른다. 단 한 번의 부정적인 표현없이 늘 나의 뒤에서 내가 무언가를 할 수 있도록 준비해주시고 지지해주셨던 그분이 있었기에, 나는 부족함마저도 의기양양하게 자랑스러워했던 기억들이 많은 세월이 지난 지금에서야 그 의미를 알게 한다. 끝없이 나를 믿고 인정해주신 그분의 준비된 뜻아래 지지되었던 어린시절의 기억들은 이 책의 전체에서 치료집단들과 연관되어 있으리라 생각한다. 사춘기 10대부터 치료적 복지서비스활동에 참여하고 20대를 사회적 · 문화적 · 경제적 소외집단과 함께하면서 30대에 들어서면서 구체적인 치료집단에 참여하면서 집단관계경험과 가족 그리고 개인의 역동에 관심을 갖게 되었고, 그 과정에서 나는 예술치료가 담고 있는 새로운 힘을 발견하였다. 그러한 삶의 과정과 함께 성장해온 치료영역의 일들은 "그렇게 하면 되겠구나, 네 말대로 해야겠어"라고 늘 말씀하셨고 그대로 진행되었던 아버지와 나 사이에 있었던 이야기들이 현재 내가 만나는 치료집단에서 이뤄지고 있음은 그리 놀라운 일이 아니며 앞으로도 남은 삶에 계속 그렇게 흘러가리라 본다. 내가 그것을 믿고 있듯이 치료집단에 들어오는 그들 모두도, 이 책 속에 자신의 이야기를 내어놓았던 집단원들도, 믿음의 관계 안에서 계속 성장해가리라 본다. 그래서 나는 나의 치료관계에 대해 집단관계에 대해 그리고 그들 스스로의 치유능력에 대해 의심의 여지가 없다.

그 믿음 안에 전개되는 집단이 갖는 무의식의 발달과 관계경험을 이 책에 다 수록하지는 못하고 주제에서 제시한 방법론에 초점을 둘 수 밖에 없었지만, 전체내용 구석구석에 내가 만난 그들의 능력이 숨쉬고 있다는 것을 이 글을 읽는 독자들도 어느 한 부분에서 공감할 수 있으리라 본다.

2007년에 이 책의 초판이 출간되고 이후 몇차례 재인쇄가 되었다가 이번에 "집단미술치료 방법론Ⅰ" 개정판이 발행되면서 이 책도 동시에 부분적인 개정을 하게 되었다. 처음에는 추가할 내용이 많다고 생각했지만 이후에 다양한 집단을 사례집으로 구체화할 계획이 있어 이 책에 추가하지 않았다. 다만 제1부의 내용을 모아 한챕터로 묶어 각 장이 변동되었고 제목과 내용이 다소 수정되었으므로 큰 변화는 없다.

이 책의 제1부에서는 집단미술치료사들이 예술언어와 집단의 정신역동에 접근하기위해 언어적 상호작용을 적용하는데 경험되는 긴장과 딜레마와 관련된 이슈를 다루고 있다. 제2부에서는 다양한 집단의 일반적인 이슈와 집단미술치료의 에너지에 초점을 두고 예술언어의 역동적 치료접근을 다룸으로서, 집단이론과 예술적용집단에서 일어나는 치료적 의사소통의 발전을 보여주는 내용으로 전개되고 있다. 특히 제2장에서는 집단의 가장 많은 영역을 차지한다고 볼 수 있는 부적응 아동 · 청소년의 집단에 초점을 두고 생태체계 접근의 환경요소를 배제하지 않으면서, 얄롬과 비온의 집단역동이론과 대상관계이론접근의 자세로 개입된 구성과 방법적 틀을 구체화시킴으로서 집단미술치료사들이 힘들어 하는 방법론을 익힐 수 있게 하였다. 제3장에서는 자폐장애아동 · 청소년 집단치료의 가능성과 사회기술의 필요성을 강조하여 방법적 접근을 제시하였으며, 제4장에서는 폭력가정아동 · 청소년의 집단치료에서 쉼터 개입의 과정을 다루었고, 제5장에서는 입양과 파양아동 · 청소년의 집단치료 이슈와 치료과정의 발달적 개입을 다루었다. 제6장에서는 정신건강의학과환자의 집단미술치료 가능성과 미술치료사의 임상영역을 다루었다. 특히 정신건강의학과의 다른 전문영역과 미술치료임상영역의 차이점을 제시하고, 정신건강관련기관의 장기집단과 단기집단 그리고 가족개입을 언급하여 미술치료사들이 정신건강영역의 임상가로서 무엇을 준비해야 하는지 생각해볼 기회를 제공하였다. 제7장에서는 전문성을 강조한 치매노인집단과정의 방법을 제시해보려고 노력하였고, 제8장에서는 집단의 핵심이며 기초가 되는 가족치료의 기본개념을 제시하여 집단미술치료의 핵심을 배제하지 않으려 노력하였다. 제8장에서 15년이상 경험한 가족집단치료와 좀 더 다양한 집단을 수정본에서 구체화하려 했으나 이번에도 추가하지 못하여 아쉬운 마음이다.

이 책은 〈집단미술치료방법론 I〉과 〈청소년임상미술치료방법론〉 그리고 〈아동청소년의 정신건강 중재를 위한 발달적 접근과 특성별 지침서〉와 〈이상심리 미술치료지침서〉를 함께 봄으로써 더욱 도움이 될 수 있다. 이 책이 모든 미술치료사들의 임상에 지침서가 되고 개인의 성장을 위해 읽혀지기를 바라며, 미술치료사들 외에도 집단을 만나고 돕는 일에 함께하는 독자들에게 안내서가 되고, 미술치료가 전문직으로서 튼튼하게 뿌리내리는 데 기초자료가 되기를 기대해본다.

무엇보다 집단에서 만난 수많은 인연들에 감사하고 그들이 가진 능력이 더욱 빛나고 아픈만큼 그 이상으로 성숙하리라 믿어 의심치 않는다. 수정판을 낼 수 있도록 허락해 주시고 늘 한결 같이 지지해주시는 오무근 사장님께 감사드리고 늘 건강하시기를 기도한다. 편집과 교정을 도와주시는 하나의학사의 소정영 전무님에게도 이 지면을 빌어 진심으로 감사드린다.

2016년 8월에 개정판을 내면서

지은이 옥금자

차 례

표 목차

제1부 집단미술치료의 일반적 이슈

집단미술치료에서 다뤄져야 할 이슈는 다양하지만 "집단미술치료방법론 Ⅰ"에서 일차적인 내용은 다루어졌으므로, 이 책에서는 집단미술치료사들이 예술언어와 집단의 정신역동에 접근하기 위하여 언어적 상호작용을 적용시키는데 있어서 흔히 경험하게 되는 긴장감과 딜레마와 관련된 내용을 다루려고 한다.

제1장
집단과 미술치료

1. 예술언어와 집단역동

어떤 집단미술치료사는 예술언어에서 제공하는 자료의 양이 너무 많아서 집단진행이 늦추어진다고 호소하기도 하지만 대부분의 집단미술치료사들은 구성원들이 표현하는 심상이 집단과정에 참여할 수 있도록 촉진하고 불안을 감소하기 때문에 적절하다고 한다. 다른 어떤 미술치료사는 작품에서 노출되는 심상이미지의 시각화와 언어적 표현성이 그리고 구성원과 치료자의 투사로 오는 모호성에 의한 위협감이 높으므로 힘들다고 말하기도 하고, 때로는 수용되지 못하는 감정의 불협화음으로 충돌이 일어나 언어화하는데 두려움을 갖기도 한다. 아마도 이러한 현상들은 심상을 사용하는 예술언어와 의식화의 언어화과정의 통합에서 요구되는 집단미술치료과정의 다양한 역동적 이슈에 대한 중재가 있음으로서 극복되고 집단의 전체목표에 도달하게 된다고 믿는다. 아래에서는 이러한 요소들에 대해서 다뤄질 것이다.

전문적인 집단미술치료사의 역할이 있다

집단미술치료에서 창조적이고 예술적인 치료자의 전문성은 집단에 매우 중요한 영향을 미친다. 집단미술치료사가 미술매체와 미술표현들을 이해하지 못한다면 집단구성원이 창조한 결과물에서 그들의 내적이미지와 결합하지 못할 뿐 아니라 만약 의식적인 사고에만 관점을 갖는다면 집단구성원들의 이슈를 다룰 준비가 되어 있지 않다고 볼 수 있다. 집단치료에서 치료자의 가치기준과 인간에 대한 관심능력 외에 전문적인 자질은 집단과정의 방향에 막대한 영향을 미친다. 집단에서 미술치료사는 집단구성원의 창작표현과 언어를 통합하고 다룰 수 있어야 하며 집단발달의 과정에서 드러나는 작품을 발달적 관점에서 이해할 수 있어야 한다. 집단의 창작과정에서 도출된 작품이 내적과정의 시각적 산물이라는 것과 관련하여, 구성원들 개인의 작품에서 표현된 어떠한 내용도 어떠한 충격적인 내적이미지들도 존중됨으로써 안전하게 표출할 수 있도록 허용하고 도와야 하며, 강점적 에너지 중심의 창조적 사고를 사용할 수 있도록 지지되어야 한다.

집단의 사전 오리엔테이션과정과 면담이 끝나면 집단의 첫 회기를 맞이하게 된다. 이미 사전면담에서 집단의 전체목적과 개인목표의 기초적인 틀은 설정되지만 첫 회기의 만남은 집단의 공식화된 동기와 목표를 제공하므로 매우 중요하다. 집단에 참여한 구성원들의 이유가 합목적적인 결과가 되기 위해서는 그들의 문제를 대안적 형태로 바꾸어야 하며 이것은 지지적 만남만으로는 불가능하다. 그러나 집단미술치료사의 능력으로서 전문적 역할에는 구성원들의 욕구를 집단역동의 장으로 끌어내는 능력이 포함되며 이때 사용되는 치료적 재료는 창조적이고 예측할 수 없는 충격적 경험을 하게 하면서 집단의 속도를 따라 표면화된다. 구성원개인은 이것을 대상화함으로써 자신의 문제를 구체화하게 되며, 그러한 경험이 집단내에 공유됨으로써 집단 응집성이 강화된다.

이를 위한 하나의 방법은 첫 회기에 집단의 동기부여와 신뢰를 위한 집단의식을 치르는 것이다. 예를 들면 4절지 도화지에 구성원들이 각자 원하는 색의 마커펜으로 자신들의 손을 본뜨되 원형을 따라 순서대로 향하게 한다. 전체가 손 그림을 완성하면 그 중심에 치료자가 있게 된다. 다음 단계에서는 손 그림을 집단의 중심에 놓고 느낌을 공유함으로써 이차적인 언어적 의식을 갖게 된다. 의식이 끝나면 작품에 초점을 두어 전체에게 지배적인 느낌으로 다가오는 색채와 배경으로 집단의 이름을 명명화 할 수 있다. 이 과정의 결과물은 집단을 맞이하고 함께 할 수 있는 장소에 붙일 수 있다. 이 외의 다양한 다른 방법(예를 들면 실타래를 나누는 "표현예술치료를 만나는 정신건강이야기"의 제4장 내용참조)으로도 집단구성원간의 신뢰와 응집을 위한 집단의 최초만남에서 적용될 수 있을 것이다.

다음 회기부터 계속되는 만남에서는 집단의 독특한 리듬을 타면서 진행되기도 후퇴하기도하면서 때로는 한 구성원이 집단의 초점이 되기도 하고 무시되기도 하며 치료자에게 의존되기도 한다. 이때 집단치료자는 집단의 역동을 사용하는데 무력감을 느끼기도 하고 집단 또한 침체기를 맞기도 한다. 이에 대한 대처로 치료자에게는 동료나 감독자의 지원이 요구되기도 한다. 다음 회기의 보편적인 시작은 지난주의 생활과 미해결요소를 질문하는 것으로부터 시작할 수 있다. 이러한 접근은 지난 주에 집단에서 나누었던 대화와 관련이 있으며 무심코 지나쳤던 개인의 과정이 중요한 이슈가 되기도 한다. 이러한 관심은 집단의 합의점에 도달하고 각 개인의 치료에 조화를 이루게 하는 집단의 역동이며 힘이다. 작품은 그 느낌을 지속하고 간직하므로 집단과정에 바로 활용될 수 있으며 정서의 정화와 개인의 목표를 향하게 하는 의미 있는 중간 매개물로 작용한다.

집단의 후반부 단계에서는 구성원 각자 기대의 합의점에 도달하기 위한 확인과정으로 안내된다. 초기의 기대가 이루어졌는지 확인함으로써 필요요소를 찾고 안내받으면서 작품과정과 집단과정의 잠복기에 있는 이슈의 이미지를 재확인하며 다루어 현재의 자기를 통합해 가게 된다. 이때 이전에 다뤄지지 않았던 내용에도 주의를 기울이도록 안내되므로 구성원들은 스스로 자기의 내적세계로 인도되며 해결을 위한 대안을 발견하게 된다. 이러한 과정은 그 자체로서의 의미가 있으며 집단치료자는 그러한 집단미술치료의 과정과 발달단계를 성취하기 위해 요구되는 기술을 적용할 수 있어야 한다.

전문적인 집단치료자의 훈련이 필요하다

현재 우리사회에서는 20여년동안 지속적으로 미술치료가 확산되고 있고 대학원과 학회 및 협회를 통해 미술치료사들이 배출되고 있다. 짧게는 3개월 과정에서 치료사자격을 받는 경우도 있으며 길게는 3년 이상의 교육과 임상경험을 거쳐 개별수퍼비전과 집단수퍼비전을 받아야 치료사자격시험에 응시할 수 있는 자격조건이 인정되는 기관도 있다. 그러나 상당기간 훈련을 요하는 교육기관에서 조차 집단치료자로서 자격을 갖춘 전문훈련은 제한적이고 안내하는 감독자와 교육자들마저 집단치료에 대한 전문훈련 경험이 부족한 경우가 있다. 때문에 다양한 기관에서 집단미술치료가 시행되고 있음에도 불구한고 그 전문성을 인정받지 못할 뿐만 아니라 오히려 치료를 왜곡시키는 기관의 요구로 인해 좌절하는 치료사들도 적지 않다. 미술치료가 아직은 전문직으로서의 당위성을 주장하지 못하고 있다 하더라도 집단미술치료가 사회에서 지속적으로 요구되고 확산되고 있다면 학회와 협회 및 전문교육기관에서 더욱 심도있게 집단미술치료사의 훈련을 구체화해야 한다.

효과적인 집단을 위해 집단미술치료사의 창작체험은 필수적이다

집단에서 미술창작의 경험은 치료적 경험으로서 정신과 신체의 경험이며 정서적 경험이다. 그러므로 집단미술치료사가 집단구성원을 창작과정으로 안내하기 전에 치료사 스스로의 경험이 없다면 구성원의 경험을 공감하기 어려울 것이다. 정서의 만남은 실재경험이 아니고서는 불가능하기 때문이다.

미술매체는 집단발달에 적합해야 한다

집단치료에서 미술은 진단도구가 아니라 의사소통으로서 개인과 집단전체와 구성원들의 중요한 개인적 이슈를 반영하기 위해서 사용되며 개인이 표현한 창작이미지는 보편적으로 수직적 · 수평적 두 유형의 방법으로 탐구되어진다. 이해를 돕기 위해 한 구성원이 쓰러질 것 같은 어린 나무를 그려내고 그 나무를 중심으로 검붉은 소용돌이와 날카롭고 삼킬듯한 검은색의 형상을 표현한 사례를 들어보자. 나눔 과정에서 그가 지속적으로 느끼고 있는 상처적인 가족관계를 떠올렸고 그 이미지를 통해서 자신의 불안과 위험을 느끼는 심리상태를 확인하였다면, 이것은 이야기한 구성원의 수직적인 자기탐구이며 이러한 설명에는 이야기한 구성원의 감수성과 감정이입이 있어야 한다. 경험이 적은 집단치료사는 아마도 여기에서 나눔을 중지할 지도 모른다. 그러나 느낌을 나눈 후 집단치료자는 구성원의 관심을 다시 그림으로 이동하여 바라보게 하고, 푸른색의 원형상과 검붉은 소용돌이가 검은색의 형상이미지에게 어떠한 영향을 미치는 것 같은지 질문할 수 있다. 푸른색의 원형은 검붉은 소용돌이와 삼킬듯한 검정색의 형상에게 이떻게 영향을 주고 있는지 질문하여 그것들의 관계를 살펴보도록 안내한다면 그는 자신의 그림에서 무엇인가를 발견할 수 있을 것이며 이러한 이미지탐구를 수평적 접근이라고 한다.

미술매체의 창작경험은 집단구성원의 일상에서 겪게 되는 어려움을 적극적인 가능성으로 안내하는 은유적인 사고를 자극한다. 정신분석집단이 아닌 활동중심의 매체활용이라 하더라도 안내자의 치료적요소가 깊으면 깊을수록 구성원개인의 내면을 자극하고 그것은 작품 속에서 조명된다. 생활 속의 문제는 단기간의 창작경험에서 해결될 수 없으며 자신의 작품에 대한 진지한 관찰적자세가 함께 갈 때 집단미술치료과정은 대처방법을 찾기 위한 방법으로서 제공될 수 있으며 생활의 변형적 수정방법은 자극되어 개인으로 하여금 자신의 해결을 찾아가게 한다.

집단의 작품공유는 치료적 시간으로 관리되어야 한다

집단치료에서 언제 작품을 끝내고 나눔을 시작하여 작품을 공유할지에 대한 결정과 시간관리는 치료자에게 상당한 부담을 갖게 한다. 구성원이 창작과정에 몰두할 때 그 시간은 집단전체가 침묵의 대화에 들어가게 하므로 구성원 각자 차원의 자기탐구과정으로서 가능해진다. 그러나 작업을 마치고 그들의 작품을 탐구하는 시간은 긴장감을 가져다줄 뿐 아니라 그 긴장은 자기관찰을 외면하고 피상적인 의미에 대한 언급으로 서둘러 끝내고 싶은 생각으로 마무리되기도 한다. 이때 집단치료사가 구성원개인의 작품에 구체화된 이미지에 대한 신뢰를 토대로 거리를 두고 만난다면 표면적으로 끝낸 구성원도 여전히 집단이 끝난 후에도 도움을 지속할 수 있게 된다. 또는 작품이미지에 대한 언어화가 되지 않았더라도 그들은 자신이 자기의 내적관찰자로서 평가자로서 탐구는 계속될 수 있다. 그러나 만약에 그들의 언어적 표현이 집단 안에서 존중받지 못하거나 부적절하다고 무시되거나 그의 망설임이 비난받게 되면 그들은 분노하거나 집단을 거부하게 될 것이다. 또는 주제와 집단의 관심에 맞추고 적당한 시간을 사용하면서 예절바르고 집단분위기에 짜 맞추어지거나 그의 탐구적 태도가 변화를 가능하게 하는 적절한 대처로 부추겨진다면, 그것은 이미 정해진 시간을 적절하게 사용할 수 있게도 하지만 집단을 어려움에 빠지게 할 수도 있다.

만약 앞 절에서 소개된 수직적 · 수평적 접근의 방법으로 나눔 과정이 안내된다면 몇몇 개인의 이미지탐구에 시간을 모두 소모하고 말 것이다. 그러한 경우 다른 구성원들은 자신들이 방임되었다는 느낌을 가질 수 있어서 이또한 고려되어야 할 것이다. 경험있는 미술치료사는 이러한 시간적 고갈과 어려움의 이슈에 적절하게 대처하겠지만 생각해 보아야 할 점은, 작품을 공유하는 시간은 구성원개인이 자신의 결과물을 통해 자신의 내적해답을 추구하게 되는 전환기이며, 집단으로부터 특별히 제공되는 기회이며, 그들의 욕구가 반영된 시간조절이어야 한다는 것이다. 집단시간에 대한 이러한 대처는 집단을 보다 효과적이게 하는 중요한 조건이 된다.

집단과정으로서 체계접근과 미술매체의 결합문제

구성원 개인을 둘러싼 체계("청소년임상미술치료방법론" 제1장 참조)는 크게 미시체계, 중간체계, 외부체계, 거대체계 등 네 유형으로 생각해볼 수 있다. 그중 가장 직접적인 관계인 미시체계를 예로 들어보자. 구성원 1명의 가족을 최소한 3명의 체계구성으로 가상해보았을 때, 집단치료사가 감당해야 하는 체계의 범위는 6명의 구성원인 경우 미시체계는 18명이 된다. 그러므로 치료자가 만나야 하는 구성원은 6명의 구성원이지만 실재 치료에 포함되는 인원은 18명의 집단구성원체계를 감당해야 한다는 추론이 가능해진다. 그러나 구성원개인들은 미시체계 중 가장 직접적인 가족관계 뿐 아니라 직장, 학교관계로 이어지며 미시체계와 뗄 수 없는 친구와 이웃관계인 중간체계로 확장되고, 다시 사회와 문화, 종교 등의 외부체계로 연결될 뿐 아니라 인종과 문화, 철학, 사회경제적 요소인 다양한 거대체계로까지 확정되고 연결되면서 지속적이고 반복적으로 순환된다. 이것은 인간이 살아가는 일상적이고 보편적인 현상이며 경험이다. 이러한 현상들은 집단에서 부분적으로는 조화를 이루지만, 일부는 불만족한 경험으로(예를 들면 이혼, 약물, 알코올, 발달상의 다양한 문제들) 혼돈과 고통을 겪고 있는 이들로 형성된다. 집단미술치료사는 구성원의 개인력과 문제특성을 이해하면 할수록 부딪히게 되는 체계들과의 상처적 깊이를 더 많이 느끼게 된다.

이러한 내용들은 작품이미지에 집중되어 있을 수 있다. 작품의 이미지는 기억을 모으고 경험과 관계는 인식되어 치료관계에 유용한 도구로 사용된다. 그러므로 집단미술치료사는 집단에서 상호소통의 일부분으로서 구성원들에게 미술표현을 요구할 때, 표현이 쉽고 미술도구는 다루기 쉬운 것들로 준비해야 하며 치료공간은 실용적이고 합목적적이며 편안한 작업 공간의 모습을 갖추고 있어야 한다("집단미술치료방법론 I" 제8장 참조). 미술매체 선택은 현실적인 문제와 관련하여 매체의 실용성(쉽게 선택하고, 친숙한)이 고려되어야 하며, 구성원과 집단의 발달적 연관성, 애착관계의 연속성, 안전성, 놀이성, 융통성, 목적성을 고려해야 한다. 미술매체와 도구로 진행되는 집단의 과정은 놀라울 정도의 효과적인 에너지를 제공하므로 깊은 경험적 기억을 자극하고 형태화 한다. 보여지는 이러한 시각적 형태는 감정을 자극하고 연상을 끌어내어 다양한 연상과 상호소통을 안내하며 이것은 치료자로 하여금 이해할 수 없었던 신경생리학적 접근을 가능하게 한다. 창작결과물은 구성원의 인지적, 감정적, 본능적, 모방적 등 감각에 반응하고, 운동감각적, 청각기관의 자극, 후각기관의 자극과 같은 생리적 반응의 이미지화를 가능하게 하고 내적언어로 소통하게 하는 독특성을 가지므로 간혹 예술언어의 활용은 이미지의 전이현상으로 인해 집단을 위협하기도 한다. 전이의 내용이 심각한 문제였을지라도 문제해결을 위해 집단에서 밝히는데는 어려울 수 있으며 이러한 상황과 문제의 이슈화에 노출되는 미묘한 상황도 있으므로 이를 극복하기 위해서는 치료자의 개인적 감정을 전달하는데 유의해야 한다.

2. 전체로서의 집단

“집단미술치료방법론 I”에 소개된 이론의 전반에서 이미 전체로서의 집단현상에 관한 논의 가 있었다. 희생양, 정서적관계, 사회적관계, 집단응집, 집단의 규범, 하위집단, 집단의 발달, 새로운 구성원의 참여, 집단안내자의 부재, 과정상의 전반적인 문제와 관련된 규준 등의 집단현상들은 집단행동에 중요한 영향을 미치는 힘으로 작용한다. “집단미술치료방법론 I”의 제2장(집단의 개인역동과 인간환경)에서 설명되었듯이 집단은 개인으로 또는 두 사람 관계에서보다 집단에서 매우 다른 행동을 하게 되므로, 인간의 행동은 그 사람이 처해있는 환경에 대한 인식없이 충분히 이해한다는 것은 불가능하다. 학자들에 따라서는 집단현상에 대해 다른 견해를 주장하기도 하는데, 집단전체에 대한 연구로는 트로터(Trotter, 1921)의 “전쟁과 평화 속에서의 군집본능”, 르봉(Le Bon, 1985)의 “군중심리론”, 맥두걸(McDougall, 1920)의 “조직화된 집단과 비조직화된 집단의 집단심리”, 프로이드(Freud, 1921)의 “집단심리학과 자아의 분석”이 핵심이 되는 문헌들이라고 볼 수 있으며 이러한 이론가들의 연구를 토대로 집단현상에 대한 다양한 이론적 확장이 가능해졌다. 여기에서 이론가들의 시각을 심도 있게 다룬다는 것은 이 책의 범위를 넘어서므로 미술치료 관점에서 범위를 좁혀 전체로서의 집단이론 개념을 사용하도록 하겠다.

전체집단에 대한 이론적 정의

집단을 전체적으로 바라보면 개인이 시 · 공간으로부터 분리되어질 수 없으며, 집단에서 벗어 나 있다거나, 집단심리학으로는 실재가 표현되지 않을 수 밖에 없다는 것과, 집단 반응과 행동은 반드시 존재한다는 것을 관찰할 수 있을 것이다. 만약 집단을 대상으로 관찰이 더 용이해지거나 집단에 대한 설명이 되어진다면 그것은 트로터가 가정했던 것처럼 군집본능에 관한 이론에 근거한다고 볼 수 있다. 트로터는 동물에게서처럼 인간에게도 본질적으로 있는 군집성으로부터 집단현상을 끌어내고 자기보존의 본능, 식욕본능, 성본능과 함께 군집본능을 네 번째인 마지막 본능으로 가정했는데, 이 마지막 본능인 군집본능은 세 번째까지의 성본능보다는 외부에서 발생되는 것처럼 보여지며 보다 사회적인 것으로 생각된다.

전체로서의 집단에 대해 플크스와 안토니(Foulies&Anthony, 1984)는 오케스트라 연주를 예로 들어 전체로서의 집단경험을 설명했다. "오케스트라에서 개개인의 연주는 그들이 담당한 부분의 악기를 연주할 것이며 우리가 듣는 것은 지휘자의 해석으로 이루어진 것이다. 이 때 우리가 듣는 것은 단순히 하나의 소리만을 듣는 것이 아니라 우리의 귀에까지 들려오는 모든 소리의 전체를 종합적으로 듣는 것이다."라고 묘사하였다. 이러한 오케스트라를 비유한 풀크스의 관점에서 집단미술치료는 어떻게 적용될 수 있는지를 쉽게 이해할 수 있다. 그는 정신치료의 음악적 추상성을 언어로 표현하거나 다른 비언어적 의사소통 방법의 창조적 방법을 소개하였지만, 미술가는 보편적으로 공동작품을 하지는 않으며 부분적인 공동작업만이 이루어진다. 미술가의 공동작업이란 지역사회의 벽화, 사회적 억압에 항거하기 위한 또는 종교적 이슈와 관련하거나 광고목표로 협동 프로젝트의 부분으로 전개되며 이것은 비슷한 생각과 가치를 가진 예술가집단의 하나일 수 있다.

맥두걸(McDougall, 1920)의 견해에 의하면 인간의 감정은 다른 상태에서는 결코 생각할 수 없는 변화가 집단 안에서는 일어날 수 있다고 한다. 개인의 생활양식과 직업, 성격과 상관없이 혼자 있을 때와는 다른 방식으로 느끼고, 생각하고, 행동하는 본능의 공통적인 충동(원초적인 공감반응)에 의해 개인의 특성이 사라지고 일종의 집단심리를 갖게 된다(Freud, 1921). 집단이 되기 위해서는 물리적이든 형식적이든 어느 정도의 계속성이 요구된다. 물리적 계속성이란 일정한 사람들이 얼마동안 유지되어야 한다는 것이고, 형식적 계속성이란 일정한 지위체계로 후임의 계속된 승계를 의미할 뿐만 아니라 구성원들은 집단에 대해 서로 공통된 관심을 가지고 감정적 유대관계를 발전시킬 수 있어야 한다. 집단의 전통과 관습을 가져야 하며, 독특한 기능과 지위를 가지고, 서로가 어느 정도의 영향을 주는 관계에 있으며, 집단구성은 배려, 고려, 조화, 도전, 수용 등이 조화되어야 잘 조직된 전체로서 유지되고 가능해진다고 보았다. 프로이드는 이것을 타인에 대한 희생과 과잉집중된 관심으로서 유아의 대상사랑의 추구와 연결하고 사랑의 관계성을 집단심리의 본질이라고 설명하였다.

비온(Bion, 1959)은 프로이드가 가정한 사랑과 타인에 대한 희생에 대해서 다른 정의로서 집단의 현상에 초점을 두고 프로이드의 개인주의적 성향으로부터 본질적인 무의식적 집단과정의 조사에로 확장시켰다. 비온은 집단속에서 개인은 의존수준이나 짝짓기수준에 있다고 보았으므로 프로이드가 말한 타인에 대한 관심은 비온(1961)의 관점에서는 역가(valency)라고 묘사될 수 있다. 집단의 원형을 엄마의 젖가슴에 대한 유아의 관계에서 찾았으며 집단의 첫 만남은 인생의 초기 몇 개월간에 경험하게 되는 무력감과 파편화현상, 압도적인 충동과 욕구의 상태를 경험하게 된다고 보았다. 비온의 이러한 관점에 의하면 집단은 "모성의 실제"로서 투사적동일시를 담아내는 그릇으로 간주되며, 집단이라는 그릇 안에서 투사적 동일시는 분리개별화의 과정과 집단의 정체감 확립에 상응하는 좀 더 높은 수준의 조직으로 발전하게 된다.

골드스타인(Goldstein, 1963)은 프로이드의 "집단심리학"과 비온의 "집단 내에서의 경험" 사이에서 거의 중간개념을 유지하면서 집단을 "우리"라는 개념을 사용하여 전체로서의 집단을 설명하였다. 우리가 만약 "우리"라고 하는 것을 개인에게 있어서 종속적인 것이라고 가정한다면 우리라는 것은 결코 단순히 개인 간에 아무런 연고없이 부차적인 관계라고만 생각해서는 안 되며 개인들을 단순히 모아둔 것만도 아니다. 실제 집단생활이나 사회적인 삶은 우연히 함께 살게 된 것이 아니며 또한 자발적인 사회적 접촉에 의한 것도 아니다. 현실의 집단적 만남은 동일한 조건에서 공통의 어려움을 해결하기 위해 서로 도움을 느껴야만 하는 상황에서 이루어질 수 있다. 이러한 사회적 집단은 집단구성원으로서 만남이 이러한 조건하에 이루어졌든 아니든 간에 어떤 실제의 상호작용이 있을 때만이 이루어질 수 있다. "우리"라는 개념은 초점을 일차적인 자기애로부터 "나 아닌 것"을 경험하는 곳으로 옮겨간다. 이 개념은 전체로서의 집단과 개인 간의 집단공간 안에서 매우 중요한 상태에 놓이게 된다. 그러므로 "나"의 상태에까지 도달하기 위해서는 매우 복잡하고 난해한 과정을 수반해야만 한다. 그러나 현재의 우리와 새로운 우리의 상태와는 분리되어질 수 없으며 그럼에도 불구하고 분리과정에서는 유아와 엄마(젖)와의 사이에 물리적이고 정신적인 괴리가 생기게 된다. 이 과정에서 유아는 또 다른 감각을 개발하기 시작하며 "우리"라는 이중적인 개념을 가지기 시작한다.

전체로서의 역동적 집단미술치료

미술치료사가 집단역동 중심의 정신치료접근을 사용하지 않는다면 전체로서의 집단을 이해하기란 쉽지 않을 것이다. 미술치료집단은 집단구성원 개인의 집합이며 다른 집단에서는 만나기 어려운 특별한 경험의 기회이다. 집단의 한 회기에서 다음 회기로 옮겨가면서 한 가지 단편적인 요소에 집중하려는 경향을 가지게 되며 구성원의 유형에 따라서 집단이 어떻게 작용하게 될 것인지 규정짓게 될 것이다. 치료를 위한 협조는 치료자에게 매우 중요한 요소이며 이때 치료자의 안내는 구성원들의 자기 이미지 표현을 진전시키는 것이 전제되어야 한다.

전체로서 미술치료집단의 수단으로 트로터와 맥두걸의 집단이론을 개념화하는 것은 그리 어려운 일이 아닐 것이다. 이 이론에서 집단은 대중 속에 존재하며 미술치료사에 의해 이끌어지며 개인들의 통합되지 못한 마음들을 구조화된 경계내로 이끌어지게 된다. 그럼에도 불구하고 치료자에 의해 안내된 것을 제외하고는 집단전체의 심리를 통합하기란 쉽지만은 않다. 르봉의 집단전염이론에 의하면, 구성원 개인들은 집단치료자를 따르려는 시도와 이를 촉진시키려는 치료자의 범주 안에서 타인에 의해 점염되지 않으려는 방어메카니즘을 발견할 수 있다. 비온의 기본가정이론(의존, 투쟁, 도피, 짝짓기)에 의하면 집단미술치료사는 구성원 개인과 함께하는 미술치료집단에서 무의식과 의식의 힘을 쉽게 찾아낼 수 있으며 이것과 관련하여 집단미술치료사들은 비온(1961)의 '집단경험' 이론에서 많은 도움을 얻을 것이다. 그러나 모든 집단속에 있는 짝짓기와 의존성에 대한 기본가정과 잠재되어 있는 투쟁-도피 수준의 본능은 집단의 구조를 위협할 가능성이 있다. 만약 집단치료사가 자신이 계획한 전체집단의 목표에만 관심의 초점을 두고 있다면 집단구성원 개인에 대해서는 소홀해질 수 밖에 없을 것이다. 구조적 관점의 집단미술치료사는 다양한 역동적 구조들의 특성과 진행과정, 전이, 상호의사소통 및 상호작용을 통해서 전체집단을 잘 관찰할 수 있을 것이다. 미술치료사의 역할은 구성원을 돕기 위해 창조적인 과정의 주제를 제공하고 촉진시키는 것인 만큼, 집단의 효과적인 결과와 좋은 안내자의 역할을 위해서 집단치료사는 또한 위니캇(Winnicott, 1963)의 충분히 좋은 엄마(good enough mother)의 시각에서 많은 것을 배울 수 있다. 물론 집단구성원 개개인 모두를 만족시키는 것보다 집단전체에 초점을 두는 것이 덜 힘이 들 수 있지만, 역동적 집단미술치료에서 집단치료사의 역할이 만족할 만한 어머니나 큰 그릇처럼 비유하여 생각하지 않는다는 것은 중요한 핵심을 빠트리는 것과 같다고 할 수 있다.

앞에서 제시한 트로터, 르봉, 맥두걸, 프로이드, 골드스타인, 풀크스, 비온의 이론들은 역동적 접근의 집단미술치료를 위한 청사진으로서 매우 유용하다. 집단에서 구체화되는 구성원들의 미술표현들에서는 오랫동안 잊고 있었던 사람이나 사건들이 노출되는데 이때 추상적이고, 공격적이고, 때로는 학대적이고, 죽음과 관련된 표현이 노출되며, 구성원 누군가를 실재로 공격하거나 치료자를 무시하고 또는 공격하는 상황들이 나타나기도 한다. 집단의 이러한 현상들은 에즈리엘(Ezriel, 1950)의 "공통의 집단긴장"이라는 개념으로 집단과정에서 드러내는 구성원들에 의해 공유된 집단의 모습을 표현하기 위해 사용될 수 있다. 창작 결과물에서 노출된 이러한 싸움과 파괴와 관련된 다양한 상황적 실명은 비온의 "투쟁과 도피"의 기본가정 개념으로 표현된 이미지를 이해할 수 있게 한다. 집단구성원들이 집단작업에서 어떠한 이미지를 표현했든 간에 집단미술치료사의 예술가적인 부분은, 집단으로 하여금 심미적이고 풍부한 창작활동을 가능하도록 도울 뿐 아니라 드러내지 못했던 잠재된 갈등을 작품에 투사하고 표출케 하므로 결과적으로는 구성원들의 성숙을 가져오게 한다.

이를 위해서 위니캇의 "안아주기" 개념과 비온의 "담아주기" 개념은 집단이 충분히 이완되고 퇴행하여 본능적 정서와 창작과정에 몰입할 수 있도록 지탱해주는 치료자의 능력이 된다. 안아주기와 담아주기는 유사한 개념으로 치료자의 경청, 튼튼한 울타리로서의 치료계약과, 과정의 신뢰성, 적절한 시기에 제공되는 구성원 중심의 해석을 포함하며, 이러한 것들은 충분한 신뢰속에서 침범하지 않는 경험의 전제하에 근거한다. 집단에서 위니캇의 안아주기란 직접적인 자아지원이나 구성원의 요구를 들어주는 치료적 행동과는 다르게 집단체계 전체를 안아줌으로써 집단의 응집성("집단미술치료방법론 I"의 제4장 참조)을 강화시키는 것이다. 구체적으로는 집단으로 하여금 집단의 정신적 감정들을 깊이 경험할 수 있도록 허용함으로써 치료자의 질적 요소들을 내사하기 시작하고 성장을 위한 매개체가 된다. 이 과정에서 만약 집단치료사의 안아주기가 배제되면 집단은 결국 파괴되고 말 것이다. 집단을 전체로서 이해하고 이를 기술적으로 사용하기 위해서는 다양한 이론을 적용해야 하는데, 위니캇의 잠재공간(집단에서 형성 된 공간)과 중간대상(실제 이미지)에 관한 시각은 집단을 이해하는데 유용한 개념으로 적용될 수 있으며, 전체로서의 집단이 치료환경을 충분히 좋은 품으로 느낀다면 구성원들은 애정깊은 양육을 느끼면서 보다 창조적인 공간으로서 집단을 경험하고 사용하게 될 것이다.

전체로서의 집단에서 미술치료사의 해석적 접근

역동적 집단미술치료사의 중요한 역할 중 하나는 집단구성원 개인에 대한 해석과는 대조적으로 집단 내에서 창작품을 공유하고 집단역동을 활발하게 증진시키는 것이다. 치료자의 적절한 역동적 접근은 집단구성원으로 하여금 자기통찰을 가능하게 하고, 지지하고, 회피하기도 하며, 때로는 직면하기도 하고, 집단경험을 자기내면과 연결지어가게 한다. 치료자의 "담아내기"는 구성원들이 집단속에서 그들 간의 유사성과 차별성 양면성을 전제로 인지하도록 돕는다.

역동적 접근의 집단미술치료사로서 해석적 접근은 일차적자기애 해소에 필수적인 "거울반응" 개념을 집단치료의 힘으로 제시한 풀크스와 안토니의 이론적 가정에 적용한다면 유용하리라 본다. 전체로서의 미술치료집단의 해석적 접근은 이미 결과물로부터 노출된 시각적 표현이 있으며 이것은 구성원 개인의 개별적 특성에서 제한되므로, 이를 위해서는 구성원의 개별성에 어떻게 다가가야 하는지에 대한 치료자의 시각적 확장이 요구된다. 전체로서의 집단은 각 회기마다 구성원 개인과 치료자 개인의 미시체계와 확대적 관점의 체계와 관련하여 유기체적 변화가 있으며, 표현적 이미지와 언어적 표현의 관계에서도 다양한 융통성이 존재하므로, 이들의 연관성을 깊고 넓게 만나지 못한다면 집단의 역동은 구조화되어 경직되고 말 것이다. 그러므로 집단미술치료사는 유기체로서의 집단을 이해하고 단면적인 유추를 견제해야 하며 미세한 부분까지도 고려할 수 있도록 노력해야 한다.

3. 집단으로서의 개인

미술치료에서 가장 큰 장점 가운데 하나는 매체를 통해서 곧바로 개인의 창조성을 개방할 수 있다는 점이다. 집단미술치료에서 개인은 자신의 독특함을 집단전체와의 맥락에서 나타내기 위해 언어적심상과 함께 그림의 이미지 구성을 끊임없이 활용하고 있다. 이때 개인의 미술표현은 집단에서는 그리 중요하지 않을 수도 있으며 치료자의 관심을 덜 받는 것을 발견할 수 있는데 그것은 개인의 표현이 중요하지 않은 것이 아니라 다른 집단구성원에 가려져 그가 덜 강요받는다고 느끼게 하기 때문이다. 다시 말하면 집단치료에서 집단과정은 수평적인 관점에서 진행되므로 구성원개인은 개별치료에서와 같은 수직적 전이로부터 자유로워지기 때문이다. 아래에서는 이러한 현상과 전이와 관련하여 미술치료사의 역할에 대해 논의하려고 한다.

전이에 대한 미술치료사의 역할

집단구성원 개인이 가진 질병이나 문제의 증상은 가족이나 그들 삶의 체계에 대한 왜곡된 반응이나 개인적 표현의 절정일 수 있다. 그러할 때 개인과 체계는 조화롭지 못하고 일시적으로나 장기간 유리될 것이 분명하다. 이와 관련하여 집단미술치료사는 구성원개인의 체험적 개별성을 존중해야 한다. 치료자 자신의 내면에서 오는 무의식의 경험적 요소는 집단의 역동에 영향을 받지 않을 수 없기 때문에 구성원의 전이현상을 인정하고, 사용하고, 또는 무시한다 하더라도, 치료자는 부모나 조부모나 친척 또는 선생님이나 애인이나 적으로 간주될 수 있으며 분명치 않은 이유로 학대받고 적대시되기도 한다. 결국 치료자는 전이를 통해 집단구성원 개인의 감정을 구체화할 수 있게 된다.

미술치료 공간에서 그림과 화면은 내적용기로서 사용되고 구체화된 개인의 그림은 전이의 대상이 되며 심리내적 이동의 시작이 된다. 간혹 집단미술치료사들은 구성원개인의 강력한 심상을 다루면서 집단에서 개별치료사의 역할을 다 하도록 유혹을 받는다. 이때 집단미술치료사는 전체집단의 구성원개인들이 다른 구성원을 돌보지 않을 거라는 것을 염려하기도 한다. 각자가 표현한 이미지의 힘이 관련된 감정속으로 집단을 빠져들게 할 거라는 염려 또한 하게 되며, 결과물에 대한 나눔의 초점이 되고 있는 한 개인의 노출이 집단에게 너무 많은 것처럼 보일지도 모른다. 이때 치료사는 지나친 노출로 인해 심리적으로 위험에 빠질 수 있는 개인에 대해 보호할 의무와 책임성을 느끼게 된다. 집단치료에서 뿐만이 아니라 개별치료에서도 그러한 구성원 개인의 지나치게 많은 노출은 치료사에게 감당하기 벅찬 경험이 될 수 있으며 이것은 구성원개인에게 전이될 수 있다. 이때 개인은 의식적 · 무의식적 한계를 느끼고 그러한 갈등 때문에 자신이 느끼는 강력한 감정으로부터 치료자를 지키려는 보호본능으로 인해 자신과 자신의 이미지를 통제하려고 하기도 한다. 전이의 잠재력은 미술치료에서 보다 더 무한하므로 미술치료사는 안전한 치료관계의 튼튼한 울타리를 제공함으로써 풍부한 전이의 범위를 확장시키고 구체화할 수 있어야 한다.

역전이에 대한 집단미술치료사의 역할

집단상황에서 치료자의 역전이는 구성원에 대한 적절하고 정상적인 감정의 반영이며 풍요한 치료도구이자 공감과 이해의 토대이다. 회기과정에서 치료자는 자신에게 적절하지 않다고 느끼는 어떠한 감정을 통해 자신의 역전이를 알아차리게 된다. 이것은 내가 아닌 경험이며 그것은 때로는 집단과 구성원이 거부하는 경향이기도하다. 이것은 의식적인 구성요소를 가지고 있을지도 모르지만 그것은 무의식적이고 전이현상보다는 뚜렷하지 않을 때가 간혹 있다.

이와 관련하여 소극적이고 저항적인 한 교육집단에서 졸음을 견디지 못하고 순간 졸았던 나의 기억을 떠올려 예를 들어보려고 한다. 그 집단의 구성원은 집단과정에서 힘없고 나른한 모습으로 앉아 있었다. 구성원들은 종일 임상을 하고 지친 몸으로 야간 수업에 참여했기 때문에 매우 피곤할거라고 짐작은 했지만 그러한 집단에 나는 때때로 불만을 표현하기도 했었다. 그 날은 구성원들이 유난히 지쳐보였는데 그 앞에 있는 나 또한 졸지 않으려고 안간힘을 썼지만 나도 모르는 사이에 순간순간 비몽사몽 상태로 들어가 버리곤 했다. 처음에 나는 전날 4시간을 심야버스를 타고 새벽에 서울에 도착하여 아침강의 시간에 맞춰야 했기 때문에 졸음의 원인이 2시간 정도 밖에 잘 수 없었던 상황적 이유 때문이라고 생각했다. 그러나 다른 집단에서는 밤을 꼬박 새워 일을 하고 다음 날 종일 강의를 한 경우에도 그처럼 졸지는 않았던 것을 떠올릴 수 있었기에 나의 졸음이 전날의 피로감 때문만은 아니라는 것을 생각해볼 수 있다.

치료자가 자신의 역전이를 구성원의 전이와 관련하여 주의를 집중하여 생각해보아야 하는 이유는 앞에서 제시한 집단에서 나의 졸음과 같은 현상처럼 치료사 자신의 내적갈등과 무의식의 과정을 회피하는 방법이 될지도 모르기 때문이다. 치료자가 치료의 초점에서 이미지인식을 목표로 삼았다면 전이는 분명치 않을 수 있으며 역전이는 구성원개인의 창작과정에 비효과적이라고 사수될지도 모른다. 역전이를 다루는데 있어서 치료자의 경험과 역할은 매우 중요하다. 정신분석적 이론의 심층적 이해와 충분한 경험과 훈련이 없는 미술치료사는 전이에 접근하는데 유의해야 한다. 인간의 내적심연의 세계는 매우 깊어서 충분한 이해와 설명이 없으면 더 깊은 심연으로 가라앉아 버릴지 모르기 때문이다.

4. 집단의 전이

이제까지는 집단미술치료에서 고려되어야 할 일반적인 이슈로서 전체로서의 집단과, 개인의 치료적 기제와 관련된 내용들에 대해 논의하였다. 지금부터는 집단치료에서 강력한 치료적 도구가 될 수도 있으며 치료를 방해하는 장애요소가 될 수도 있는 전이에 대해서 다루려고 한다.

집단과정에서의 전이현상

전이현상은 정도의 차이는 있지만 모든 치료집단에서 집단구성원들은 전이왜곡 때문에 치료자를 잘못 지각하고 그 때문에 갈등을 일으키는 것을 흔히 볼 수 있다. 치료에서 해석을 시도할 때 하나의 단어를 사용하는 것은 정확할 수가 없다는 것은 너무나도 명백한 사실임에도 불구하고 많은 치료자들은 반복적으로 해석과 관련된 실수들을 범하곤 한다. 해석에 앞서는 생각은 정신의 흐름이자 현상이며 이것은 치료자의 언어로 형성화되는 순간에도 여러가지 포착하기 어려운 모습으로 변화한다. 그것은 치료자의 내면세계로부터 연결되고 둘이나 그 이상의 사람들 사이에서 경험한 생생한 관계로 움직인다. 집단에서는 구성원의 내적 · 외적 진술함에 토대를 둔 해석의 타당성에도 불구하고 의사소통자로서 집단치료자의 주관적 적용에 의존하게 되는 경향성이 있다. 그러므로 집단에서 치료자는 치료적으로 융통성 있는 자세를 가져야 하며, 집단의 다양한 기능을 존중하고 비합리적인 요소를 치료적으로 사용할 수 있는 능력외에 치료자 자신의 건강한 내면성숙이 다른 어떠한 요소보다 더 많은 영향을 미치게 된다는 것을 잊어서는 안 된다.

집단의 첫 만남에서 구성원들이 치료자를 통해 느끼게 되는 어떠한 감정이 아무런 표현없이 그냥 지나치는 경우는 거의 없는 것 같다. 치료자라는 상징은 집단구성원 개인에게 일련의 초기감정을 불러 일으키므로 다양하고 복잡한 경험적 대상으로 투사를 일으키게 한다. 수년전에 내가 경험했던 어느 한 집단의 2회기 상황을 예로 들어 독자의 이해를 돕고자 한다. 그 집단에는 8명의 구성원이 치료자와는 조금 떨어진 거리로부터 자리잡고 앉아 열심히 대화에 집중하고 있었으나 치료자가 그 방에 들어서자 일시에 약속이라도 한듯 치료실은 조용해졌다. 어떤 구성원은 고개를 아래로 향한 채 나와의 시선을 피하고 있었고, 어떤 구성원은 웃는 얼굴로 치료자를 응시하며 눈인사를 하였고, 또 다른 구성원은 옆

사람과 무엇인가를 속삭이며 치료자를 조심스럽게 훔쳐보곤 하다가 곧 다시 안정된 분위기로 치료자에게 집중하였다. 지난시간 첫 만남의 느낌을 나누는 것으로부터 집단이 시작되었는데 지난주의 첫 집단과정 내내 밝게 미소짓고 매우 협조적이었던 한 구성원이 치료자의 미소가 매우 기분 나빴다는 집단 첫날의 느낌에 대해 말하였다. 다른 구성원들은 놀랜 표정으로 침묵을 지켰고 순간 나 또한 매우 당황스러웠지만 곧 바로 회복할 수 있었다. 그의 감정이 집단에서 수용되었으므로 치료자에 대한 전이와 함께 재연된 그의 가족역동과 개인역동은 강렬하게 집단 내에 전이되고 그의 사랑과 분노의 심상은 동작과 연극화로 이어졌으며 다시 집단그림으로 창작되었다. 이후 만남에서는 다음 회기까지 이어졌던 감정을 구체화하는 작업이 이루어졌는데 시간이 지나면서 그들의 그림은 파괴적이고 슬픈 이미지로 또는 안전함과 떠나보냄과 쉼으로 표현되어 갔다. 집단속에서 더 이상은 비밀스러움은 불필요한 것으로 집단 내에서 승인되고 강한 응집감으로 집단이 형성되어 가는 것을 볼 수 있었다.

많은 집단에서는 전이의 결과로 치료자를 초인적인 힘을 가진 이상화 대상으로 여길 수도 있으며 반대로 치료자가 집단구성원으로부터 불신되고 오해되며 도전받는 부정적전이의 예도 흔히 나타날 수 있다. 전자의 전이는 긍정적전이로서 집단의 모든 만족한 결과를 치료자에게 돌리게 됨으로써 나타난다. 이때 과대평가된 치료자를 둘러싸고 구성원들 간에는 치료자를 독점하고 싶은 욕구를 가지게 되며 만약 독점하지 못했다고 느끼게 된다면 그 구성원은 또는 구성원 간에는 시기와 실망으로 감정의 대립이 일어나기도 한다. 후자의 부정적전이의 결과는 치료자를 적으로 느껴 자신들을 핍박한다고 비난하는 것으로 나타나게 된다. 보편적이고 가장 흔히 있는 구성원들이 하는 불만섞인 비난은 치료자가 너무 차갑다, 비인간적이다, 비전문적이다, 도움이 안 되었다, 비용만 아깝다, 준비가 전혀 안 되어 있다 등이다. 부분적으로 이러한 구성원들의 비난은 실재현실에 기초한 것이며 구성원들은 치료자가 보나 인간적이길 바라지만, 집단치료사들은 몇 가지 이유 때문에 특정한 거리를 요구할 뿐 아니라 실재 구성원들의 인간미 있는 치료자에 대한 기대는 이상적인 따뜻함 외의 상반된 기대 또한 가지게 된다. 다시 말하면 집단에서 노출되는 집단치료사를 향한 구성원들의 비합리적인 느낌의 근원은 너무나도 다양하고 강력해서 집단내의 전이현상은 어떠한 모습이로든 발생할 수 밖에 없다. 치료자가 집단의 안내자로서 책임을 갖는 한 전이는 발생할 수 밖에 없기 때문에 집단치료사는 깊고 복잡한 전이의 왜곡과 발생을 인식하고 치료적으로 안내하는데 노력을 기울여야 한다.

종결문제와 관련된 전이현상

종결문제와 관련된 전이문제는 치료자가 통과의례로서 직면할 수 밖에 없는 요소이다. 집단은 어떠한 이유로든 종결을 맞게 되며 집단의 종결은 분리와 상실에 대한 불안을 유발시킨다. 그 불안은 구성원으로 부터 집단에 투사되며 이러한 종결의 경험은 구성원들에게 상징적인 거세로 인식될 수 있다. "집단미술치료방법론 I"의 종결사례에서도 보았듯이 종결 직전에 구성원 개인은 그가 가지고 있었던 초기의 증상이 재발되기도 하는데 이러한 현상은 집단을 유지하기 위한 연극이 아니라 종결에 대한 불안이 전이된 현상이라고 볼 수 있다.

집단에서의 경험은 특정한 내면화에 대한 애도과정을 포함하며 타자의 상실을 받아들이는 과정은 대상이 자기 안에 내면화되는 것이다. 대상이 내면화되기 위해서는 충분한 대상 항상성을 획득해야 하므로 성숙한 집단의 종결은 애도와 원초적인 내사로부터의 분리가 포함된다. 이에 대한 치료자의 역할은 부정적 종결전이에 공모하는 것이 아니며 구성원 개인이 그들의 집단목표에 초점을 맞추고 최대한 탐색하도록 도움으로써 종결의 상실이 정체성의 혼돈으로 가지 않도록 안내할 수 있어야 한다.

제2부 다양한 집단에서 예술언어의 역동적 치료접근

다양한 집단에서 예술언어의 역동적 치료접근

다양한 집단에서 구성원개인의 작업과 언어적 교감을 동시에 불러 일으키는 집단미술치료 작업에서는 예측할 수 없는 상황들이 일어나기도 한다. 집단치료사는 집단에서 일어날 수 있는 어떠한 것에 대처하여 구성원 개개인을 보호하는 것을 준비해야 한다. 이를 위해서는 앞의 제1부 내용인 "집단미술치료의 일반적 이슈"와 "집단미술치료방법론 Ⅰ"의 전반적인 내용이 포함되어야 한다. 이장에서 소개하는 각 집단에서 다루려고 하는 내용의 전제적인 틀은 이러한 기본이론을 전제로 한 토대에서 왜 예술이어야 하는지, 집단을 준바하기 위한 일반적인 기준을 어디에 두어야 할지, 집단의 특성을 바라보는 사회의 관심은 무엇이며 어떻게 받아들여야 할지, 집단의 구성과 다음 과정, 성역할, 치료계획을 위한 에너지, 집단프로토콜 등 몇 가지 관점과 관련된 기초이론을 제시하면서 사례중심으로 안내될 것이다.

제2장

부적응을 나타내는 아동·청소년의 집단미술치료

청소년전문가들이 부적응을 보이는 청소년들을 만나면서 가장 갈등하는 부분은 그들의 신체적 · 정신적 성장이 어떻게 조화롭게 거치는지, 그 과정에 어떠한 요소가 부적응을 가져오는지에 대한 평가를 할 때이다. 전문가들은 언어만을 가지고 청소년을 이해한다는 것이 쉽지 않다는 점에 대해 대부분 공감할 것이다. 성장의 단절과 관련된 이슈는 아마도 청소년의 발달을 투영하는 그림을 통해서, 그리고 불만족한 외부환경의 영향과 경험을 또래집단으로 대체하고, 자신의 비밀을 부모가 아닌 또래친구들과 나누고자 하는 욕구반영으로 집단이 선호되리라 본다. 청소년의 가정들 특히 한부모가정과 직장을 가진 부모의 가정에서는 보다 큰 자녀에게 어린동생들의 부모역할이 요구되기도 하고 부모가 규정한 규칙을 따르도록 강요되기도 한다. 그러할 때 청소년은 부모의 역할기대에 부응하기 위해 어른이 되어야 하고 부모역할을 대신해야 하거나 성인과 미성년의 이중역할을 동시에 해내야 하는 갈등과 이중메시지의 혼돈으로 불안과 분노를 느끼게 된다. 집단은 이러한 청소년의 갈등과 불안을 제거하고 부모영향과 가족형태의 대체환경으로서 그들의 관심과 현실감을 구체화하기에 매우 유용하다.

1. 부적응 아동·청소년집단미술치료의 일반적 이슈

이 장에서는 부적응문제에 대한 집단치료접근에서 집단을 구성하기 전에 이해되어야 할 몇 가지 이슈를 다루어 집단치료의 가능성을 제시하고 있다.

청소년기 부적응 문제에 대한 집단미술치료의 가능성

청소년의 부적응 문제뿐 아니라 모든 경우에서 완전한 치료방법이란 존재하지 않으며 모든 치료방법은 문제의 증상과 대상의 개인적 특성에 따라서 달라진다. 그럼에도 불구하고 예술치료는 현대 사회에서 쓰여지고 있는 수많은 치료법들 중에 정신관련 전문가들로부터 사회전반에 이르기까지 관심을 사로잡은 대표적인 치료방법으로 등장하고 있으며, 최근에는 교육과 재활치료, 예방치료, 정신심리치료 등 다양하고 광범위한 영역에서 사용되고 있다. 미술치료는 무의식의 예술표현을 수단으로 인간의 내적 세계를 끌어내는 방법을 기초로 하고 있으며 청소년과 치료사 간의 전이관계와 연합을 지지해주는 것에 토대를 둔다.

미술치료의 특성은 이미지의 무의식적 이해를 필요로 하므로 심층심리학에 기초하고 있으며 언어로 표현하는 것보다 그림으로 표현할 경우 내적 경험이 더욱 직접적으로 표현된다는 점이다. 미술표현의 무의식적 표출은 보다 은유적이며 적극적으로 심리내적 억압으로부터 벗어날 수 있게 하므로 치료효과가 빠르게 진행될 수 있을 뿐만 아니라, 결과물인 미술작품은 변함없이 시각적 영속성을 유지하므로 자아의식을 부인할 수 없게 한다. 작품으로 옮겨진 감정의 전이는 자신의 내적상황과 어려움을 인정케 하며 대처하게 할 뿐 아니라 창작이라는 영역 안에서 경험이 선택되어지고, 갈등의 재경험이 반복되면서 문제의 초점에 가까이 가게하고 인식과 해결의 길로 안내한다.

청소년기는 생에 있어서 가장 창의적인 시기이다. 예술치료는 청소년들의 예측할 수 없는 어디로 튈 줄 모르는 관심영역과 태도를 성인들의 상상의 범위를 넘어서 창조해내게 한다. 그러므로 청소년의 창의적 표현력이 문제적 해결을 위해 도입되면 상상할 수 없는 흥미가 자극되는 것을 볼 수 있다. 청소년기의 또 다른 특성은 성인의 간섭을 벗어나 자기만의 개성을 발휘하기 원하고 자기만의 이미지를 창조하고 싶은 욕구를 가지고 있다는 것인데, 이러한 개성화의 욕구는 비언어적인 치료과정에 반영되고 그에 함축된 내적 이미지는 작품을 통해 유형화 된다. 시각화된 이미지가 청소년에게 의미있는 것은 잠재된 경험적 정신과정에 의해 선택된 상처의 표명이며 유일하게 표출할 수 있는 자유롭고 안전한 통로로서의 요소이기 때문이다. 매체 사용에서 자유로움의 특성은 청소년기의 특징이며 창작과정의 특성이기도 하다. 미술치료에서의 표현적 접근방법은 창의력의 무제한성과 기술적 방법적인 정도가 없다는 점이 청소년의 자유분방하고 예측할 수 없는 행위의 특성과도 공유될 수 있다는 것이다. 뿐만 아니라 창작의 자유로운 표현기법이 비밀스러운 청소년들의 저항을 보호하기에 적절하고, 작업과정과 결과물에 투영된 자신의 비밀을 원하는 만큼만 공유할 수도 혼자 간직할 수도 있다는 점이 청소년에게 더욱 적절한 접근방법이 될 수 있다.

부적응하는 청소년의 문제를 대처하는 방법으로 미술치료의 장점을 살펴보면, 미술치료는 창작행위를 통해 청소년의 주체성을 전면으로 부각시킨다는 점이다. 창작물이 담고 있는 의미는 청소년이 표현하는 그대로 진지하게 받아들여지고 존중된다는 것이므로 청소년들은 자연스럽게 치료의 전 과정에 능동적으로 참여하게 된다. 청소년이 창작해낸 이미지들을 통해 치료사는 그들의 눈으로 세상을 바라볼 수 있게 된다. 그림 속의 이미지에는 은유적인 대화를 이끌어낼 만한 재료들이 풍부하게 존재하므로, 청소년은 은유를 통해 안심하고 편안하게 말할 수 있게 되고 자신들의 창작물을 소재로 삼는 대화인 만큼 이야기거리도 훨씬 많아지게 된다. 그림의 일부를 오려내듯이 범위를 좁혀서 설정한 주제를 당면과제로 초점을 맞춘다면 부적응 행동변화의 목표로서 변화시킬 수 있게 되며 이러한 기법은 해결중심지향치료의 방법론과 유사하다. 그림 속에 그들의 생각이 구체적이고 개별적으로 드러나므로 청소년과 그 부모의 '진실'을 들을 수 있을 뿐 아니라 볼 수 있게 된다.

미술은 병리학이 아니며 표현이므로 미술작품의 창작자인 청소년은 환자로 취급되지 않고 창작자가 되며, 미술작품은 청소년의 손을 떠나면 독립된 하나의 개체로 간주된다. 따라서 문제는 자연스럽게 문제보유자의 외부에 존재하는 것처럼 다루어지므로 청소년은 자신의 문제에 대한 비난에서 벗어나게 되고 불편감을 덜게 된다. 반복되는 행동패턴에 대한 예외를 찾는 작업도 그림의 도움을 받을 수 있다. 그림은 언제 어디서 그러한 예측할 수 없는 상황이 발생했는지에 관한 정보를 제공해주며, 비슷한 방식으로 변화하는 모습 또한 그림을 통해 감지될 수 있으며 문제발생시의 특정 양상을 시각화함으로써 자기 자신의 행동을 관찰할 수 있는 기회를 얻게 된다. 부적응 청소년과 함께하게 되는 가족의 그림들은 치료자가 치료의 진행과정을 평가해 볼 수 있는 자료역할을 한다. 집단과정에서 경험하는 표현수단으로서의 미술은 전통적인 치료방법에서 경험할 수 없었던 새롭고 혁신적인 방법론으로 사용되므로 치료효과는 더욱 강화된다. 치료자가 해석을 시도하지 않는 한 그림그리기는 즐거운 활동이며, "놀이"에 가까운 치료실의 분위기는 청소년의 부담감을 없애주며, 그림은 청소년에게 문제를 바라보는 새로운 시각과 새로운 해결책을 제시해 준다.

이와 같은 이유들 때문에 미술치료사들은 미술치료가 치료기간을 단축시켜 준다고 확신한다. 미술치료의 또 다른 장점은, 나중에 참조할 수 있는 구체적인 자료가 남는다는 것이며 이미지 속에는 다양한 의미들이 숨어 있기 때문에 재해석이 얼마든지 가능하다는 점이며, 따라서 청소년의 변화에 따라 예전의 작품들에서 무시되었던 것들에 대한 의미들이 새롭게 조명되기도 한다. 전후 작품들 사이에 감지되는 변화는 부적응 청소년의 실재 생활속의 변화를 반영하며 그것들은 또한 문제가 어떻게 변화될 수 있는지를 시사해준다(옥금자, 2001).

부적응 청소년의 집단치료에 대한 사회적 관심

청소년기는 사회의 외부관심에 많은 에너지를 투자하는 발달단계이면서 강력한 자기방어와 자기중심적 행동, 성인의 규칙에 대한 저항, 창조성의 분출, 구체적이고 풍부한 추상성의 인지적 처리능력을 가진 발달적 과정이다. 특히 부적응을 나타내는 대부분의 청소년들이 사회적인 측면보다는 자기 자신에게 관심의 초점을 맞춘다는 점을 이해해야 한다. 창작과정은 성취해야 할 그들 자신의 노력을 교묘하게 처리해야 하므로, 그러한 목표에 도달하기 위해 때때로 청소년은 창작품에 자신의 마음을 담아내곤 하는데, 그것은 어떠한 방법보다 안전하기 때문이다. 그러나 집단구성원 개인의 특성과 욕구를 고려하지 않고 무조건 집단에서 특정 예술언어를 사용하는 것은 바람직하지 않을 수 있으므로 개별성에 따라 선택되어야 한다. 청소년의 마음을 움직이기 위해서는 그들의 목소리에 귀를 기울여야 한다.

최근 부적응청소년을 대상으로 하는 집단치료는 교정시설, 쉼터, 중독 재활센터 등에서 흔히 선호되고 있다. 이들에 대한 보편적인 사회적 관심은 본질적인 치료보다는 단기적이고 문제행동의 감소에 집중되어 있다. 많은 미술치료사들은 이 부분에 갈등을 느끼지만 대부분 그러한 사회의 요구를 수용하고 선택의 여지없이 걸러지지 않은 집단을 진행하기도 한다. 아마도 시장성과 현실성을 무시할 수 없어서 그러한 것 같다. 따라서 우리는 그러한 사회적 요구를 수용하고 개입목표에 포함해야 하나 집단미술치료가 지나치게 단편적으로 프로그램화되는 경향에 대해서는 생각해 보아야 할 것이다. 아래에서는 집단을 형성함에 있어서 집단 이전에 고려되어야 할 사항을 다루고 있다.

집단을 구성하기 전에 고려되어야 할 사항

집단미술치료사가 부적응문제 특히 통제되지 않은 충동적인 행동을 보이는 청소년을 5~6명 이상의 집단크기로 계획했다면 구성원들을 안전하게 집단에서 보호하겠다는 생각은 이미 포기했다고 보아야 한다. 다시 말하면 치료자는 집단을 구성할 때 구성원의 생활연령에 맞게 적절한 보호를 가능하게 하는 것을 배제하지 않고 고려해야 한다는 것으로서 보호환경에 대한 치료원리의 기본적인 틀을 가지고 출발해야 한다는 것을 의미한다. 우선 지나치게 폭력적인 구성원은 없는지 법적문제와 관련된 청소년은 없는지 평가해야 한다.

어떠한 특정 부적응문제를 가진 청소년들은 치료관계에서 때때로 치료자의 배려를 무시하고 비웃고, 허세를 부리기도 하며, 창작과정을 거부하기도 하며, 작품 속에 표현된 이미지들은 폭력적인 형태와 혐오감을 느끼게 하는 언어들로 채워 치료자를 당혹스럽게 만들기도 한다. 이러한 표현들은 청소년들 그 개인이 경험한 사회에 대한 의미일 수 있을 뿐만 아니라 그들 또래집단의 상투적이고 보편적인 이미지일 수도 있다. 이러한 표현들은 오히려 그들이 화면 위에 무엇인가를 표현했다는 그 자체만으로도 의미있으며 그들 마음에 치료관계를 허용했다는 메시지로 볼 수 있다. 충동적인 문제행동을 가진 청소년집단에서 폭력적인 표현들은 자주 집단과정에서 나타나곤 하는데 이것은 구성원간의 경쟁으로, 또는 치료자를 제거하고, 스스로가 승리자가 되겠다는 무의식의 욕구 때문이기도 하다. 이러한 집단의 전이요소는 청소년의 경우 더욱 비판적이고 자신의 결함을 나타내는데 민감하게 나타난다. 그러기에 나는 자주 콜라주기법을 사용하여 청소년들이 닫힌 자신의 마음을 은유적으로 표현할 수 있도록 돕는다("청소년임상미술치료방법론", "집단미술치료방법론 I" 참조). 콜라주기법의 적용은 그림을 그리거나 조형물을 만드는 것에 비해 창작능력을 요구하는 것이 아니므로 저항이 적어서 그들 개인의 특성적 단서로서 적절하게 사용된다. 그러나 청소년들이 표현하는 단편적인 메시지는 그들 전체가 아니며 치료자가 생각하고 있는 그 이상의 내용이 함축되어 있을 수 있으며 솔직한 내용을 내어놓을 수 있는 시기는 보다 오랜 시간이 지난 후 일 수 있다.

집단이 시작되고 몇 회기가 진행되면서 집단구성원들은 매 회기마다 다양한 미술매체들을 만나고 형태화해 갈 것이다. 그 과정에서 구성원들이 집단에 다소의 관심이라도 보였다면 비록 그게 충분히 신뢰로워 보이지 않았더라도 이미 관계는 형성되고 있다고 보아도 무리가 아니다. 집단치료사가 구성원 개인의 부적응행동 그 자체를 그들 전체로 판단하지 않고 제2의 탄생과 관련한 희망의 메시지로 받아들이고 이해한다면, 제1의 탄생과정에서 경험된 박탈과 성인으로부터 포기된 상처적 경험을 극복하고자 하는 노력의 불협화음을 이해할 수 있다면, 그리고 청소년의 특정행동을 병리적 관점으로만 보지 않고 발달적 강점위주로 이해할 수 있다면, 집단은 심리적 공간으로서 충분하며 그들의 마음 안에 신뢰된 애착이 형성되고 자기를 진실로 드러내게 될 것이다. 따라서 집단미술치료사는 청소년의 부적응행동을 청소년의 발달적 관점에서 바라보고 문제중심의 병리학적시각으로 평가하는 것에서 벗어나야 그들을 이해할 수 있다는 점을 기억해야 한다. 청소년들이 신뢰를 회복하는 과정은 그리 쉽지만은 않으며 치료과정은 더 많은 오랜 시간이 요구될 수 있다는 점을 이해하고, 단편적인 효과에 몰두하여 이제야말로 진정한 치료에 들어가야 하는 중요한 시기를 놓치거나 또는 치료에 들어가기도 전에 치료를 종결하는 오류를 범해서도 안 된다.

집단을 진행하기

집단진행에 관한 준비와 과정상의 방법에 대해서는 "집단미술치료방법론 I"에서 이미 제시되었으므로 이 장에서는 실제적인 요소를 다루려고한다. 집단이 진행되면서 구성원들은 그날의 과제를 자발적으로 수행해갈 수 있게 된다. 집단치료사에 의해 준비된 안전한 공간 안에서 구성원들은 다양한 재료들을 사용하여 무언가를 만들어내고 그 경험에서 자신의 상상력을 끌어낼 수 있을 것이다. 이때의 창작과정은 개인의 특성이 있기 때문에 각자의 성향에 따라 다양한 모습을 들어낼 것이다. 더 많은 신체움직임을 사용한 작업을 선호하는 구성원이 있는가 하면 정적인 작업을 선호하는 구성원도 있으며 또는 그림그리기를 즐겨하는 구성원이 있는가 하면 조형물을 만들기를 좋아하는 구성원도 있다. 구성원들 각자는 자신이 선호하는 방향으로 창작과정이 반영되면서 그날의 과제를 변형시켜 갈 것이다. 그러나 많은 청소년치료사들이 갈등하는 부분 중 하나는 치료자를 무시하듯 한 무반응한 상황들을 견뎌내는 것이다. 그들이 무엇을 요구하든 치료사가 존중과 애정으로 버텨내고 집단 안에서 구성원 자신이 보호되고 있다고 느끼고 인격화된다고 느낄 수 있을 때,그들은 집단구성원으로서의 응집감을 가지고 참여하게 되며 방관자적 태도로부터 일체성 있는 과제로의 참여가 가능해진다.

언어와 인지행동관점의 개입을 선호하는 치료자들은 아마도 작업테이블에 앉아 있지 못하거나 부적절해 보이는 행위를 반복적으로 나타낼 때 그 행동자체를 수정하려 할 것이다. 그러나 치료란 청소년구성원이 집단치료실에 참여한 것으로부터 시작되며 그 자체가 치료행위이자 과정이다. 나는 산만하고 공격적이고 그야말로 제멋대로 행동하는 청소년들과의 집단경험이 수 차례 있었다. 어느 한 집단에서 그날의 과정은 "몇 가지 단순한 미술재료와 상자들이 제공되고 이것으로 세상에서 가장 멋있고 튼튼한 다리를 만들 수 있다"라고 제시되었다. 작업과정은 협력적이고 별 저항없이 이루어졌고 결과물은 그들의 언어와 의식으로 인격화되었다. 그 날의 경험은 집단구성원으로 하여금 사회 환경에서 부딪혀 왔던 문제해결 능력을 깨우치게 했고, 결핍되고 무의미하다고 느꼈던 것에서 의미 있는 것으로의 변형적 과정으로 내딛는 기대 이상의 경험적 기회가 되었다. 부적응을 보이는 청소년집단에서 진행의 한 방법으로 나는 사회적 관심과 요구에 부응하는 최단기집단을 진행하기도 한다. 며칠 동안 집중적인 집단작업을 진행하는데 참여한 구성원들이 기대 이상으로 놀라울 만큼의 집중력과 협조체계를 형성하는 것을 보았다. 청소년집단에서 나는 보편적으로는 성별을 분리하여 집단을 구성하는 것이 적절하다고 생각해왔지만 그 집단은 성별 구분없이 구성된 집단이었다. 나의 염려와는 무관하게 그들은 성역할에 적절한 역할을 나누고 적응해갔을 뿐만 아니라 매주 만나던 집단보다 과제수행을 더욱 적절하게 극복해가는 것을 볼 수 있었다.

청소년의 성역할과 관련하여 창작표현은 성인과 유사하지만 다른 관점에서 임신과 낙태와 자신이 선택한 일에 대한 책임성과 관련하여 은유적으로 질문하게 한다. 낙태문제와 관련하여 흔히 접하게 되는 미술치료사들의 갈등은 이것을 다룰 것인지 무시할 것인지에 대한 염려이다. 치료 상황에서 드러나는 은유적인 곤란한 질문에 대해 문제를 피해간다는 것은 문제를 다루지 않고 은폐하는 오류를 낳을 수 있다. 성역할과 관련된 문제를 다루기에 성별 구분 짓지 않은 집단의 형태는 실재 삶에서 경험되는 관심을 상호작용하고 탐험하는데 도움이 된다. 예술의 창작과정이 치료로서의 역할을 다하기 위해서는 부적응을 보이는 청소년 그들이 집단에 참여할 준비가 되었을 때만이 가능해지는데, 그 준비를 돕는 것은 집단치료사의 준비된 자세와 창조적인 예술가로서의 자질이다. 준비된 예술가적 자질이란 집단진행에 대한 방법론적 이해와 훈련된 집단경험과 인간에 대한 신뢰가 그것을 대처하게 하리라 본다.

집단과정의 과도기

집단미술치료사가 구성원개인들을 존중하고 보호하고 안내할 준비가 되었다고 느끼고 집단을 시작했다하더라도 부적응 문제를 나타내는 청소년집단을 안내한다는 것이 그리 쉽지만은 않기 때문에 치료사들은 과정상의 다양한 어려움을 만날 수 밖에 없게 된다. 집단과정이 구체화되고 구성원들은 다양한 미술재료와 방법을 만나면서 창작과정에서 경험되는 가치를 받아들이게 된다. 구성원간에 서로의 공통성과 차별성을 인정하면서 신뢰체계를 형성해가는 경험은 더없이 중요한 경험이 되며 치료적 기회이지만 그럼에도 부적응 문제의 발생은 집단에서 종종 발생하기 마련이다. 치료실의 미술재료나 도구가 없어진다든지, 신발이 숨겨진다든지, 치료 상황에서 사용되었던 놀이감이 없어졌다든지, 치료자를 속여 힘들게 한다든지 하는 일은 아동 · 청소년을 만나는 미술치료사들 대부분이 누구나 한 번쯤은 경험해 보았을 것이다. 이때 치료자가 갈등하는 것은 그러한 구성원을 집단에서 제외시킬 것인지에 대한 것이다. 이러한 갈등과 관련하여 결정을 하기 전에 먼저 생각해보아야 할 이슈는 그가 왜 그러한 행위를 하는지에 대해서이다. 다만 문제행동을 한 구성원 그 개인을 그때마다 집단에서 추방하거나 다른 집단으로 쉽게 전환시키지 않아야 하며, 청소년에게 "너에게 왜 그러한 행위가 작용"한다고 느끼는지 치료자의 생각을 전달하되 그들을 거부하지 않고 기다려줄 수 있어야 한다.

부적응청소년의 대부분은 생애초기부터 상처적인 경험을 가지고 있었던 경우가 흔히 있다. 보호의 결함이 있었을 수 있는 그들이 은유적인 창작과정 안에서 보호의 경험을 하는 것은 당연한 것이므로 예술의 표현은 강요하지 않아도 자신의 문제를 작품 안에 담아낸다. 구성원개인은 표현과정에서 전이된 자신의 무의식적 의미를 알아채기 시작하며 박탈된 경험을 새로운 것으로 교체해가는 과정에서 과거의 기억으로 되돌려 놓으려 한다. 그러한 퇴행행위는 간혹 문제행동으로 노출되기도 하는데 이것은 성인의 교육적 개입으로 크게 도움되지 않는다. 만약 그 행위가 치료자와 성인에 의해 해석되고 비판된다면 오히려 창작과정은 치료자의 감시된 공간으로 느껴지게 하므로 개인의 즉각적인 정서를 드러낼 수 있는 즉 결코 비판되지 않는 증언의 장소로서 효력을 잃게 된다.

그러나 신뢰로운 치료관계가 형성되었다면 집단 내에서 구성원의 행동은 안전을 위해

보호의 감시가 될 수 있다. 그러한 보호의 울타리 안에서 즉각적이고 계속 쌓여져 가는 표현의 상징들은 축적된 존재 그 자체로서 의미를 가지게 된다. 작품의 내용물 그 자체가 아니라 과정에서 변화되고 색이 덧칠되는 연속성의 의미가 더 중요한 치료가치가 되기 때문이다.

집단을 종료하기

집단의 종료는 여러 가지 요인에 의해 영향을 받는다("집단미술치료방법론 I"의 제4장과 "청소년임상미술치료방법론" 제8장 참조). 종결을 결정하는 가장 중요한 고려사항은 집단구성원이 만족해야 하는 것이지만, 현실적으로 집단미술치료사가 종결을 결정하는 것이 아니라 기관의 관리자가 결정하는 경우가 일반적인 현상이다. 기관 담당자가 결정하는 종결의 이유는 비용문제와 더 많은 아이들에게 서비스를 제공하겠다는 경우가 대부분이다. 만약 종결의 사유가 비용과 관련된 문제라면 집단치료자는 이에 대처하여 단기모델을 구성해야 한다. 앞에서도 언급했지만 청소년집단은 단기치료가 현실적인 요구이다. 그러나 치료대상자가 초기박탈과 관련된 심각한 상실문제를 가진 청소년이라면 장기치료를 피할 수 없으며, 시설에 거주하는 부적응청소년이라면 그가 독립할 수 있는 준비가 되어 시설을 떠나기까지는 지속적이고 장기적인 치료가 제공되어야 한다. 다만 장기치료의 경우 분기별 종결로 발전적인 다음 목표를 설정하여 지속할 필요가 있다. 학교 내의 집단이라면 1년을 4단계로 설정하고 방학을 포함시키되, 만약 방학프로그램이 어렵다면 방학을 기준으로 종결 시기를 정하되 개강과 함께 다음 단계의 집단이 시작되어 지속될 필요가 있다. 그러나 부적응 청소년의 경우 방학은 매우 중요한 시기로서 보다 의미 있는 집단경험의 기회라는 것 또한 강조하고 싶다.

종결작업에서 이뤄지는 작품의 결과물을 되돌려 받는 것은 구성원의 입장에서는 개인적인 선물을 받는 경험이 되며, 돌려받은 그림은 작별인사와 종료를 고하는 상징적인 의례로서의 의미를 가지게 된다. 간혹 어떤 구성원들은 그 마지막 작품에 몰두하여 최선을 다해 끝냈지만 자신의 작품을 파괴해버리는 경우도 있는데, 그것은 개인의 분출과정을 다시 만남에 대한 감정의 현상일 수 있다. 창작품의 이미지들은 자신의 과정을 거의 완전하게 상기시키는 힘을 가지므로 시각적 표현의 충격은 오랜 시간이 지나서도 잊혀지지 않고 남아 있는 특성이 있는 것 같다.

종료과정은 구성원 모두와 치료자에게 감정적으로 힘든 과정일 수 있다. 종결과정에서 구성원들이 치료자에게 감사와 애정의 표현을 한다면 치료자는 만족할 수 있을지 모르지만, 부적응청소년집단의 많은 사례는 아무런 감정이 없는 듯한 분위기속에서 치료자만이 아쉬움을 감추지 못하면서 끝나는 경우도 흔히 있다. 치료자는 힘들었던 집단과정을 떠올리며 이 아이들이 정말 도움이 되었을까? 하는 의문과 함께 진정으로 도움이 되었길 바라는 마음을 갖기도 하면서 스스로를 달래기도 한다. 구성원들이 특별히 자기감정을 표현하지 않았더라도 중요한 것은 집단경험이 결코 의미 없지 않으며, 이미지의 경험은 지속적으로 그들 마음에서 만나고 정리하도록 도울 것이라는 것이다. 마지막 과정의 가장 좋은 마무리이자 종결의 상징으로서 음식이 도움될 수 있다. 음식은 그동안의 에너지를 보충하게 하며 헤어짐에 대한 아쉬움을 위로하는 애도물로서의 의미를 가진다. 이때 음식의 선택은 다소 비용이 초과되더라도 구성원이 원하는 것을 선택하도록 배려하는 것은 스스로 선택해보지 못한 제한된 경험을 한 부적응청소년에게 특히 의미 있는 일이며 중요한 기회가 된다.

2. 부적응 아동·청소년의 집단미술치료 에너지

여기에 소개되는 사례는 K지역 아동센터에 참여하는 초기청소년 4명으로 구성된 단기집단이다. 접근방법은 생태체계접근의 환경요소를 배제하지 않았고, 집단과정에 대한 개입이론은 얄롬과 비온의 집단역동이론과 대상관계접근의 자세로 개입되었다.

전체과정은 사전계획과 평가과정 6회기(구성원 2회기, 부모 2회기, 교사와 기관담당자 2회기), 사후평가과정 4회기(구성원 2회기, 교사 1회기, 부모 1회기), 사후개입과정 8회기(구성원 사후개입 6회기, 부모사후교육 2회기), 집단과정 12회기를 포함하여 총 30회기로 이루어졌고, 이외에 중간과정에서 매주 전화면담 또는 직접면담에 의한 부모(참여 면담이 어려운 환경에 있었으므로 선택된 방법이었음)와 교사개입이 있었고, 매주 집단시작 전후에 기관의 담당자 면담이 있었다. 이 사례의 과정은 실제를 그대로 보여 주기보다는 개입준비와 계획 및 특정내용만을 소개할 것이다.

집단미술치료 프로토콜 예시(기관제출용)

이 프로토콜은 집단 전에 기관에 제출된 내용으로서 사전면담 후 재 평가되고 수정 보완되어 제출되었지만 독자의 이해를 위해 집단구성 과정에서 기관에 제출한 첫 내용을 원형 그대로 제시하였다.

1) **치료자 :** 옥금자(광주표현예술심리치료연구소장, 명지대학원 예술 치료학과 교수)
   보조치료사 : ○○○(광주표현예술심리치료연구소 수련연구원)

2) 집단 미술치료 배경과 대상
   ○○○○년 전반기 ○○종합사회복지관으로부터 집단미술치료 의뢰받음.

집단구성에 대한 배경은 아래와 같다.
9명의 아동이 본원을 방문했으나 면담결과 구성원의 특성상 집단형성이 불가능하다고 평가되었다. 구성원들의 부적응적 특성이 지나치게 양극적이므로 두 집단으로 나뉘어 진행되길 요청했으나, 예산문제로 인한 기관의 문제제기로 불안과 공격문제가 두드러진 아동중심으로 1차 집단으로 구성하여 일차적으로 집단을 진행하기로 결정되었다. 집단에서 제외된 다른 4명의 아동은 2차 집단으로 다음 해 프로그램으로 전환되었고, 또 다른 한 명의 아동은 위기개입이 요구된다고 평가되어 위기개입 후 1년 정도의 개별치료를 받도록 본원과 계약되었다. 문제정의에 의한 구체적인 집단구성 내용은 아래 표와 같다.

[표 2-1] 치료자가 보는 문제 정의와 치료전환 내용

사전 평가 내용	
1차집단인 4명의 아동 : 과잉행동 및 충동조절 어려움, 정서적 불안요소가 두드러진 것으로 평가되었음. 개별접근으로 계약된 1명의 아동 : 반응성애착장애 및 지적장애가 예측되므로 구체적인 검사가 필요하다고 평가됨. 2차 집단으로 전환된 4명의 아동 : 정서 및 적응문제 예측되나 집단 경험을 통해 적응적 변화 가능하다고 판단됨.	
집단구성 전에 기관에 제안한 내용	**제안 결과 결정된 내용**
1차 집단으로 평가된 4명의 과잉행동을 가진 아동을 개별치료 요청	개별치료 요청이 거절되었고, 1차 집단으로 구성됨
장애 예측되는 1명의 아동은 개별치료 요청	심리검사에 의해 지적장애 2급, 반항성장애 판정, 기관과 본원의 후원계약으로 1년간 개별치료 계약
적응문제로 평가된 구성원 4명을 1차 집단으로 구성요청	2차 집단으로 명명하고 다음해 프로그램으로 전환됨

3) 시간과 장소 (○○○○년 ○월 ○일 ~ ○월 ○일 / 12회기)

- 시간 : 매주 ○요일, 오후 ○시 ~ ○시 ○○분(1시간 30분간)/집단 직후 컨퍼런스 2시간 진행
- 장소 : 광주표현예술심리치료연구소(집단치료실)

4) 치료의 필요성 및 목적

미술치료는 과잉행동과 정서적 불안을 다루는데 매우 중요한 구성요소이다.

구체적인 예술매체가 갖는 장점은,

첫째, 매체 그 자체가 하나의 활동으로서

둘째, 시각적 학습 기술이라 불리는 방법으로 사용하여 참여가 어려운 대상도 미술 참여는 가능하며

셋째, 구성물을 만들어 내며

넷째, 감정을 들어내는 방법을 제공해준다.

미술치료는 신나고, 격려하는 역할이어서 주의력결핍, 산만성, 과잉행동, 불안을 변화시키는데 도움된다. 미술치료에서 사용되는 매체는 시각적으로 자기표현의 기회를 제공해주며, 구성을 가져다주고, 행동을 멈추고, 생각해 보아야 할 때 도움을 준다는 장점이 있다.

따라서 집단미술치료는, 말로 전달하지 못하는 어려움을 소통해 내도록하는 통로를 마련하고 제공해주며 매체경험의 기회를 제공해준다. 그러한 경험은 구성원으로 하여금 독립을 향해가는 준비의 기회로 제공되며 자기 능력을 확인받으며 스스로의 인정과 자기존중의 장이 된다는 점이 집단의 장점이자 필요성이다.

미술치료에서 제공되는 집단의 경험은 일차적으로는 구체적인 치료를 위한 통로로서 제공될 것이며, 그 첫 목적의 일차적인 방향은 현재 드러난 문제요소에 초점을 둘 것이다. 차후 집단의 결과와 구성원체계의 요구에 의해 구체적인 다음 단계의 목적이 설정될 수 있을 것이다.

5) 구체적인 목표

첫째, 억압된 감정의 표출을 돕는다(구성원들의 특성상 매사에 "안 된다, 하지마라"에 익숙하고, 억압된 스트레스가 많으므로).

둘째, 자신감 향상을 돕는다(구성원들의 행동특성상 나쁜 아이라는 비난을 자주 받으므로 자신감이 없고, 자기역할에 위축되어 있으므로).

셋째, 긍정적 관계형성을 돕는다(구성원들이 산만행동과 예측할 수 없는 행위로 관계맺는 방법이 부적절하고, 또래로부터 소외되며, 관계경험에서 만나는 어려움에 대한 대처기술이 필요했으므로)

넷째, 지지체계를 형성한다(구성원의 지속적인 성장을 위한 환경으로서).

6) 치료사의 역할

치료사 : 관심과 격려로서(지지자), 미술활동이 안전하게 진행되도록 계획하고(울타리 역할), 안전한 환경 안에서(좋은품 제공), 개별성의 존중감을 경험하도록 돕는

다(반영과 전능감 획득).

보조치료사 : 주된 역할은 과정의 관찰과 기록자(인턴연구원이었으므로 훈련을 위한 역할이었음) 역할로 설정하고, 치료사를 도와 치료환경준비, 필요에 따라 구성원의 지지자 역할을 겸한다.

7) 집단미술치료 과정

집단치료를 위한 전 과정은 사전계획, 집단과정(오리엔테이션, 초기, 중기, 종료단계), 사후평가, 사후개입 등 4단계로 이루어진다.

[표 2-2] 집단과정 내용

발달단계	회기	과정별 목표	주제	준비물
사전계획 및 개별면담 (1~6회기)	1	교사면담과 기관담당자 면담	기관분석, 집단치료계약	
	2	기관 전체 오리엔테이션	집단치료의 구성원특성 · 가상목표와 관련하여 필요요소 논의, 미술치료집단 소개 및 도움요청과 도움범위 설정	오리엔테이션 자료
	3~4	부모 오리엔테이션 (전체, 개별)	집단진행과 특성소개, 개인력 평가 및 특성평가, 기록 · 작품사용동의서 작성	기록지, 동의서
	5~6	구성원 개별면담	집단참여동의, 평가, 기록 및 작품사용 동의서작성	검사지, 동의서
오리엔테이션 (7회기)	1	신뢰관계 형성, 전체목표 설정, 개인목표 설정, 집단규칙 세우기	내가 여기에	도화지, 색채도구
초기 (8~9회기) 관계에 초점	2	신뢰관계 유지, 감정과 저항다루기	흙놀이	찰흙, 도화지, 색채도구, 큰대야
	3	고립, 의존, 독립의 갈등다루기	휴지놀이	휴지, 대야, 물, 도화지, 색채도구
중기 (10~14회기) 문제에 초점	4	문제를 인식하고 정의내리기	연상으로 만나기	도화지, 먹물, 붓, 콜라주재료, 풀, 가위
	5	문제에 대응하기	일상에서 나를 방해하는 것	도화지, 색채도구
	6	대처기술 습득하기	관계를 방해하는 것들	콜라주재료, 도화지, 색지, 풀, 가위

	7	문제를 극복하기	내안에 있는 힘	콜라주재료, 도화지, 색지, 풀, 가위
	8	미해결문제 찾고 대안찾기	나도 할 수 있어	콜라주재료, 도화지, 색지, 풀, 가위
후기 (15~17회기) 자신감과 자기감에 초점	9	의미찾기	버리고 찾아서	콜라주재료, 도화지, 색지, 풀, 가위
	10	미래 계획하기	꿈 · 희망을 담아서	콜라주재료, 특별히 준비된 종이와 펜, 투명한병, 금속조각들, 끈, 접착제
	11	지지체계 형성	나 · 너 · 그리고 우리	도화지, 색채도구
종료 (18회기)	12	떠나고 보내기(가족과 교사, 기관의 관련인 함께 수료식)	전체 나눔과 수료식, 작품전시	개인별 장점으로 구성된 수료증, 다과, 음악
사후평가 (19~22회기)	1	구성원 개별면담에 의한 평가와 종료에 대한 재정리	자기인식 평가	검사지, 개인작품
	2	부모교육 및 평가회, 사후계획 논의	부모역할 교육(대상관계, 청소년기 정신병리)을 포함한 가족이 느끼는 변화와 필요요소 논의	구성원의 강점 중심의 과정 요약지
	3	교사교육 및 평가회	청소년 정신병리와 예방, 대처에 대한 교육. 평가 논의	청소년 발달심리와 집단과정 요약지
	4	기관과 전체평가	집단사례평가 및 사후개입 계획	사례보고서
사후개입 (23~30)	1~6	구성원 사후관리	월 2회 3개월간, 일상생활 속의 어려움과 성장에 대해	기본적인 미술재료
	7~8	부모교육	대상관계 이해와 긍정적 부모역할에 초점	교육안

집단과정에 구성원을 적응시키기

사례의 집단과정은 12회기로 진행되었으나, 전체과정은 집단을 위해 사전계획, 본 집단, 사후평가, 사후개입 등 4단계로 이루어졌다. 이후 구성원 중 1명은 사후집단 이후 가족치료로 연결되어 후속 치료개입이 이루어졌으며, 다른 1명의 구성원은 개별치료로 의뢰되었다. 여기에서는 앞에서도 제시하였듯이 본집단의 과정을 구체화하지 않고 도출된 특정 의미만을 적용하였다. 독자들은 상황적 요소를 관찰하고 예측해보면서 자신에게 적절한 방법적 틀을 스스로 찾아가리라 기대한다.

대부분의 아동 · 청소년들은 개별보다는 집단작업에서 더 잘 적응하고 적극적으로 활동하는 것을 볼 수 있다. 미술치료의 일반적이고 보편적인 목표는 치료대상이 집단이든 개별이든 창의력을 증진시키고 자극하며, 사회 환경에 더 잘 적응하도록 돕는데 있었다. 그러나 부적응하는 아동 · 청소년이 집단에 속하는 이유는 또 다른 추가적인 요인들이 있다. 예를 들면 미술매체가 갖는 창조성과 놀이성이 자발성을 자극하고 성인과 주요환경으로부터 억압된 정서를 활성화시키고, 목적지향적인 접근방법을 통한 집단의 경험이 부적응 문제의 미숙함을 대처케 하는 모델이 된다. 특히 부적절한 대상경험을 한 아이들에게는 집단 자체가 좋은 대상경험의 기회가 되므로 자기존중의 경험을 가능하게 한다는 점이 미술치료집단의 가치이다. 뿐만 아니라 성인에게 불만과 공격적 저항을 두드러지게 나타내는 아동 · 청소년들은 또래관계에서 더 많이 개방되고 편안해한다는 점과 자신의 부정적인 행동 때문에 타인들이 자기를 받아들이지 않고 거부할거라는 두려움을 가진 경우 집단은 개별치료에서보다 더 강력하고 안전한 그릇으로 느끼게 된다는 점이다.

그러므로 부적응문제를 안고 있는 구성원들의 집단치료를 위한 공간설정은 미술치료공간에서 일상의 환경으로 돌아갈 수 있는 준비를 위해 두 영역으로 나뉠 수 있다. 이것은 공간을 더럽히지 않으려고 신경쓰지 않아도 되고 재료를 자유롭게 사용가능한 공간과, 정리되고 깨끗한 환경의 다른 형태의 두 공간이 한 공간 내에서 설정될 수 있다. 이러한 공간설정은 집단구성원들이 작업을 끝낸 뒤 정리를 한 후에도 다시 나타날 수 있는 어지럽히고 파괴하고 싶은 심리적요소와 관련하여, 충동을 자제시키며 일상에서 지켜야하는 규칙과 치료공간에서의 놀이상황의 혼돈을 예방하고 깨우치게 하는 역할로 사용될 수 있기 때문이다. 나는 이 부분과 관련하여 집단치료사들이 부적응대상의 집단에 대해 이해하고 적응될 필요가 있음을 강조하고 싶다.

집단에서는 예측할 수 없는 상황과 현상들이 노출될 수 있어서 치료자는 늘 사전에 예방적 대안을 가질 필요가 있다. 갑자기 재료가 뿌려질 수도 있으며, 구성원끼리의 싸움으로 걷잡을 수 없는 소동이 일어날 수도 있을 뿐만 아니라, 이로 인해 다른 전문가나 기관으로부터 비난을 받을 수도 있기 때문이다. 집단미술치료사의 집단에 대한 이해는 기관의 이해를 도울 대안을 세울 수 있게 하며, 그러한 치료진의 이해는 집단구성원을 위한 튼튼한 보호의 울타리를 가능하게 하기 때문이다. 그러므로 기관에서 진행되는 집단의 경우 집단 시작 전에 하는 기관 관련자들의 오리엔테이션은 매우 중요하며 만약 워크샵을 운영할 수 있다면 더욱 협조체계가 형성될 수 있을 것이다. 이때 부모집단을 운영하는 것 또한 집단의 효과를 위해 필수적인 요소가 된다.

집단의 구성은 치료자들마다 각기 다른 접근법을 보여준다. 어떤 치료자는 집단치료성 가운데 가족관계의 경험을 강조하고 형제자매관계를 느낄 수 있는 연령과 혼성집단이 적절하다고 보며, 어떤 치료자는 발달의 수준에 따라 대상을 구별해야 한다고 생각하거나, 같은 연령의 또래집단이 더욱 적절하다고 믿거나, 성별로 구분해야 한다고 강조하는 치료자도 있다. 구성원의 성별특성과 연령을 고려하여 집단의 균형을 유지하려는 것은 중요한 것 같다. 나는 집단을 구성할 때 보편적으로는 성별구분과 또래집단으로 설정하나, 대상의 성별과 연령차를 무시한 증상이나 문제요소에 따라 집단을 구성하기도 한다. 그러나 어떠한 유사성을 가진 특정집단에서 한 집단구성원의 특성이 상이한 다른 특성을 가졌다 해도 그 특정구성원의 결합이 서로에게 매우 치료적으로 사용될 수도 있다. 왜냐하면 집단의 치료적 기능가운데 하나는 특정구성원의 방해요소마저도 집단에서는 치료적 역동으로 사용될 수 있으므로 개인의 상황을 떠올리게 하고 "나"라면 그것에 대해 어떻게 해결해 볼 것인지에 대한 대처방안을 생각하게 하기 때문이다.

집단에서 돌봄을 경험한 준이와 민이의 사례에서

11세의 '준이'는 가족환경에서 세명의 구성원과는 다른 차이점을 가지고 있다. 어머니는 준이가 8세 때 자살을 하였고, 아버지는 가출상태이며 현재 할아버지와 함께 살고 있다. 준이는 집단에서 늘 혼자 있고 구성원 가운데 가장 작업에 열중하지만, 집단 내에서 소외되고 있으며 다른 구성원의 비위를 맞추려 노력하고 불안해하고 위축된 모습을 보였다. 반면에 '민이는 잦은 싸움으로 친구들을 괴롭히고 학교에서도 지나치게 폭력적이어서 교사가 감당할 수 없는 골치 아픈 아이라는 평판을 받고 있었다. 민이부모 역시 잦은 싸움과 자녀에 대한 폭력이 심하여 민이의 몸에는 멍이 사라질 날이 없었다.

휴지죽 놀이를 하던 날 준이는 휴지를 풀지도 못할 뿐 아니라 찢지도 못한 체 치료자와 구성원들의 눈치를 살피며 조심스럽게 움직이고 있을 때, 민이와 두명의 다른 구성원은 치료실의 이쪽과 저쪽에서 휴지를 던지고 온몸이 휴지로 감기기도 하며 깔깔대며 소란스럽게 웃고 넘어지고 뒹굴며 놀이에 집중하고 있었다. 그때 민이가 갑자기 놀이에서 빠져나와 눈을 감고 엉금엉금 기어 다니기 시작하면서 갓난아기의 울음소리를 내기도 하면서 준이의 주변을 돌아다니기 시작하였다. 그 과정에서 민이는 준이의 발에 걸려 넘어졌는데, 순간 준이는 자기를 향해 넘어지는 민이를 안게 되었고, 눈을 뜬 민이는 빨갛게 상기된 얼굴로 준이를 밀어냈다. 곧 바로 민이는 준이의 몸에 휴지를 감으며 어색한 분위기를 놀이로 끌어들였으므로 자연스럽게 준이와 민이는 서로 휴지를 주고받으며 상호놀이를 시작하게 되었다.

이 세션에서 민이는 혼자 있는 준이를 놀려주기 위해 충동적으로 시도한 행위였지만 예측하지 못했던 이러한 상황은 준이에게 안긴 민이가 돌봄과 관련된 욕구의 준이 자기로 전이되고, 곧 바로 함께한 놀이경험은 자기로 투사된 민이를 통해 다시 반영되고 인정되는 경험의 기회가 되었다. 민이의 퇴행적인 놀이행위는 위축된 준이의 극복을 위한 역할 모델이 되었다. 또한 넘어지는 자기를 받아내는 준이를 통해 민이는 공격적인 행위로 인해 거부되었던 자기가 받아들여지는 경험을 가능하게 했으므로, 두 아이의 차이점은 서로에게 집단의 치료적 가치로 기여했다고 볼 수 있다. 놀이 후의 휴지가 따뜻한 물속에 섞이고 형상화되는 과정은 네 명의 집단구성원을 담아내고 모으는 역할로서 충분했으며, 소외되었던 준이가 집단구성원으로 환영받는 의식으로 상징화 되었다.

집단과정에서 노출된 구성원들의 폭력적 이미지 이해

청소년기에 있는 아이들의 그림 표현에서 폭력적인 묘사는 흔히 있는 이미지들이다. 많은 경우 공격적인 표현이미지는 청소년들에게서는 특정 또래집단의 문화나 소속감과 관련되어 있을 수 있다. 그러한 미술표현에 포함된 심리학적인 요소는 대부분 비밀로 지켜지게 되는데 이것은 그 집단의 가치와 행동, 또래 구성원들을 묘사하고 있는 경우가 흔히 있다. 그래서 청소년들이 그려내고 만들어내는 폭력적인 묘사가 문제행동의 원인이라고 보아야 할지 평가하는 것은 쉽지가 않다. 일반적인 청소년의 그림 표현이 부적응문제를 나타내는 아이들의 그림보다 오히려 더 부적절하고 반사회적인 형태의 공포스럽고 비밀스러운 형태로 표현해내기도 한다. 청소년기의 아이들은 많은 경우 성인들에 의해 불공평한 대우를 받았다고 느끼고 있거나 불만을 가지고 있기 때문에 실제 행동문제를 나타내지 않더라도 불만족한 대상에 대한 감정을 상상속에서 나타내고 창작물로 옮겨놓기 때문이다. 그러나 부적응문제를 가지고 있거나 행동문제를 나타내는 청소년의 경우 폭력적인 그림묘사는 더 많이 나타난다는 것을 임상가들은 대부분 공감하는 내용일 것이다. 때때로 그것은 단순한 표현이 아닌 위험을 알리는 메시지로서 자신에게 닥친 어려움에 대한 중재요구일 수 있어서 간과할 수 없는 내용이기도 하다.

[그림 2-1] 무서워하는 아이

위험을 알리는 이미지와 관련한 사례에서

'준이'는 연상으로 만나는 난회작업에서 칼, 연탄집게, 몽둥이, 밥그릇, 피흘리고 쓰러진 아이, 유령, 마녀, 귀신 등을 연상해내고 전체적인 느낌을 담아 하나의 그림으로 모은 후 "무서워하는 아이"라는 제목을 붙였다. 그림설명에서 준이는 "어릴 때 이 아이의 엄마는 자살을 하였고 영혼이 떠돌아다닌다. 그래서 이 아이는 너무 무섭고, 가난해서 냉장고에는 먹을 것도 없어서 눈물이 난다. 다행히 어릴 때부터 칼을 가지고 놀아서 유령을 물리칠 수 있어서 좋지만 아이가 다치기도 한다. 이 아이는 자라서 16살이 되었지만 깡패들을 만나고 차가 폭발해서 죽고 말았다." 준이는 집단상황에서 자살한 엄마에 대해 이야기하거나 말하기 힘든 자신에 대해 개방하지 않았지만 연상된 이미지를 통해 자신의 생각과 상황들을 이야기해 주고 있었다(그림 2-1).

준이는 실재로 칼에 다쳐본 적이 있느냐는 질문에 생각나지 않는다고 했지만 시각적인 소통의 자료인 그림에서 나는 준이가 처한 위험수준의 강도를 짐작했고 더욱 구체적인 환경조사에 들어가게 되었다. 집단이후 준이는 후원자를 연계하여 개별치료를 받게 되었다. 이 사례에서와 같이 폭력적인 이미지들은 그 사람의 위기상황과 감정과 관련이 되어 있을 수 있으며, 정서적 장애를 알려주는 신호이기도 하다. 부적응청소년들의 폭력적인 그림묘사는 일반청소년의 묘사보다 더 복잡하고 위험스러운 것일 수 있지만, 지나치게 단편적인 해석은 더욱 위험으로 내 모는 결과를 가져오기도 하므로, 청소년기의 발달적 특성과 매체가 갖는 표출에 대한 안정성을 고려하여 이해해야 한다.

예술적 표현의 불안정성과 문제 상황과의 차별성

집단미술치료에서 예술의 표현은 부적응청소년의 심리적 불안과 억압된 공격성을 해소하는 하나의 수단이 된다는 것은 두말 할 필요가 없다. 그러나 예술표현이 치료자의 어떠한 반영이나 안내 없이 폭력적이고 반사회적인 이미지묘사를 반복적으로 사용하도록 방치된다면 그 또한 위험에 노출될 가능성이 높아진다. 지나치게 충동적이고 공격적인 청소년의 그림에서 공격성의 정도를 관찰하고 평가하는 것은 매우 중요하다. 간혹 어떤 치료사들은 공격성과 충동성의 표출을 승화로 안내하는 첫 목표로 설정함으로써 아이들의 잠재된 분노감정을 부추기는 결과를 초래하는 경우가 있다.

집단치료사는 집단에서 구성원들의 공격충동에 대해 통제되지 않는 충동적인 분노의 폭발적인 연습과 승화의 방향으로 가는 표출의 차이를 이해하고 있어야 한다. 잘못된 치료자의 안내로 치료실은 자칫 아이들의 폭력을 계획하고 연습하는 장소가 될 수도 있다는 사실을 잊지 않아야 한다. 승화란 무의식적인 과정이며 연습이란 의식적인 인지요소를 담고 있으므로, 작품 속에 표현되는 특정대상을 향한 이미지는 중재를 통해 위험행위의 연습을 예방할 수 있어야 하며, 이때 치료자의 신뢰된 진문성과 담아내는 보성본능이 함께 한다면 승화의 안내로 방향이 수정될 가능성 또한 기대할 수 있을 것이다. 다시 말하면, 부적응청소년의 공격적 이미지에 대한 보편성과 발달적 이해는 대상과 상황에 따라서는 폭력의 연습이 되기도 하고 승화의 경험이 될 수도 있기 때문에 치료적 접근에 중요한 요소가 된다. 그러나 지나치게 내용에 치우쳐 가족력과 행동문제를 결부하여 평가하는 것은 치료의 가능성을 왜곡시킬 수 있으므로 유의해야 하는 것이다. 치료자가 창작과정과 그들의 일반적인 심리체계를 더 넓은 시각으로 볼 수 있다면 부적응의 병리를 이해하는데 더욱 깊이 있게 가능성의 관점에서 이해할 수 있으며, 치료자의 주의깊은 치료적 면담기술은 집단의 역동을 더욱 긍정적이게 상호작용하도록 돕는다.

따라서 부적응청소년의 작품이미지에서 참고해야 할 몇 가지 지침을 가지고 있다면 도움이 되리라 본다.

첫째는 부적응청소년이 표현하는 지나치게 폭력적이고 공격적인 이미지에 반응하지 않아야 한다. 부적응청소년 뿐 아니라 대부분의 많은 청소년들의 경우 치료자가 놀라는 반응을 직접적으로 나타내면 자신의 작품에 대해 치료사가 충격을 받고 있다는 것을 즉시 알아차리고 계속해서 비슷한 그림을 그려내어 치료사를 자극하고 시험하게 된다. 이유는 치료사 역시 다른 성인과 다르지 않다는 생각으로 동일시하므로 자신을 이해하지 못하는 대상으로 판단하고 자신과 관계 맺을 수 있는 대상에서 제외시켜 버리기 때문이다. 그 예로서 찬이의 사례를 들어보자.

공격이미지를 다룬 사례에서

'찬이'는 집단시작 처음부터 계속 폭력적인 언어를 사용할 뿐 아니라 폭력적인 그림들을 그려내었는데 나는 찬이로 하여금 자신의 그림을 소개하도록 하고 "너의 그림을 보니 네가 무엇인가를 말하고 싶어하는 것 같구나. 네가 무엇을 말하려는지 나는 이해할 수 없어서 다소 답답함을 느꼈지만 너의 이야기를 들음으로서 너를 이해할 수 있으면 좋겠구나. 이제 나와 친구들이 이해할 수 있도록 도와줄 수 있겠니?"라고 진지하게 도움을 요청했다. 치료자의 도움요청에 찬이는 장난스럽고 저항적이던 자세를 멈추고 얼굴이 붉어지며 "선생님들과 어른들은 내가 무서운 것들을 표현하면 매우 놀라서 선생님도 마찬가지일거라고 생각되어 장난을 해본거다"라고 설명했다(그림 2-2).

이후 찬이의 그림에서는 폭력적이고 혐오스러운 표현들이 사라졌다. 부적응청소년 또는 대부분의 청소년기 아이들의 집단에서는 치료자와 치료에 대한 저항과 시험의 단계로 폭력적인 그림이 통과의례처럼 나타나는 것 같다.

[그림 2-2] 폭파직전의 다이너마이트

두 번째는, 그림 표현에서 나타내는 아이들의 정서를 인정하고 지지해야 한다.

앞의 사례에서

찬이가 그려낸 누가보아도 불쾌감을 느낄만한 이미지와 일상에서 표현되는 욕설이 찬이에게는 선택적인 치료요인으로서, 폭력적 행위의 긍정적인 변화와 폭력의 영향에 대한 그들만의 독특한 역할이 있다.

찬이의 부적절한 표현에 대한 본능은 찬이 자신의 자아를 고통스럽고 두려운 내적이미지로부터 분리시켜 주는 강력한 수단이었던 것 같다.

세 번째는 작품의 의미에 대해 구성원과 함께 논의해야 한다. 보편적으로 치료사들은 집단에서 구성원들의 그림에 대해 서로 이야기하고 느낌에 대해 논하지만 어떤 치료자는 간혹 형식적인 소개로 끝내는 경우가 있다. 작품에 대한 나눔과 논의는 반드시 서로 존중하는 분위기에서 구성원들의 작품이 지닌 의미를 나눌 수 있도록 분위기를 조성하고 안내해야 한다. 구성원들 각자의 그림에 대한 유사한 폭력적 이미지가 구성원 모두에게 일반화될 수 없는 특성들을 가지고 있기 때문이다. 만약 집단치료사가 구성원개인의 그림을 일반화하여 자신의 그림과는 거리가 있는 그러나 집단에서 추구하고 있는 방향으로 연관되어 안내하려고 한다면, 그 구성원은 이해받을 수 없다고 느끼거나 마음을 닫아 버리게 되어 십중팔구 '잘 모르겠어요'라고 대답할 것이다. 아마도 아동청소년을 만나는 치료사들은 이 "모르겠다, 생각이 안 난다"라는 대답을 일반청소년이든 부적응청소년에서든 수없이 많이 들어왔던 기억이 있을 것이다. "모르겠다"라고 말하는 아이들 앞에서 그 상황을 극복하기 위해서는 작품설명을 안내함에 있어서 어느 정도의 거리를 지켜주어야 하는데, 그것은 이야기하는 구성원 그 자신에게로 초점을 두는 것이 아니라 다른 구성원들의 느낌으로 확장한다면, 그 자체가 거리두기로 작용하므로 창작자인 그 구성원을 보호하는 것이 될 수 있다.

앞의 준이의 사례에서

준이는 폭력적이고 고통스러운 내면의 울음과 두려움을 이미 자신의 작품에 쏟아 그려내었다. 그러나 자기에게 초점두지 않은 작품에 관심의 초점을 모음으로서 구성원들이 전달한 "그 아이가 참 안 됐다, 행복했으면 좋겠다"라는 시각적 피드백에 의해 대화의 초점이 자기에게 향하지 않으면서 위로받는 경험이 가능해졌다.

물론 앞에서도 설명되었지만 그러한 준이의 이미지 표현들은 그 자체만으로 준이의 감정을 모두 이해할 수는 없었고, 고통스러운 환경적 상황의 정도를 확인할 수 없기 때문에 사회조사를 구체화하여 준이의 현실적인 어려움을 재 평가할 수 있게 되었다. 따라서 집단에서 다루어지는 그림표현의 이해는 거론되는 그 자체로서만이 아니라 그 배경에 있는 더 깊은 이해를 필요로 한다는 것을 의미한다.

넷째, 그림의 창조적인 표현 전체를 보려고 노력해야 한다. 많은 미술치료사들이 흔히 실수하는 것은 위험스러운 표현 그 자체에 초점을 두고 평가하려는 자세이다. 예를 들면 "이것은 누구니? 지금 이 사람은 무엇을 하고 있니? 무슨 일이 생겼니?" 등이다. 뿐만 아니라 상징에 초점두고 해석해내는 무분별한 치료자의 폭력 또한 흔히 있는 일이다. 이것에 대한 극복으로 그림 자체에 한정하지 않고 구성원이 자신의 작품을, 폭력적인 감정과 행동을 담은 그림을 그린 다른 작가의 작품정서와 연결하여 느낌을 나눠보도록 하는 것은 표현형식에 제한하지 않고 전체로 확장해보는 방법이 된다. 물론 이 경우는 치료자가 그 작가의 작품을 이해하고 있고 작품을 준비해야 하는 번거로움의 문제가 따른다. 또한 이러한 방법적 접근이 폭력적인 그림을 반복하는 아이들에게 의미 있는 일이지만 치료적인 요소에는 다소 제한이 있다. 따라서 이러한 방법을 적용함에 있어서 치료자는 작가에 대한 충분한 이해와 기술적인 요소를 갖추어야 사용이 적절해질 수 있을 것이다.

다섯째, 위의 네 번째 지침과 관련하여 폭력적인 표현을 대체할 수 있는 감정을 담아낼 수 있는 대상을 찾아야 한다. 치료에서는 창조성을 발휘할 수 있도록 도와야 하나 부적응 청소년의 발달적 특성상 폭력적인 정서와 행위의 이미지 표현과 관련된 어떠한 논의도 검열되고 담아내지 않으면 더욱 문제를 강화시키는 결과를 낳을 수 있으며 그것은 온전한 치료가 될 수 없기 때문이다.

창작물의 표현은 옳고 그름이 없으나 치료자는 부적응청소년의 폭력적인 그림이미지의 검열문제와 치료적 접근을 위해 치료자 자신의 허용 가능한 범주 내에서 최소한의 규정을 두고 최대한의 표현을 할 수 있도록 도와야 한다. 즉 치료자는 스스로에게 물어야 할 것이다. "내가 이 집단에서 느끼는 위협감이 있는가? 인격적으로 모욕감을 느낀 적은 없는가? 만약 있다면 어떻게 대처할 것인가? 어떠한 경우에 그러한 감정들을 느꼈는가?" 이것에 대한 분명한 해답은 없지만 여러 측면에서 예측해 보는 것이 치료의 딜레마를 해결하는데 도움이 된다. 하나의 예로서 치료자는 개인에 초점 두는 것을 최대한 피하고 작품을 대면해야 한다. 나는 치료대상자의 작품을 나만이 그리고 자주 만날 수 있는 공간에 붙여두고 습관적으로 늘 그 작품과 대화를 한다. 그리고 질문하고 대답을 듣는다. 물론 그것은 집단과정에서 들었던 구성원의 설명과 함께 만나는 것이다. 그림에서 일러주는 대화는 내가 느끼는 만큼이므로 안전하지만 여전히 그 개인의 설명을 배제하고 이해하는 것은 한계가 있기 때문이다. 부적응을 심각하게 나타내는 청소년들의 그림을 대하는 것은 청소년이나 치료자 모두에게 강력한 감정을 불러 일으키므로 치료사는 충분히 청소년기의 발달적 특성과 폭력적인 표현에 담긴 다양성을 이해해야 하며, 진솔한 자세와 함께 일반적인 치료적 기술과 예술치료의 전문성을 함께 사용할 수 있어야 한다.

지지체계로서의 부모집단 형성

부적응문제를 가진 자녀를 둔 부모는 치료 안에서 다양한 이유로 자신이 나쁜 부모라는 비난을 받게 될 것에 대한 불안을 가지거나 자신이 좋은 부모가 아니라는 죄책감을 느낀다. 치료관계 안에서 미술치료사들이 이러한 부모의 심리적 갈등을 이해하고 있다면 부모지지체계를 형성해야 하는 필요성이 분명해질 것이다. 만약 부모들이 자신의 가정에서 뿐 아니라 다른 가족들도 부적응문제를 가진 자녀로 인해 힘들다는 사실을 알게 되면 위로받는 느낌을 가질 것이다. 자녀를 어떻게 이해해야 하고, 돌보아야 하는지, 자녀의 치료과정을 어떻게 도와야할지 알게 할 것이며, 자녀의 치료를 지속하게 하는데 중요한 자원이 될 것이다.

이러한 부모지지집단이 매주 자녀집단과 동시에 지속될 수 있다면 가장 효과적이지만, 자녀집단의 초기, 중기, 후기 또는 한 달에 한 번만 이루어진다 해도 그 효과는 확연히 나타난다. 앞의 사례와 유사한 집단에서 나는 부모집단 자녀집단과 동시에 시작한 경험이 있다.

부모집단 사례에서

5명의 부모로 형성된 집단구성원 부모들은 집단에서 화기애애하게 자녀들과 다르지 않은 작업을 통해 염려하고 있는 자녀 문제에 대한 불안을 제거할 수 있었고, 어떻게 문제를 다루어야 할지 공유함으로써 자신의 치료적 경험을 지속해가는 것을 볼 수 있었다. 집단이 시작된 3주째였다. 수의 어머니는 치료실이 친정집 같은 느낌이라며 이곳에 오는 길이 너무 좋다. 오늘 이곳에 오는 길에 수가 "엄마들 모임에서 무엇을 하느냐며 지난 주에 질문했던 내용과 같은 질문을 했는데, 어머니가 비밀이라고 했더니 수가 우리도 비밀이 있다. 라며 자랑스럽게 이야기했다. 이 집단에서 부모 자녀가 동시에 비밀을 가지게 되었고 그것이 서로를 위하고 자신을 위한 일들이라는 점이 너무 신나고 즐겁다"고 하자 다른 부모들도 공감하며 서로의 경험을 공유하였다. 부모들은 집단을 통해 서로의 아픔을 담아내는 일 외에도 즐거움이 있어서 부모역할 뿐 아니라 문제에 대한 공포를 제거할 수 있었음을 보여주었다.

대부분의 부모들은 집단에서 한편으로는 치료자를 받아들이고 다른 한편으로는 집단으로부터 지지받으며 안도감과 안정감을 경험하게 된다. 치료자 또한 청소년의 작품에 투사된 이미지에만 의존하지 않고 직접적인 부모개입을 통해 부적응을 가져오는 요소를 평가하고 이해할 수 있으며 변화를 위한 중재를 직접적으로 가능하게 한다는 점이 도움된다.

제3장

사회기술이 필요한 자폐장애 아동 · 청소년의 집단미술치료

사회기술집단은 치료를 위한 환경 즉 정신건강의학과 병원, 학교의 특수학급, 지역사회 정신건강센터, 개인치료실 등에 확산되어 있다. 그러한 집단들은 사회적 관계에서 장애를 나타내는 특정집단인 지적장애 · 자폐장애 등의 발달장애, 주의력결핍과잉행동장애 등에 흔히 활용되고 있다. 이 장은 앞의 제5장을 포함하면서 자폐증과 특수학급 대상에 초점을 두고, 집단치료에 부적절하다고 생각하는 사회의 시각에 도전일 수 있는 창조적인 치료계획이 어떻게 극복되어 가는지에 대해 살펴볼 것이다("신경발달장애와 행동장애 미술치료 지침서" 제1장–제3장까지의 내용 참조).

1. 자폐장애 아동 · 청소년 집단미술치료의 일반적 이슈

사회기술훈련은 유사한 사회적응문제를 가진 대상에게 사용될 수 있으며 형제, 가족, 또래친구나 직장동료를 포함할 수 있다. 지금까지 사회기술훈련집단은 다양한 치료관련기관에서 몇몇 전문가들의 팀 접근방법에 의해 언어적, 실재상황으로의 경험적 개입이 이루어져 왔다. 사회적응과 관계문제를 가진 이러한 대상들에게 미술치료는 사회기술집단의 창작과정에서 사회를 만나며 구성원들을 통해 사회적 모델을 만날 수 있고 사회적응력을 배우고 발달시키는 것을 촉진하는 직접적인 방법으로 활용될 수 있다. 이 장에서는 자폐장애를 가진 아이들의 사회성을 확장시키고 연습하는 장으로서 사회기술집단의 가능성과 고려되어야할 사항들에 대해 논의해보려고 한다.

사회기술 집단미술치료의 가능성

집단치료의 특성은 한 개인이 타인과의 중요한 상호작용 속에서 계속 발전하는 존재라는 인식을 기초로 하며, 집단미술치료에서 집단과 구성원은 각자의 개별성을 넘어서 집단특유의 분위기속에서 구성원자신이 경험하고 있는 환경에 직접적인 영향을 받게 된다. 이러한 집단의 경험이 전 생애를 통해서 발달한다는 관점에서 보았을 때 자기세계에 빠져있는 자폐장애를 가진 아이들의 집단경험은 당연히 의미있는 경험이 될 수 있다. 그럼에도 지금까지는 발달문제를 가지고 있는 아이들에게 보편적인 치료접근은 자폐의 특성적 요인으로 인해 집단보다는 개인에 초점을 두어왔다. 최근에서야 특수학급과 특수학교 중심으로 학교미술치료가 확산되면서 교육적 접근의 집단치료가 이루어지고 있지만 치료와 교육의 혼돈 속에서 힘들어하는 치료사들을 흔히 볼 수 있다. 그럼에도 집단의 경험은 이 아이들을 변화시키고 관계를 가능하게 하는 것을 보면서 집단미술치료의 효과성에 놀라움을 금치 못하고 있고 그 요구도 또한 계속 높아지고 있다. 특히 사회기술 집단미술치료의 활용은 자폐적인 관계에서 사회적인 상호관계로 진입하는 개인적 의미를 부여하게 되고 의미있는 관계를 맺게 하는 기회이자 주요한 방편이 된다.

보편적으로 3세 이전의 행동을 보이는 심각한 발달장애를 보이는 아이들은 개인차는 있지만 많은 경우가 사회적응문제를 가지고 있는 반면에 특정한 것에 대한 기억과 시 · 공간적 기술과 집중력을 가진다는 것을 볼 수 있다. 이러한 특성을 집단치료에서는 집단을 시작하기 전에 집단운영의 통과의례인 사전준비과정("집단미술치료방법론 I" 참조)의 개인면담을 거쳐 일대일 관계를 경험하게 되고, 그 경험을 통해 집단상황을 필요로 하지 않는 유아초기의 힘 있는 양육자와의 모아관계를 경험하게 된다. 다시 말하면 인간은 최초의 초기경험을 통해 정서적 충전의 기본욕구를 경험해야만 다음 단계인 집단경험이 가능해지기 때문이다. 이러한 집단치료의 기본적인 과정을 거쳐 이뤄지는 집단미술치료에서 아이들은 자신의 자폐세계를 깨고 다시 태어나는 통루를 제공받게 된다. 창작과 양육적 놀이를 통한 집단미술치료는 성숙과정의 촉진적 환경으로서 제공되며 사회기술과 사회적응에의 초점을 결합한 집단의 경험은 사회기술의 단일학습을 넘어서는 신체와 정신의 통합수단으로서 가능해진다. 다만 집단구성에서 유의해야 할 점은 다른 집단과는 차별화된 최소인원으로 구성되어야 하며, 장애를 가진 아이들만으로 구성된 집단보다는 장애를 갖지 않은 일반아이들과 함께 구성된 집단이라면 더욱 긍정적인 효과성을 기대할 수 있다.

사회기술 집단미술치료에 대한 사회적 관심

자폐장애를 가진 아동 · 청소년들의 집단미술치료에 대한 관련전문가들과 부모는, 이 아이들이 타인을 배려하지 못하고 다른 사람의 말을 경청하지 못하여 시선을 맞추거나 다른 사람과 상호관계를 할 때 신체언어인 적절한 제스처를 사용하지 못하는 것 등의 사회적 능력의 제한성 때문에 집단경험을 통해 구조적인 사회에의 적응을 기대한다. 이러한 기대에 대해 타전문가와 특수교사와 부모와 미술치료사의 관점에 차이가 있다. 미술치료사는 치료를 하기 원하지만 교사는 미술치료집단에서 교육을 기대하며 부모는 교육과 치료를 동시에 원하면서도 미술치료집단을 치료도 교육도 아닌 미술활동으로 간주하는 경우가 많고, 특히 특수학급의 경우는 교육의 연속선상으로 생각하므로 치료자들의 갈등은 더욱 깊어지고 있다.

그러나 자폐장애를 가진 아이들에게 미술치료의 개념이란 발달장애로 인한 특수상황을 근거로 이해해야 한다. 발달에 결함을 가진 경우 본질적인 미술치료의 개념을 그대로 적용하기에는 제한성이 있으며 특수교육의 교육적 관점만으로도 도움은 제한적일 수 있다. 교육환경에서 일어나는 보편적인 현상은 아니라고 믿지만, 자폐행동을 수정하기 위해 몸으로 제압하는 교육자와 아이들의 감정을 먼저 이해하려고 노력하는 미술치료사 간의 갈등에 대한 이야기를 간혹 듣는다. 장애에 접근하는 과정에 부딪힐 수 있는 고충을 이해하지만 사회의 관심이 행동수정 그 자체에 있다면 너무 서글픈 이야기가 아닐까 생각된다. 아이들이 장애로 인해 제한적인 능력을 가졌지만, 그들 역시 각자 차원에서 요구되는 개인의 정서와 인간으로서의 기본적인 욕구를 가지며 사회적 관계에 대한 갈망이 있기 때문에 당연히 인격체로서 개인이 성취해야 하는 기회를 제공받아야 한다.

어느 미술치료사의 사례에서

어느 미술치료사의 슬픈 이야기를 전하고 싶다. 다른 내용은 모두 내려놓고 앞에서 논한 인격체로서의 자폐장애라는 관점에서만 이야기하려고 한다. 첫 만남에서 그는 미술치료사가 되기 전에 모 기관에서 언어치료사로 근무를 했었는데, 더욱 적극적인 언어치료를 위해 미술치료를 공부하게 되었다고 자신을 소개했다. 대상관계와 자폐장애에 대한 이슈를 다뤘던 어느 날의 수업내용에서 그는 눈물을 흘리며 그가 몸담고 있던 기관의 어려움을 토해내었다. 기관에 오는 아이들을 통제할 수 없어서 담당자들은 늘 손에 회초리를 하나씩 들고 아이들을 동물몰

이하듯 위협을 하며 담당자가 원하는 곳으로 안내하곤 한다는 것이다. 아직 미혼인 그는 수업에 참여하면서 그 아이들이 어느새 자신의 아들과 딸이 되어 있었음을 느끼게 되었고 그런 아이들을 인격적으로 대하지 못한 자신의 교육적 치료적 방법을 자책하고 있었다.

이러한 형태의 교육접근이 보편적인 현상은 아닐 것이다. 그럼에도 간혹 듣게 되는 장애를 가진 아이들에 대한 비인간적인 처우가 안타깝기만 하다.

사회적 행동과 사회기술 어디에 치료의 초점을 둘 것인가

사회적 행동과 사회기술은 다른 개념으로서 치료에서는 개인에 따라서 치료목표를 사회기술에 일차적인 초점을 둘 수 있고 사회적 행동의 긍정적 변화에 치료목표를 둘 수도 있다. 사회적 행동은 상호교환적인 사회적작용을 돕는 행위로서 사회기술이 획득되기 이전에 발전되어야 한다. 모든 치료의 토대는 관계에서 시작되며 관계문제로 오는 어려움을 다루게 된다. 결국은 사회기술이 필요하다는 것은 관계맺는 것에 장애가 있다는 것이며 관계를 위해 사회기술이 요구된다는 이유가 성립된다. 사회기술 이전에 사회적 행동이 우선된다는 논리는 유아초기의 대상관계 시작을 생각해본다면 이해될 수 있다. 유아초기는 자신의 욕구에 반응하는 양육자로부터 무조건적인 돌봄을 받으면서 신뢰의 연결고리를 형성해 가게 된다. 양육자와의 감각적 경험을 통해 상호관계는 표현행동인 원시적 대화로서 교류하게 되고, 성장과 함께 나타나는 사물에 대한 관심의 경험은 유아와 양육자 외의 세상과 상호작용하는 방법을 배우게 한다.

적절한 초기감각경험을 통해 사회행동을 습득한 집단구성원이라면 언어적 · 실재 경험적 사회기술훈련집단이 적절할 수 있지만, 발달적 지체가 있거나 너무 어린 아동집단이라면 구성원들과 상호작용할 수 있는 자아 동기가 부족할 뿐 아니라 상호작용을 시작하고 유지하는데 어려움이 따를 수 있다. 또한 언어장애가 있는 경우 또래로부터 거부되어 사회적 소외감과 불안과 회피적 방어체계를 형성할 수 있다. 그러므로 이러한 대상의 경우는 두 명 정도로 구성된 소집단에서 사회행동을 경험할 수 있도록 하거나 개별개입에 의한 이자관계(dual relation)의 사회적 행동이 일차적인 접근이 될 수 있다. 심각한 자폐증 진단을 받은 대상이라면 장애의 수준에 따라 또 다른 치료방법이 요구되므로 아래에서는 자폐장애에 대한 집단미술치료를 위한 이슈를 중심으로 제시하였다.

자폐장애를 가진 아동 청소년의 사회적 기능

자폐증의 정도를 가장 잘 나타내는 척도는 사회적인 상호작용과 의사소통 그리고 반복적이고 제한적인 행동패턴이다. 자폐장애 진단이 내려진 아이들을 만날 때 겪게 되는 가장 큰 어려움은 대상마다 나타내는 증상이 너무 다른 점이다. 자폐장애를 가진 경우 나타날 수 있는 일반적인 행동특성은 보편적인 발달에 닿을 수 없는 말없이 한 곳을 바라보거나 벽을 응시하고 상동행동을 하는 등의 모습이라고 할 수 있다. 이러한 모습은 몇몇 자폐장애의 증상을 묘사할 수 있는 표현이지만 이 장애에 대한 이해는 우리가 아는 것 보다 훨씬 더 복잡하고 훨씬 더 희망적인 사실을 그려준다. 자폐장애는 자발성과 상호작용이 부족하거나 무관심하고 비정상적인 감각적 반응, 심각한 인지능력의 저하 또는 비정상적인 식성과 수면 그리고 심리상태를 나타낸다. 반면에 어느 한 면에서는 틀에 박힌 기억능력과 제한적이지만 관심에 대한 집착과 반복능력으로 시각적인 예술적 능력을 나타내는 것은 자폐장애에서 볼 수 있는 특수성이기도 하다.

자폐장애증상의 이러한 차이와 개인이 갖는 일반적인 기능은 증상에 따라 차이가 있으므로 치료사들의 치료계획을 어렵게도 한다. 나는 치료상황에서 의료적 진단이 내려지지 않은 경우에도 유사한 증상을 가진 대상에게 자폐장애에 사용되는 방법론을 적용한다. 아스퍼거증후군의 경우 자폐증과는 다르지만(“청소년임상미술치료방법론” 제9장 참조) 이들도 학습장애와 인지능력의 성공적인 사용을 저해하는 사회적 · 인지적 특이성을 가지고 있다는 점이 적용가능의 유사성이라고 할 수 있다. 자폐장애를 가진 대상의 치료접근은 다양하고 개인차가 있으며 때로는 심각한 교정적 개입이 요구되기도 한다. 이에 대한 분류는 소극적 · 폐쇄적 사회성, 사회적 무관심, 주의가 요구되는 사회성 등 세범주로 나눠질 수 있으며 이것에 대한 분류는 개인의 발달단계와 사회기능에 영향을 미치는 환경과 인지수준, 언어능력, 집중력 등의 변인들을 고려해야 하고 치료계획은 이러한 개인적 특성과 요인들을 배제하지 않아야 한다.

집단을 구성하기 전에 고려되어야 할 사항

자폐장애증상을 나타내는 아이들의 사회적응을 돕기 위한 치료에서는 먼저 사회기술능력을 평가해야 하며, 우선 언어와 인지기술을 고려해야 할 필요가 있다.

예를 들면,
드러난 언어와 인지문제가 사회환경의 제한적인 참여문제 때문인가?
관계 맺는 특정기술을 매우지 못한 경험부족에서 오는 문제인가?
사회적관계의 실패경험으로 오는 문제인가?
주변의 지나친 염려로 인해 전이된 것인가?
또는 실패하면 안 된다는 불안에서 오는 문제인가?
사회적 관계에서 어느 정도의 상호교환이 이루어지는가?
언어를 사용하여 의사소통하는가?
감각적 표현이 있는가?
지나치게 짜증을 내는가?
심각한 공격행동이 있는가?
또래에 관심을 가지는가? 등의 사회적 관심도와 사회기술능력을 고려해야 한다.

이러한 평가는 치료자의 관찰만으로는 부족하므로 가정에서의 상황과 교사가 보는 학교상황, 친구 또는 사회적 주변인들의 관찰을 포함해야 한다. 이러한 관찰내용과 과정 모두를 통해 집단구성원으로서 참여가 가능한지 평가되고 그 평가의 기준을 준거로 집단이 구성되어야 하며 치료계획이 설정되어야 한다.

사회기술훈련집단에서 충분히 보상적이고 효과적인 사회적응능력을 성취하기 위해서는 구성원들의 사회적 기능에 대한 치료자의 이해가 성공의 열쇠가 된다. 같은 자폐증상을 가지고 있더라도 어떤 아이들에게 사회기술집단은 적절할 수 있지만 어떤 아이들에게는 사회기술집단의 경험이 오히려 사회적부적응을 가져오게 하는 요인으로 작용할 수 있으며, 또 다른 상처를 갖게 할 수도 있기 때문이다.

집단진행과 중재하기

자폐증을 가진 아동 청소년들에게 창작예술은 그들의 자폐세계에 조화되는 일반적인 생각으로는 이해할 수 없는 그 무엇인가가 있다. 자폐세계에 몰두해 있는 사람들의 창작품은 언어로 표현할 수 없어도 시각적 도구인 창작예술의 결과는 그들의 구체적인 사고와 일치하는 공감대가 형성된다. 간혹 지적장애와 자폐장애를 가진 사람들과 치료관계를 맺고 있는 미술치료사들은 치료과정에서 그 아이가 작업에는 참여하지만 전혀 말하지 않기 때문에 치료상황에서 무엇을 어떻게 이해하고 도와야 할지 모르겠다는 호소를 하기도 한다. 그러나 언어와 창작품과의 차이는 수학과 예술의 차이와 같아서 일차적 사고와 이차적 사고의 차이와 같은 개념으로 이해할 수 있다. 자폐세계에서는 이차적 사고를 하는데 제한적이므로 일차적 사고 안에서 가능해지는 예술이라는 대상세계에서 사회적 관계경험을 하는 것이 더욱 가능해진다. 그러므로 이들의 집단과정에서 드러나는 반복적인 특성적 이미지들은 사용에 따라서는 보다 더 구체적이고 직접적인 사회적 행동을 자극한다는 사실이다.

그러므로 자폐장애를 가진 아동 청소년의 치료에서 나는 특정 사회행동을 안내하고 사회기술을 가르치기 위해 구성원 개인들의 직접적인 실제 사진을 사용하기도 한다. 그 아이가 즐겨보는 만화의 주인공 사진을 사용하거나 주변세계를 연상시키는 손가락인형극을 사용하여 자폐세계에 숨어있는 막힌 소통의 흐름을 원활하도록 돕는 중재도구로 사용하기도 한다. 이러한 중재도구들은 집단에서 구성원의 특정이슈와 집단의 특정요구에 대한 기대를 담아 서로에게 전달된다. 집단에서 다뤄지는 행위와 결과물은 어떠한 것이라도 소중히 다루어지므로 의미있는 동기화를 가능하게 하며 사회적응능력을 강화한다.

집단과정에서 효과적인 미술치료사의 중재는 치료자가 구성원들을 위해 얼마나 이해하고 있느냐에 따라 달라지리라 보지만 이러한 과제를 위해 나는 몇몇 가능한 보편적인 중재도구를 제시해보려고 한다. 내가 가장 흔히 사용하는 과제는 각자가 원하는 마커나 향기가 있는 색연필 가운데 원하는 색채를 선택하게 하고 순서대로 돌아가며 난화를 그리는 것이다. 이 방법은 우선 후각을 자극하는 향기는 구성원으로 하여금 편안하고 안정된 초기경험을 연상케 하므로 심리적 공간으로서 안정감을 갖게 하는데 도움이 된다. 순서대로 그리는 과정은 기다림과 순서를 연습하게 하며 서로의 과정을 통해 관찰능력을 배우게 되므로 학습과 사회기술훈련의 연속으로서 적용된다. 이때 치료자는 Landgarten(1987)의 집단과정 관찰("미술치료평가방법의 이론과 실제" 제10장 내용 참조)내용에 의해 평가(예; 차례를 잘 받아넘기는지, 반복적인 형상에 몰두하는지, 다른 구성원의 형상을 따라하는지, 따라했을 때 그 구성원은 어떤 반응을 나타내는지, 어떤 공간을 차지하는지, 경계를 짓는지, 서로 관련짓기 위해 연결성을 찾으려 하는지 등)를 하므로서 구성원의 사회적 상호작용을 안내할 수 있는 실마리를 연결할 수 있게 된다. 그림을 거부하거나 그릴 수 없는 구성원에게는 같은 방법을 사용하되 삼차원적 재료를 적용하는 것도 적절하다. 또래관계를 위해서는 친구들과 함께 있는 자기모습을 그려보도록 하는 것과 친구를 사귀는데 방해가 되는 것을 표현하도록 할 수 있는데 이러한 지시적 방법은 어느 정도의 인지능력이 있는 대상에게 가능하다.

중재로서의 미술치료사 역할과 미술의 치료성

미술치료사는 먼저 집단구성원들의 장점을 볼 수 있어야 하며 모든 인간이 가진 가능성과 개인들은 모두가 독특한 장점을 가지고 있다는 열린 사고를 가져야 하며 장점을 읽어내는 데 익숙해져야 한다. 미술치료에서 매체와 사용되는 도구 및 활동들은 세상의 보편성에 익숙하지 못하고, 관계 맺지 못하고, 상호교류하지 못하고, 함께 놀지 못하는, 기본적인 사회기술이 부족한 자폐장애를 가진 아이들에게 시각적 · 공간적 · 학습적 장점을 활용하고 강화시키므로 사회기술을 효과적으로 발달시킨다. 미술치료사는 어떠한 감각적(시각적, 청각적, 촉감적, 후각적 요소)재료와 도구 및 활동이 아이들에게 관심을 갖게 하는지, 부적절하지는 않은지 항상 생각하고 평가하는 자세를 가져야 한다. 자폐장애의 특성과 관련하여 감각적 재료와 도구의 필요와 영향을 이해하고 있음으로써 어떠한 상황에서 일어날 수 있는 부적합한 활동이라도 즉시 긍정적인 사회적 상호관계를 가능하게 하는 활동으로 안내할 수 있게 된다.

미술치료에서 사용되는 다양한 활동들인 가위로 자르기, 풀로 붙이기, 색칠하기, 조각맞추기 등은 자폐장애로 인한 근육운동의 부적절성을 통제하는 반면에 긍정적인 행동을 모방하고 강화하는 연습의 기회를 제공한다. 미술치료사가 미술도구를 사용하는 방법을 안내하고 다른 물체를 보고 그리게 하는 것은 학습능력을 강화시켜 준다. 이때 심각한 자폐가 아니라면 모델을 제시하되 그림을 그릴 때는 모형물을 제거하고 기억을 되살리도록 하는 것이 더욱 도움된다. 그러나 기초적인 운동기술이 심하게 제한적인 경우에는 교육에서 적용되는 시각적으로 확실히 확인되는 도구와 형태를 준비할 수 있다. 예를 들면, 종이 위에 점선을 그려놓거나 색을 칠하지 않은 형태를 제시한 것은 가위로 오려내야 하는 표시라든지 그 안에 색칠을 해야 한다던지 하는 공간적 관계를 이해하게 하고, 읽고 쓰기기술을 습득하는데 도움을 준다. 치료사의 이러한 계획된 준비는 아이들이 이해하지 못하여 좌절하거나 부정적인 행동이 나타날 수 있는 가능성을 최소화할 수 있다.

미술치료과정에서 치료자들이 당황하고 힘들어 하는 상황들에는 갑자기 한 집단구성원이 재료를 부러뜨리거나 던지고 흩어버리는 예측할 수 없는 상황들이 있을 수 있다. 이러한 상황에서 경험이 부족하거나 장애에 대한 이해가 부족한 치료자는 그 아이의 행동을 저지하기에 급급하게 된다. 그러나 이러한 행동 안에서 아이들은 새로운 사회기술과 운동기술을 배우게 된다는 점을 치료자는 반드시 기억하고 있어야 한다. 따라서 어떤 아이가 새로운 활동에 대한 경험을 거부하거나 불편감을 느낄 때 치료자는 그 아이가 관심갖고 몰입하는 활동이 무엇인지 관찰하여 지지하고 제공할 수 있어야 한다. 만약 그 활동이 집단에서 부적절한 행위라 할지라도 그 행동을 지켜봐 줄 수 있는 자세가 필요하며 그러한 수용과 배려깊은 환경에서라면 분명히 아이들은 자신의 활동을 스스로 끝내고 행위의 목적과 결과를 이해하기 시작할 것이다. 다른 사람의 이야기에 주의를 기울이고 배려하는 능력이 부족하고 자신의 상징놀이에만 관심을 갖는 것은 자폐장애를 가진 아이들의 특성이지만, 치료자가 그 자리에 함께 있어주고 들어주고 기다려 주되 적절한 시기에 적극적으로 개입하는 태도는 그 아이들의 사회적 능력을 자극하고 관계 속으로 한 걸음 가까이 가게 할 것이다.

청소년기에 있는 자폐장애를 가진 아이들의 집단에서 사회기술을 돕는 방법은 완성에 목표를 둔 미술작업에 초점을 둘 수 있다. 나는 다양한 집단에서 돌려 그리기 작업을 사회기술훈련집단과 상호작용집단에서 사용해본 적이 있다. 대상과 무관하게 매우 효과적인 경험을 했는데, 사회기술이 부족한 자폐장애 청소년의 집단에서도 무리없이 사용될 수 있음을 확인했다. 예를 들어, 집단구성원 모두는 각기 다른 색의 색연필이나 마커를 가지고 도화지에 그리고 싶은 것을 그려서 오른쪽 사람에게 전달한다. 전달받은 구성원은 그림을 관찰하고 앞서 그린 사람의 의도를 생각해보면서 그와 관련된 느낌의 그림을 그려서 다시 옆사람에게 보내는 과정으로 이루어진다. 한 바퀴를 돌아 자신의 그림이 자기에게까지 돌아오면 작업은 끝나는 것이 되며, 모두는 어떠한 생각으로 그림을 더했는지 설명함으로서 다른 사람과의 상호작용과 세상을 바라보는 긍정적인 시각을 배우게 된다. 물론 자폐장애가 심한 경우 상호작용에 제한성이 있으나 자기만의 세계속의 이미지를 표현하는 것은 최소한 가능할 것이다. 그러므로 어떠한 접근방법으로 실제의 상황을 다뤄주느냐에 따라 의미는 달라진다.

2. 사회기술이 요구되는 자폐장애 아동청소년의 집단미술치료 에너지

자폐장애를 가진 대상의 집단치료에서는 사회적응과 사회적 행동발달을 위해 신체적인 근접성을 유지하면서 모방하고, 순서를 지켜 차례로 주고받기, 도움요청과 시작행동 보이기, 사회적 상황에 적절한 행동, 단순 활동과 협동놀이 등을 포함한다. 앞에서도 제시되었지만 사회성 결함과 부적절한 행동이 자폐장애의 지속적인 문제이기 때문에 치료에서는 사회기술을 강조하지 않을 수 없다. 따라서 치료의 원칙은 구조화와 예측가능성, 인지접근의 치료계획, 집단 내 개별성의 접근방법, 치료자의 적극적인 참여자세와 부모의 참여 등을 배제할 수 없다.

집단미술치료에서는 자신과 타인에 대한 신뢰감 발달에 목표를 두고 개별미술치료에서처럼 구체적인 무의식의 문제를 다루지는 않는다. 그러나 집단경험은 신체접촉, 눈 맞춤, 차례지키기, 모방, 공감적 반영을 통한 현재의 상호관계에 초점을 두고 예술매체를 통해 정서적 관계를 경험하도록 안내하므로, 이완된 환경 내에서 특별한 교육접근과 노력없이도 아이들은 사회적응에 가까이 가는 기술을 배우게 된다. 여기에서는 발달적 접근의 미술매체로 대상관계와 상호작용이론을 기초로 한 나의 접근방법에 근거하여 집단치료의 가능성을 제시할 것이다.

사회기술을 위한 집단미술치료의 기본가설과 목표

자폐장애대상의 집단에서 사회기술훈련을 통한 사회적응의 기본가설은 집단미술치료에서 기초가 되는 안전한 울타리, 신뢰와 공감, 집단에서 경험되는 자극과 탐색, 규칙과 새로운 경험에 대한 도전을 통한 자존감 발달에 토대를 둔다. 집단에서의 경험은 어떠한 감정과 동반되는 행동을 발달시키며 그러한 자연스러운 과정을 거쳐 아이들은 주관적인 경험을 하게 된다. 예를 들면, 자기세계에 빠져 있고 아무런 감동도 보이지 않는 아이에게 재료에 대한 경험으로 관심과 호감을 갖게 하고, 말하게 하고, 동작과 소리, 표정을 표현하게 하면 그 아이는 서서히 관련성에 대한 논리를 습득하게 되고, 그 경험은 점차 타인과의 관계에서 친밀감과 즐거움을 느끼게 되며 그로 인해 심리적 안정감을 경험하기 시작하게 된다.

자폐적인 정서의 변화를 위해서 사회기술집단에서는 내적인 감정 그 자체보다는 가르치고 표현할 수 있는 정서적 표현행동에 초점을 두는 것이 더 효율적이라고 가정한다. 미술작업을 통해 느끼는 감정을 전달하는 연습과 긍정적인 집단과 치료자의 반영경험을 이용하여 적극적으로 집단경험을 하게 한다면, 아이는 집단에서 기쁨과 즐거움, 분노와 애정, 부드러움과 같은 감정을 주관적으로 느끼게 될 것이다. 사회기술집단의 치료자는 안정감, 긍정적인 경험, 자기인식 또는 확신, 자존감 등은 행동변화의 선행조건이 아니라 이후에 따르는 결과라고 가정한다.

사회기술이 요구되는 자폐장애집단의 미술치료목표는 이러한 사회기술집단의 기본가정에 근거하여 결여된 사회적 행동을 변화시키는데 있다. 사회기술을 습득하고 향상됨에 따라 아이들은 외부와의 관계에서 긍정적인 반응을 경험하게 되고 자신에 대해서도 긍정적으로 느끼게 되며 일시적이 아닌 지속적인 사회적응이 가능하게 된다.

자폐장애 대상에 대한 사회기술집단의 또 다른 가설은 가족의 도움과 사회적 강화와 관련이 있다. 집단에서 긍정적인 사회기술을 획득했다하더라도 지속적인 지지체계로서의 환경이 유지되지 못한다면 그 아이는 사회기술을 사용할 에너지를 상실하고 말 것이다. 그러므로 자폐장애의 효과적인 치료를 위해서는 가족, 사회, 치료자들의 지속적이고 긍정적인 자세와 지지적 환경이 필수적이다.

사회기술을 위한 집단미술치료 프로그램의 발달단계

미술치료사들은 자폐장애를 가진 아동청소년의 사회기술과 사회적상호작용 발달을 위해 노력하지만 집단치료프로토콜을 구성하는데 있어서 대부분의 치료사들은 치료와 교육적 활동이 어떻게 접목될 수 있는지에 대해 의문을 가지며 많은 갈등을 하게 된다. 앞에서도 말했듯이 미술치료는 미술교육에서 사용하는 여러 다양한 미술활동들을 통해 운동능력과 모방기술을 연습하게 되며 자신의 관심을 끌어내고 새로운 경험에 도전함으로써 자신의 유능감을 발달시키게 된다.

우연적 상황의 중재개입에 대한 사례에서

몇 년 전에 만났던 그 당시 9세였던 자폐장애 남자아이가 생각난다. 그 아이들은 제한된 언어를 사용할 수 있었고 2~3세 정도의 정신연령과 생활연령 수준이었다. 그날은 실 뭉치를 상대방에게 던지며 공놀이를 하듯 주고 받으며 반영놀이를 한 후 풀린 실을 종이에 붙여 꾸미기를 하는 것으로 작업을 마무리하였다. 유난히 움직임이 많은 한 아이가 실을 붙이기 위해 화면 위에 발라둔 하얀 목공풀 위에 미끄러지면서 자국이 나타났다. 그것을 본 아이는 "눈이 왔어요. 내가 미끄러졌어요."라며 스티로폴공 2개를 가져와 붙이고 "눈사람도 만들어요."라며 즐거워 했다(그림 3-1).

위에서 언급했듯이 인간의 능력은 사회적 기술을 습득하기 이전에 이미 사회적 행위가 시작되며 그것은 인지능력 이전에 시·공간적 능력을 가지고 있기 때문에 우리는 미술치료를 통한 사회기술의 가능성을 신뢰할 수 있다. 우연의 상황에서 즉흥적으로 반영되었던 나의 치료중재는, 이 아이에게 "눈 오는 날에 필요한 것들이 무엇일까?" 질문하며 이미 준비되어 있던 그림들을 펼쳐놓는 것에서 시작된다. 아이는 삽, 털장갑, 털모자를 찾아 눈사람에게 붙이려 안간힘을 기울였고, 그 과정에서 내가 그 아이의 행동을 놓치지 않고 관찰하고 마음을 이해하고 반응했던 것은 중요한 사회기술을 익히고 적응하는 동기적 기회가 되었다. 멋진 눈사람이 되었다며 칭찬하자 무관심하던 다른 한 아이도 관심을 보이기 시작하면서 둥근 실 뭉치가 붙어있던 곳에 또 하나의 실 뭉치를 붙이면서 "여기도 눈사람이 있다"며 나의 관심을 요구해왔다. 나는 이 두 아이에게 인지능력을 발달시키기 위해 간단하고 가장 쉬운 것에서부터 조금 더 복잡한 표현으로 안내하였고 그것은 시각적 미술교육과 활동방법의 통합적 적용이었다.

[그림 3-1] 눈이 왔어요

자폐장애는 개인이 가지고 있는 인지능력과 언어의 손상 그리고 실제생활에서 무언가 감각적으로 몰두되어 있다. 그러므로 적극적으로 참여할 수 없는 제한적인 모습들은 타인과 외부세계와 어울릴 수 없게 하고 무언가를 이해하고 적응할 수 없게 하는 부정적인 영향을 미친다. 사회기술미술치료에서는 이러한 아이들에게 언어이전의 의사소통과 기술을 적용하므로 실재로 일상에서 사용하는 언어를 이해하지 못한다 해도 가능해진다. 이것이 사회기술 집단미술치료의 시작이기도 하다.

자폐장애 사회기술집단에서 적용되는 미술치료의 진행에서 집단발달의 첫 단계는 다른 어떠한 치료에서와도 마찬가지로 신뢰관계 형성이 중요한 이슈가 된다. 이 단계에서 치료사는 따뜻하고 안정된 보살핌과 애정을 가지고 어떠한 실수도 허용하는 심리적 공간을 제공해야 한다. 복잡하지 않고 구체적인 규칙을 제시하면서, 집단미술치료가 매우 즐거운 활동이 될 거라는 소개와 치료자의 안내에 의해 미술프로그램이 진행될 거라는 설명을 하게 된다. 이 단계에서 집단구성원의 대화나 통찰에 초점을 두는 것보다는 활동중심으로 안내해야 하며 시간과 공간개념, 구성원뿐 아니라 치료사의 역할도 명확히 제시되어야 한다. 두 번째 단계에서는 서로가 적극적으로 탐색하는 단계로서 신체적인 접촉과 눈 맞춤 등이 적용되는 새롭고 놀이적인 활동을 통해 보다 다른 시각에서 자신을 경험하게 된다.

세 번째 단계에서는 아직은 서로를 신뢰할 수 있는 단계는 아니지만 서로가 수용적인 태도를 가지기 시작하는 시기이므로 협력관계가 요구되는 활동으로 자신감을 증진시키는데 초점을 둘 수 있다. 다음 단계에서는 보편적인 집단의 발달에서와 같이 아이들은 친밀관계에서 분명하고 확실한 부정적 반응을 보이게 된다. 치료자는 이 시기에 보다 더 규칙적이고 제한된 상황에서 관계경험을 안내함으로써 다음 단계의 새로운 경험을 받아들일 준비를 시켜야 한다. 마지막 단계에서는 성장과 신뢰의 발달이 과제이며 이 시기에 구성원들은 처음으로 보편적인 "정상"의 상호관계에 대한 즐거움을 경험하게 된다. 치료자의 인내와 따뜻함은 구성원들로 하여금 세상에 대한 신뢰와 믿음을 갖게 하고 자신감 있게 새로운 경험을 시도하게 한다. 전체과정의 다섯 단계를 거치고 나면 종결을 준비해야 한다. 종결은 준비시키고 알리고 헤어짐의 의식을 치르는 세단계로 나뉘어 준비될 수 있다.

집단의 종결은 기본적으로 구조화된 틀 안에서 이루어지므로 종결시기는 이미 결정되어 있는 경우가 일반적이나 자폐장애의 경우 단기치료로는 치료효과를 기대하기가 쉽지 않다. 그러므로 집단종결의 시기는 이미 준비되어 진행해왔던 단계별 집단의 목표가 성취되었을 때라기 보다는 최소한의 목표를 세운 단계마다의 종료에 더 큰 의미를 둘 수 있다. 각 단계는 최소한의 성취 가능한 목표를 달성의 정도에 따라 다음 단계로 지속 또는 새로운 목표를 설정하게 된다. 1차 집단이든 2차 집단이든 종결의 순서는 일차적으로는 앞에서 설명된 집단과정을 통해 점검하는 것으로 준비시키고, 다음 단계에서는 마지막시간이 언제라는 것을 알리게 된다. 이때 다음 목표를 위한 집단이 지속되는 경우 1주 정도의 단기 방학기간을 두는 것도 의미 있다. 일반적인 경우에서처럼 집단의 완전한 종결이라면 헤어짐의 상징적 의식을 구체화하는 것이 필요하지만, 자폐장애집단의 종결은 다음 목표를 위해 준비하고 계획하기 위한 지속집단의 한 단계가 끝났다는 의미를 포함하므로 간단한 방학을 알리는 의식으로 대체할 수 있다. 아래의 사례에서는 위에서 소개한 사회기술집단의 종결의식이 어떻게 다루어졌는지 예측할 수 있게 한다.

종결사례에서

사례의 두 아이는 4차 집단까지 진행되고 종결을 하게 되었는데 각 차수별 집단은 1년 동안 3개월씩 분기별로 이루어졌고 각 분기마다 1주간의 방학이 주어졌다. 방학동안 치료사와 교사와 부모는 집단평가에 들어가고 다음 계획을 세우는 중요한 기간이 된다. 미시적으로는 각 단계마다에 앞에서 소개한 집단진행의 5단계 과정을 모두 포함하지만 거시적으로는 4차까지 진행되는 집단은 미시적 시각에서 각각의 차수별 본 과정을 다시 세 단계로 나누어 각 과정을 거치면서 5단계의 전체내용을 경험하게 된다. 마지막 차수인 4단계에서는 다시 종결을 위한 세 단계의 과정을 거치면서 마무리를 향해 간다. 전 과정의 마지막 날은 아이들과 부모와 교사에게 그리고 치료자에게 특별한 경험이 되는 송별의식을 치루었다. 아이들은 몇 년 전의 일이지만 지금도 그날을 기억하고 그날 받은 증서를 들여다본다고 한다.

이처럼 자폐장애를 가진 아동청소년의 사회기술 집단은 치료의 전체과정을 거쳐 새로운 경험들을 하게 되며 종결은 다음 단계로의 성장을 위한 상징적인 의미가 포함되어 있다.

집단과정에 구성원을 적응시키기

자폐장애를 가진 아이들의 사회기술 집단미술치료는 치료관계에서 애착과 신뢰에 토대를 두고, 사회관계를 유지하는데 필요한 행동기술을 배우고 사회적응을 촉진시켜 대인관계에 부정적인 효과를 주는 사건이나 스트레스 요소를 감소시키고 대처하도록 돕는다. 이 과정은 아이들이 자폐세계에서 빠져나와 보다 효율적인 관계를 유지하고, 필요한 것을 획득하고, 자신의 감정을 보다 효과적으로 표현하도록 돕는 미술교육의 학습원리와 심리치료를 적용하게 된다.

집단의 한 회기 동안에 이뤄지는 일련의 과정은 계획된 활동의 범위 내에서 융통성을 갖게 된다. 치료회기의 첫 만남은 치료자와 구성원 간에 관계를 시작하는 인사로부터 시작되며, 이것은 아이들이 서로를 재 인식하는 기회를 갖게 하며 치료자에게는 구성원과 집단의 성장을 확인할 수 있는 기회가 된다. 치료회기의 전체과정에서 일어나는 표현활동은 적극적인 근육운동과 부드럽고 안정적인 경험을 할 수 있는 재료를 선택하고, 협력과 경쟁적인 경험 또는 화합과 도전을 경험할 수 있는 양극적인 미술과제를 제공하여 진행함으로써 더욱 적극적이고 다른 시각에서 탐색하고 통찰할 수 있는 능력을 발달시키게 된다. 이 과정은 예측 가능하고 구조화된 지시적인 방법으로 개입되며 신체접촉과 눈맞춤, 주의집중, 차례지키기, 모방과 의사소통의 기본적인 상호작용을 개선시키게 된다. 사회기술 집단의 적절한 활동과제는 구조화되고, 새로운 행동에 대한 시도를 통해 도전하게 하고, 성공적인 도전을 위해 개입하며, 양육적 활동이 한 가지 이상 포함된다. 이러한 접근은 치료자와 구성원 간에 서로 협력하고 응집성을 강화하고 애착관계를 불러 일으키는 작업으로 안내된다. 집단의 시작과 끝을 분명히 하여 집단경험과 일상의 관계를 인식하도록 도와야 하며, 집단회기의 종료는 치료관계의 끝이 아니라 치료회기의 끝으로서 간단한 간식을 제공하여 집단활동으로 소모된 에너지를 보충하는 기회를 갖게 한다. 이러한 과정은 치료실에서 집단을 종료하고 일상으로 돌아가기 위한 준비가 포함되며, 이때 치료자는 아이들을 부모에게 직접 인도하고 집단에서 경험된 사회기술 상황을 전달하여 집단상황과 가정에서의 상황에 연속성을 제공하게 된다.

사회기술 집단미술치료프로그램 지침

사회기술과 상호작용발달을 위한 집단미술치료프로그램을 구성하기 위해서는 구성원의 사회기술과 사회적 결손정도를 평가해야만 효과적인 프로그램을 구성할 수 있으며 집단을 진행할 수 있다. 집단전의 사전평가는 지속적인 행동을 직접 관찰할 수가 없기 때문에 필요한 모든 정보원("청소년임상미술치료방법론" 제3장 참조)을 활용하는 것이 필요하며, 인지와 언어평가는 이 장의 전반부인 제1장 내용을 포함한다. 모든 집단미술치료에서는 보편적이고 기본적인 지침(구체적인 내용은 "집단미술치료방법론 I" 참조)을 가지는데, 자폐장애를 가진 아동청소년의 사회기술 집단미술치료에서도 예외는 아니다. 다만 특성상 자폐장애대상의 사회기술집단에서는 치료사가 집단을 진행하는데 있어서 적극적인 주도자로서의 역할을 하게 된다. 언어와 인지 또는 현실세계와 동떨어진 면에 대해서는 관심을 최소화하고 소리, 신체적 접촉, 눈맞춤 등을 시도하고 적절한 기회에 개입하여 다양한 경험을 제공하게 된다. 공간이동을 돕기 위해 언어와 시각적 단서를 활용하고 위축될 때 격려하고 적절한 자극을 제공한다. 집단활동은 단순하고 적절하고 이해할 수 있는 수준이어야 하며, 초기에는 가능한 퇴행적이고 양육적인 활동을 포함시키고 반영경험을 제공하며 아이들의 행동과 언어를 모방함으로써 자신의 감정이 인정되고 있다는 공감반응을 경험하도록 돕는다. 그럼으로써 자신과 타인의 인식을 발달시키고 상호관계를 가능하도록 도울 수 있게 된다.

상호작용발달을 위해 적용 가능한 집단미술치료 프로그램은 위의 치료지침을 중심으로 집단치료의 발달단계에 따라 초기애착, 탐색, 주도성, 구조화, 즐거움 등 다섯 단계의 영역별 프로그램을 생각해볼 수 있다. 예를 들면 초기애착영역과 관련된 주제와 매체 또는 기법은 돌봄을 경험하게 하는 것에 초점을 두고 감각을 자극하는 재료가 기초가 된다. 신체를 접촉하는 동작이 포함되고 로션과 파우더 발라주기, 핑거페인팅, 무른 점토놀이, 밀가루만지기, 흔들리는 재료사용, 향기 나는 재료 등으로 활동을 자극하고 칭찬과 지지적 표현을 통해 안정과 인정받음을 느끼도록 돕는다. 탐색영역에서는 비누방울 놀이, 물감뿌리기, 젖은 종이에 물감으로 그리기, 색의 대비와 변화 과정을 관찰하고 탐색하므로서 새로운 경험을 즐길 수 있도록 돕는다. 주도성 영역에 초점을 둔 활동은 손으로 잡아당기고, 숨바꼭질 등 놀이와 동작을 겸한 미술작업과 형태화한 다양한 재료를 사용한 작업이 도움된다. 주도성을 발달시키기 위해서는 현재의 발달수준보다는 다소 높은 수준의 과제를 수행하도록 격려하여 자신감을 강화시킨다. 구조화의 영역에서는 활동은 제한성을 두고 신체인식을 통해 미래를 예측하게 한다. 미술활동으로는 소리와 동작을 포함한 표현활동이 도움되며 신체그리기, 손바닥 또는 발바닥 찍기, 데칼코마니, 조각 맞추기, 색 채우기 등을 통해 규칙성과 제한된 상황에서 기대를 갖게 하는 활동이 도움된다. 즐거움의 영역에서는 이러한 모든 활동이 수용능력의 수준에 따라 복합적으로 제공되면서 자발적이고 즐거운 분위기에서 가능해진다.

집단과정에서 노출된 사회성 이미지 이해

다음의 [그림 3-2]와 [그림 3-3]은 자폐증을 가진 남아의 그림이다. 경수는 상당히 높은 수준의 언어를 사용할 수 있었고 집단에 들어오자마자 손벽치기 상동행동을 심하게 하며 집단과정 내내 바지가 거의 벗겨질 듯한 자세를 취하고 성적자극행위에 몰두하곤 했다. 집단과정 초기에는 거의 참여가 어려웠고 게임에만 관심을 보였다. 아마도 게임은 자기세계에 빠져 느낄 수 있는 유일한 즐거움의 경험을 제공하는 것 같았다. 경수가 집단활동에 관심을 가지게 된 시기는 5회기부터 였다. 그 아이가 최초의 집중력을 보였던 그날은 촛불에 나무막대를 태워 그리는 작업이었는데, 처음에는 치료사를 따라 그리는 것으로부터 다른 구성원과 교대로 그리는 과정으로 안내되었다(그림 3-2).

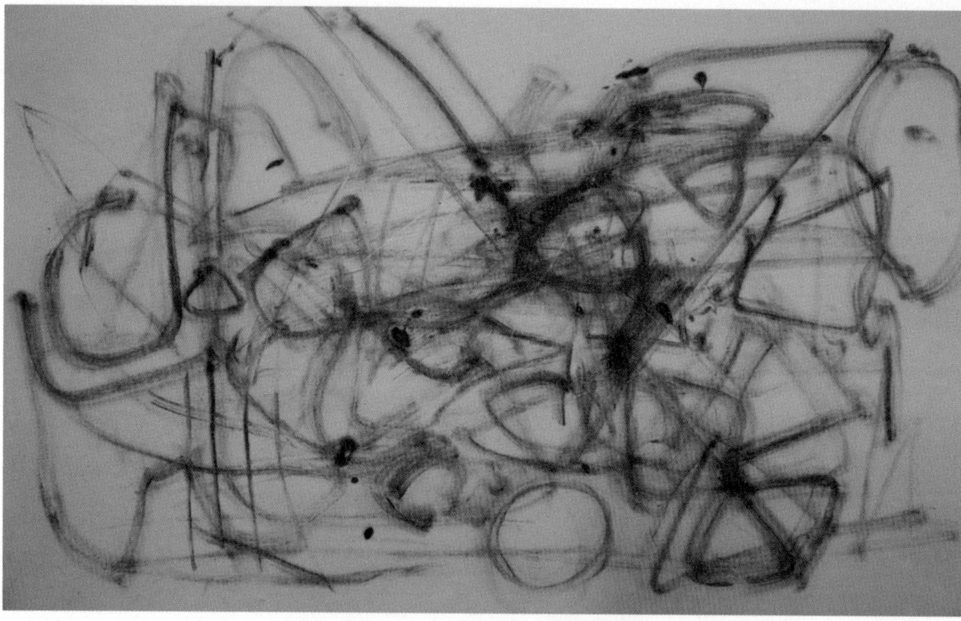

[그림 3-2] 경수의 협동그림

경수뿐 아니라 구성원들은 3주 동안 같은 작업을 원하면서 놀라운 집중력을 보이다가 순간 주의를 다른 데로 돌렸다. 동시에 나타난 그림의 형상은 막대사람그림을 도화지전체에 그려내고 "죽었다, 살았다. 나쁘다. 착하다"를 반복하며 상동언어를 나타내기 시작했다(그림 3-3).

이후 경수는 치료사의 지시가 없어도 스스로 그림을 구체화해가기 시작했는데 혼자 중얼거리던 상동언어가 멈추고 "이겼다, 친구한테 이겼다"라고 소리치면서 박수를 치기 시작하더니 나의 손을 이끌어 그림을 가리키는 등의 행동과 언어확장의 변화를 보였다. 집단에서 구성원과 함께 하지 못하던 경수가 이 시간 이후부터는 눈을 맞추면서 말할 수 있게 되었고, 상호적 관계를 시작할 수 있게 되었다. 그러나 이러한 변화는 사회적 상황에서 지속적으로 발전하지는 못하였고 어느새 자기세계에 빠져드는가 하면 다시 나오기를 반복하면서 미세한 변화를 보이고 있었다.

[그림 3-3] 내가 이겼어요

부모면담과 집단과정에서 보여주었던 내용들을 평가한 결과 경수의 성공적인 변화는 단기간의 비경쟁적이고 지지적인 구조화된 상황의 관계에서는 성공할 수 있었지만, 다른 환경에서는 지속적인 상호작용이 어렵고 그 스트레스를 피해가기 위해 또 다시 안전한 자기세계로 들어갈 수 밖에 없었다는 것을 이해할 수 있었다. 경수는 사회관계를 원하지만 외부의 거절과 비난으로 인한 상처가 너무 크고 그 고통을 견뎌내기에는 너무 벅찬 일이었을 것이다. 결국 경수의 사회적응을 방해하는 요인은 내면과 외면의 양극화된 세계의 단절이었으리라 여겨진다.

사회기술을 위한 지지체계로서의 부모집단

자폐장애진단을 받은 아이들의 부모는 우리가 상상할 수 없을 만큼 고통스러움에 가득 차 있을 수 있다. 자신의 아이가 장애가 있다고 진단 내려지는 순간부터 부모는 우울감과 무력감에 빠지기 시작하며 치료기관을 전전하기 시작하게 된다. 진단이 내려졌던 초기에는 자폐치료에 도움된다는 기관은 어디든지 찾아다니며 아이의 치료를 위해 최선을 다하지만 시간이 지나면서 좌절하고 포기하게 되는 부모도 흔히 볼 수 있다. 이들에 대한 치료는 단기간에 이뤄질 수 없으며 평생을 노력해야 하는 어려움 때문에 부모의 시간적 · 경제적 부담이 따르기 때문이다. 그럼에도 인간의 정서는 행동에 필요한 자극을 제공하기 때문에 부모와 타인과 긍정적인 정서적 관계를 맺으면서 사회기능을 발휘하게 되며, 그 일차적인 경험은 부모와의 관계로부터 시작된다. 부모의 심리적 안정감은 아이의 자폐세계로부터 빠져나오는 안전한 첫 통로이자 치료를 지속시키는 조건이 되므로, 자폐장애 치료에서 부모개입의 중요성은 두말할 나위 없는 치료의 핵심이라 해도 과언이 아니다.

이러한 이유들로 인해 자폐장애를 가진 아동청소년의 부모지지체계는 부모로 하여금 아이를 지킬 수 있는 에너지를 제공하며 부모의 심리적 적응을 돕기 위한 것으로 사회적 역기능의 치료라는 요소를 포함하기 때문이다. 뿐만 아니라 이러한 부모의 적응은 가정에서 긍정적인 양육방법과 효과적인 치료를 돕는 힘으로 작용한다. 나는 자폐장애 또는 전반적인 발달장애를 가진 자녀를 둔 부모의 교육과 워크샵, 가족치료를 수차례 제공해 왔다. 내가 목표하는 부모집단의 초점은 자녀의 장애로 인한 스트레스를 저하시키고 자존감과 자기통제능력을 향상시키며 부모들이 가지고 있는 잠재력을 개발할 기회를 제공하는 데 있다. 그러므로 집단이 끝나고 나면 많은 부모들이 공통의 관심을 통합하는 과제를 향해 모임을 가지고 일을 찾고 욕구를 성취해가는 모습을 흔히 접하게 된다.

지지체계로서의 부모집단이 성공을 거두기 위해서는 프로그램이 체계적이고 합리적으로 잘 조직화되어야 한다. 먼저 목적이 뚜렷해야 하며, 치료관계는 전문적 관계를 통해 이루어져야 하며, 분명하고 적절하게 문제를 정의내리고 그에 따라 계획을 세우고 수행함으로써 목적을 달성하게 된다. 즉 당면한 가장 시급한 문제가 무엇인지 평가하고 부모들의 욕구에 근거한 문제해결을 위한 개입계획을 세우고, 효과적으로 달성할 수 있는 프로그램을 설정해야 한다("집단미술치료방법론 I" 참조). 집단 후에는 반드시 목표에 근거한 평가를 하여 부적절한 결과가 있었다면 분석하여 발전적인 다음 목표에 포함시킬 수 있어야 한다. 사회기술집단의 지지체계로서 부모집단프로그램은 보편적으로 세 영역으로 나누어 구성할 수 있다.

예를 들면, 첫째는 자폐장애로 인한 심리적 어려움과 특성을 이해하고 부모역할을 받아들인다. 둘째는 부모들이 자신의 스트레스를 통제하고 감소시킬 수 있는 방법을 알게 하며, 세 번째는 부모들이 협력하여 자발적인 지지기반을 마련하도록 돕는 것이다. 부모역할을 안내하기 위해서는 나의 경험에 의하면 기존의 인지행동접근의 부모교육방식으로 효과성을 기대하기는 제한적이므로 대상관계를 적용하고 전달할 수 있는 전문적 지식과 예술치료접근방법을 활용하는 것이 도움된다. 집단과정은 강의나 작업으로만 끝내지 않고 반드시 충분한 토의시간을 가짐으로써 상호간에 공감대를 형성해야 한다. 부모의 스트레스 통제와 감소를 위해서는 자기관리기술을 갖는 것이 필요한데 이를 위해서 나는 워크샵을 통한 부모의 자기점검과 잠재능력을 끌어내고 개발하는 것에 초점을 둔다. 부모의 지지기반이란 부모가 스트레스를 경험할 때 이를 돕는 주요원천으로서, 지지는 누군가가 배려하고 이해하고 도와주는 것이며 다른 사람으로부터 그리고 어떠한 조직으로부터 당면한 문제를 해결할 수 있는 정보를 받고 도움을 받는 것을 의미한다. 가장 좋은 지지자원은 부모들이 현재 당면한 가정 내 어려움이 자기만의 문제가 아니라 유사한 고통을 경험하고 있는 이들이 있다는 것을 아는 것으로부터 시작하여 그 아픔을 함께 공유하고 공감받을 수 있는 다른 가족을 만나는 것이다. 이러한 지지기반을 마련함으로써 부모들은 적극적인 스트레스 대처가 가능해진다.

제4장

폭력가정의 아동·청소년집단미술치료

폭력가정의 아이들은 구체적이고 실질적인 지지가 필요하므로 이들에게 우선 필요로 하는 치료방법은 외상의 정도에 따라 위기개입과 개인치료이다. 미술치료사들이 치료관계에서 흔히 만나게 되는 폭력가정의 대부분은 일시보호 조치된 일시보호 쉼터나 장기 또는 단기보호기관이며 대부분 집단으로 개입되는 경우가 보편적이다. 이에 대한 도움은 "위기의 아동청소년을 위한 학교미술치료지침서"와 "신경발달 장애와 행동장애 미술치료 지침서" 제2부의 제7장과 제8장, 그리고 "발달적 접근과 특성별 지침서-미술치료사의 아동청소년 정신건강중재를 위한"을 참조하기 바란다. 여기에서는 지면의 한계와 이 책의 특성상 집단치료와 관련하여 쉼터 중심의 치료접근으로 전개할 것이다.

1. 쉼터 집단미술치료에서 고려되어야 할 일반적 이슈

이 장에서는 쉼터중심의 폭력가정아동청소년들에게 적용되는 집단미술치료의 발달적 개입과 치료계획을 위한 평가, 평가기록에서의 치료자 역할, 쉼터이후의 전환문제를 다루고 있다.

쉼터에서 이뤄지는 집단미술치료의 가능성

쉼터에서 제공되는 효과적인 치료를 위한 이슈는 단기간동안 기관에 머무는 아이들에게 어디까지 개입할 수 있으며 무엇에 초점을 둘 것이냐는 점이다. 쉼터에 올 수 밖에 없었던 아이들의 현실은 일반적인 아이들과는 다른 집단에 속해 있으며 그들의 문제는 다양한 정서와 신체적 욕구 뿐 아니라 과거에도, 현재에도, 앞으로 다가올 미래에도, 경험될 수 있는 위기에 당면해 있다는 사실이다. 그러므로 가정폭력의 세대 간 대물림의 문제를 해결하기 위해서는 직접적이고 구체적인 치료개입이 필수적이라는 점은 너무나도 당연한 사실이다.

아이들이 쉼터나 일시보호소에 오는 그 시기는 배우자폭력과 관련되어 피해자인 한쪽 부모와 함께 입소한 경우이거나, 지속적이고 직접적인 학대경험에 대해 주변인으로부터 신고되었거나, 가출상황일 수 있어서 이때는 예방을 위한 개입시기가 아니라 이미 심각한 위기에 처한 경우이다. 이처럼 위기에 처한 아이들은 가정을 떠날 때 그 누구에게도 작별인사를 하거나 계획된 떠남과 격려가 아니므로 예측할 수 없는 미래에 대한 불안상태에 놓이게 된다. 그래서 쉼터의 집단미술치료는 구체적인 치료라기보다는 처음부터 끝가지 평가의 연속선상에 있으면서, 퇴소 후의 준비에 초점을 두어 더 이상의 반복된 위기를 경험하지 않도록 예방하고 통제하기 위한 목표가 포함되어 있다. 이러한 목표의 치료접근은 위기개입의 방법론을 적용하고 단기간의 거주특성과 상황적 속성때문에 무의식에 접근하는 전통적인 미술치료 접근은 배제될 수 밖에 없으며 상황과 환경을 고려한 접근을 해야 한다.

집단미술치료를 위한 평가

집단미술치료 뿐 아니라 치료를 계획할 때 평가가 없다면 무엇에 초점을 두어야 할지 혼돈스러울 것이다. 특히 쉼터의 위기개입에서는 단기간의 집중적인 개입을 해야 하므로 위기를 성공적으로 다루기 위해서는 구체적인 방법론이 요구되며, 치료목표의 성취를 확인하기 위해서는 평가가 필요하고, 그 평가는 객관적인 평가 외에 미술의 표현들이 매우 중요시 된다. 치료계획에서 미술을 사용한 평가는 이들의 치료에서 통과의례처럼 적용되는데, 그 이유는 투사적 평가가 갖는 장점이 현재의 치료개입을 위해서도 적절할 뿐만 아니라 치료과정의 발달을 비교할 수 있게 하며 퇴소 후의 구체적인 치료를 위해서도 스스로의 자기탐색과 문제인식을 위해서도 요구된다. 대상에 따라서는 반복적으로 쉼터로 되돌아오는 경우도 있기 때문에 다음 치료계획을 위해 중요한 자료가 될 수 있다.

위기개입의 방법은 심층적인 접근방법이 아니므로 제한적이고 관찰 가능한 행동에 초점을 둔다. 치료자의 일차적인 목표는 위기문제인 폭력이 왜 일어났는지에 대한 원인적 접근이나 분석이 아니라 현재의 불안을 해결하도록 돕는 것이다. 구성원들이 방어를 내려놓고 집단에 참여함으로써 자신에게 일어난 일들에 대한 죄책감이나 부정적인 감정을 이겨내고 자존감을 높이는데 초점을 두는 것이 중요하다. 개입 전에 치료자는 먼저 구성원들에게 평가와 치료개입의 필요성에 대해 언급하고 현재의 상황이 위기임을 알려야 한다. 위기에 노출된 아이들은 보편적으로 묻는 말에도 대답을 잘 하지 않기 때문에 치료자들은 자주 긴장하고 좌절하기도 한다. 만약 치료자가 이들의 무반응에 지나치게 민감하고 실망감을 노출하게 되면 긍정적인 치료관계를 형성하기는 어렵게 되므로, 이들의 심리적 어려움을 이해하고 직접적인 질문은 피하되 그림에 무언가를 표현하는 것 그 자체로의 가치를 수용해야 한다. 이미지를 표현해낸 것으로 이미 아이들은 자기를 들어낸 것이 되므로 치료자는 그림의 내용에 대한 깊은 측면의 개입보다는 감정을 드러내도록 지지하고 대처기술을 안내하며 경험을 이해하는데 초점을 두는 것이 도움된다.

[그림 4-1] 할아버지 고마워요

쉼터 입소초기의 면담은 직접면담보다는 동적체계그림, 자화상, 자유화("미술치료평가방법의 이론과 실제"와 "아동청소년의 평가기법과 임상준비를 위한 학교미술치료지침서"

참조) 등을 이용한 그림평가로 부터 시작하는데 이러한 초기의 평가는 그림 외에 흙을 사용한 조형작업 또는 조형물과 인형을 사용한 이야기 치료접근이 도움된다. 입소면담은 쉼터에 입소한 직후부터 늦어도 24시간 이내에 이뤄져야 하며 첫 인상부터 구체적으로 기록해야 한다. 쉼터나 일시보호소에서의 면담과 평가는 비구조화와 비지시적인 미술작업과는 다르게 구조화 되므로서 위기상황의 아이들에게 안정감을 제공할 수 있다. 동적체계 그림의 과제는 아이들에게 지나친 불안이나 흥분을 일으키지 않으면서 당연한 문제에 대한 시각적인 정보를 제공해주므로 유익하다. 그러나 인물에 대한 과제는 학대대상과 동일시하여 강력한 감정을 끌어내기도 하므로(그림 4-1) 치료자는 아이가 그림을 그리는 동안 주의깊게 관찰하고 두려움이나 불안을 나타낼 때 충분히 지지할 수 있어야 한다.

그림평가의 바른 자세를 훈련받지 못한 미술치료사들은 그림과정의 행동평가는 무시하고 그림 자체에만 관심을 가지는 경우가 있는데 그러한 자세는 그림을 그린 아이의 마음을 왜곡해 버릴 수 있으므로 절대적으로 배제되어야 한다. 간혹 어떤 아이들은 치료상황에서 그린 그림을 자신이 보관하겠다고 요구하기도 하는데 이때 나는 거절하지 않고 그림을 주겠다고 약속하되, 복사본을 파일에 남기는 것에 동의를 구하고 그림을 복사한 후 돌려주거나 아이가 동의하면 원본은 종결 때 주기로 약속하고 우선은 복사본을 제공하기도 한다. 위기상황에 있는 폭력가정 아동청소년들의 그림은 법적문제와 결부되어 있기도 하므로 반드시 일정기관 동안 원본을 보관해야 할 필요가 있기 때문이다. 그 당시는 아니더라도 이후에 법적문제가 발생하는 경우 그림은 매우 중요한 법적자료가 될 수 있어서 치료과정에서 표현된 그림보관에 대한 의미는 치료자의 책임성이며 자세이다. 학대문제와 관련된 특히 성학대와 관련된 대상의 그림에 대해 미국 미술치료 윤리규준에서는 학대대상자의 그림을 7년 동안 보관해야 한다는 규정이 있다.

가정 내 성학대사례에서

[그림 4-1]은 〈"청소년임상미술치료방법론" 제2장〉에 소개되었던 내용이다. 그 책에서는 사례 내용을 구체화하지 않았고 그림의 상징적인 크기표현의 이슈만을 다루었다. 이 그림을 그린 7세의 여아는 부모로부터 거절되고 할아버지에 의해 양육되었지만 이웃의 신고로 학대문제가 확인되어 일시보호소로 격리되었다. 이 그림은 입소 초기면담에서 그려진 KHTP이다. 집과 나

무의 형태는 모호하지만 인물그림은 너무나도 명확하게 성학대의 징후를 보여주고 있다. 이 여아는 그림을 그리는 동안 "사람은 안 그릴래요"를 반복하였지만 실재는 매우 진지하게 그림을 그려갔고 특히 성기부분에서 손의 떨림이 격렬하게 나타났다. 여러 번 지우면서 구체적으로 묘사하려고 노력하는 모습을 보였다. 이러한 아이의 그림을 토대로 우리는 인형놀이로 확장시켜 갈 수 있었다. 치료과정의 그러한 놀이접근은 치료사가 전혀 지시하지 않았음에도 성학대의 가능성을 구체화하여 재현하게 했으므로 보다 신뢰로운 평가를 내릴 수 있게 했다. 뿐만 아니라 입소면담을 통한 지지적인 치료자의 개입은 아이의 불안을 감소시키고 빠른 속도로 낯선 환경에 대한 두려움을 내려놓을 수 있게 하였다.

이 사례에서 보았듯이 입소초기에 시행하는 면담은 단순한 진단목적이 아니라 치료와 의뢰를 위한 평가목적과 위기개입 그 자체의 목적을 획득하도록 돕는다.

쉼터에서의 평가기록과 의뢰에 대한 미술치료사의 역할

면담내용과 치료과정에 대한 기록을 어떠한 양식에 의해 기록해야 할지는 평가자의 이론적 기초를 토대로 이뤄지고 어디에 초점을 두고 관찰할 것이며 구조화 할지가 결정될 것이다. 기록방법에 대해서는 "청소년임상미술치료방법론" 제7장을 참조하기 바라며 이 장에서는 독자들을 위해 기록양식을 제공하였다. 기록지의 내용과 기록유형 또는 형식에 대해서는 사례와 기관의 특성을 고려하여 타전문가들의 욕구를 충족시킬 수 있을 만큼 적합하게 준비되어야 한다. 제한된 환경의 쉼터나 일시보호센터에서 미술치료사가 평가 [표 4-1 참조]를 내린다는 것이 그리 쉬운 일은 아니지만 치료자는 적합한 방법으로 폭력과 학대의 가능성을 진단하며 강점과 약점을 평가하여 치료목표를 제시할 수 있어야 한다. 의뢰서를 작성하고 타 전문기관에 의뢰하는 일도 쉼터에서 임상을 하는 미술치료사의 중요한 역할이다.

미술치료에서 의뢰를 결정하는 요소는 아마도 집단과정에서 이뤄진 작품의 결과물이 직접적인 의뢰의 평가척도가 될 것이다. 그러므로 의뢰기록지[표 4-2 참조]에는 작품과 치료과정이 요약된 내용이 포함되어야 하며 내용은 간결하게 정리되고 구조화되어야 한다. 아래에 제시된 내용은 완전한 기록모델이라기 보다는 이러한 내용들이 포함될 수 있다는 의미에서 제공된 것이며 독자의 임상정도와 필요에 의해 변형될 수 있다.

[표 4-1] 개인별 과정기록지 예시

이름 :	일시 :
주제 :	회기 :
집단목표 :	

1. 치료 상황에서의 행동평가

매우 협조적이다	1 2 3 4 5	비협조적이다
순응적이다	1 2 3 4 5	공격적이다
느긋하게 지시를 기다린다	1 2 3 4 5	긴장되어 있다
자신감 있게 시작한다	1 2 3 4 5	쉽게 시작하지 못한다
수용적이다	1 2 3 4 5	비난적이다
타인에게 관심을 가진다	1 2 3 4 5	타인에게 무관심하다
눈을 마주친다	1 2 3 4 5	눈을 피한다
자신에 대해 확신감을 가진다	1 2 3 4 5	자신에 대해 확신이 없다
자신에 대해 수용적이다	1 2 3 4 5	자신에 대해 비판적이다
편안하게 행동한다	1 2 3 4 5	매사에 긴장되어 있다
적절하게 집중한다	1 2 3 4 5	산만하다
자율적으로 지속한다	1 2 3 4 5	쉽게 포기해 버린다
반응이 빠르다	1 2 3 4 5	반응이 매우 느리다
계획적으로 작업을 한다	1 2 3 4 5	실수가 잦다
자신감있게 움직인다	1 2 3 4 5	어색한 동작을 한다
표정이 편안하다	1 2 3 4 5	우울하고 표정이 굳어 있다

■ 상황적 행동에 대한 전체요약과 의견 :

2. 재료선택과 반응

재료를 소중히 다룬다	1 2 3 4 5	파괴적으로 다룬다
제공된 재료에 만족한다	1 2 3 4 5	제공된 재료에 불만족한다
무른 재료를 주로 선택한다	1 2 3 4 5	드로잉 재료를 주로 선택한다
다양한 재료를 선택한다	1 2 3 4 5	특정재료만 선택한다
필요한 만큼만 선택한다	1 2 3 4 5	무분별하게 선택한다
재료에 몰입한다	1 2 3 4 5	불안해 한다
곧 바로 선택한다	1 2 3 4 5	선택을 망설인다

■ 재료선택과 반응에 대한 전체요약과 의견 :

3. 작품과 과정에 대한 태도

구체적으로 표현한다	1 2 3 4 5	난화형식으로 그린다
자발적으로 작업에 임한다	1 2 3 4 5	의존적이다
작품을 완성한다	1 2 3 4 5	미완성으로 끝낸다
작품에 반영된 내면을 인식한다	1 2 3 4 5	작품내용에 저항한다
결과물에 대해 만족한다	1 2 3 4 5	결과물에 불만족해 한다
주제와 관련된 작품을 한다	1 2 3 4 5	주제를 무시한다

■ 작품과정의 태도에 대한 전체요약과 의견 :

4. 작품의 형식

동적인 형태의 표현이 많다	1 2 3 4 5	정적인주제가 많다
풍경그림을 그린다	1 2 3 4 5	인물 중심이다
형태가 큰 그림을 그린다	1 2 3 4 5	보편적으로 작게 표현한다
원형적인 형태가 많다	1 2 3 4 5	각진 형태가 많다
선이 약하고 가늘다	1 2 3 4 5	선이 무르고 굵다
고착된 선을 사용한다	1 2 3 4 5	끊어진 선이 많이 나타난다
그림이 화지상단에 모여있다	1 2 3 4 5	화지하단에 그림이 모여있다
그림이 화지우측에 모여있다	1 2 3 4 5	화지좌측에 그림이 모여있다
화지에 꽉차게 그림을 그린다	1 2 3 4 5	화지에 빈공간이 많다

■ 작품형식에 대한 전체요약과 의견 :

5. 작품의 심상

전체적인 느낌이 통합적이다	1 2 3 4 5	전체적인 느낌이 공허하다
현실적이고 구상을 반영한다	1 2 3 4 5	비현실적이고 공상적이다
표현이 창조적이다	1 2 3 4 5	평이하고 상투적인 표현이다
보호적이고 에너지가 있다	1 2 3 4 5	경계가 모호하고 결핍되었다
표현이 구체적이다	1 2 3 4 5	피상적이고 혼돈되어 보인다
이미지가 연결성 있고 이치에 맞다	1 2 3 4 5	조각나고 연결할 수 없다
그림 표현이 자유롭다	1 2 3 4 5	억압되어 있다
응집성이 있다	1 2 3 4 5	불명확하고 혼돈이 있다
완벽성이 있다	1 2 3 4 5	충동적이다
전체적인느낌이 편안하다	1 2 3 4 5	불안하다
자신의 상황과 연결시킬 수 있다	1 2 3 4 5	연결할 수가 없다

■ 작품심상에 대한 전체요약과 의견 :

6. 발달적 이슈

행동이 나이에 적합하다	1 2 3 4 5	나이와 맞지않은 행동을 한다
적절한 언어표현을 사용한다	1 2 3 4 5	퇴행 또는 지나치게 성숙하다
나이에 적절한 운동기술	1 2 3 4 5	부진하고 지연된 운동기술

■ 발달에 대한 전체요약과 의견 :

7. 정서

불안하다	1 2 3 4 5	안정적이다	1 2 3 4 5
슬퍼보인다	1 2 3 4 5	혼돈스럽다	1 2 3 4 5
무관심하다	1 2 3 4 5	억압적이다	1 2 3 4 5
짜증을 낸다	1 2 3 4 5	분노적이다	1 2 3 4 5

■ 정서에 대한 전체요약과 의견 :

날짜 : ____________________　　　　치료자(서명) : ____________________

[표 4-2] 의뢰를 위한 평가기록지 예시

이름 :	작성일시 :
성별 :	생년월일 :
평가내용 :	

의뢰사유 :
입소당시의 상태 :
치료개입 목표 :
현재의 상태 :

I. 치료 상황에서의 행동평가

			사전	사후
매우 협조적이다	1 2 3 4 5	비협조적이다		
순응적이다	1 2 3 4 5	공격적이다		
느긋하게 지시를 기다린다	1 2 3 4 5	긴장되어 있다		
자신감 있게 시작한다	1 2 3 4 5	쉽게 시작하지 못한다		
수용적이다	1 2 3 4 5	비난적이다		
타인에 관심을 가진다	1 2 3 4 5	타인에게 무관심하다		
눈을 마주친다	1 2 3 4 5	눈을 피한다		
자신에 대해 확신감을 가진다	1 2 3 4 5	자신에 대해 확신이 없다		
자신에 대해 수용적이다	1 2 3 4 5	자신에 대해 비판적이다		
편안하게 행동한다	1 2 3 4 5	매사에 긴장되어 있다		
적절하게 집중한다	1 2 3 4 5	산만하다		
자율적으로 지속한다	1 2 3 4 5	쉽게 포기해버린다		
반응이 빠르다	1 2 3 4 5	반응이 매우 느리다		
계획적으로 작업을 한다	1 2 3 4 5	실수가 잦다		
자신감 있게 움직인다	1 2 3 4 5	어색한 동작을 한다		
표정이 편안하다	1 2 3 4 5	우울하고 표정이 굳어 있다		

■ 상황적 행동에 대한 사전 · 사후 전체요약과 의견 :

2. 재료선택과 반응

			사전	사후
재료를 소중히 다룬다	1 2 3 4 5	파괴적으로 다룬다		
제공된 재료에 만족한다	1 2 3 4 5	제공된 재료에 불만족한다		
무른 재료를 주로 선택한다	1 2 3 4 5	드로잉재료를 주로선택		
다양한 재료를 선택한다	1 2 3 4 5	특정재료만 선택한다		
필요한 만큼만 선택한다	1 2 3 4 5	무분별하게 선택한다		
재료에 몰입한다	1 2 3 4 5	불안해 한다		
곧바로 선택한다	1 2 3 4 5	선택을 망설인다		

■ 재료선택과 반응에 대한 사전 · 사후 전체요약과 의견 :

3. 작품과 과정에 대한 태도

			사전	사후
구체적으로 표현한다	1 2 3 4 5	난화형식으로 그린다		
자발적으로 작업에 임한다	1 2 3 4 5	의존적인 작업태도를 보인다		
작품을 완성한다	1 2 3 4 5	미완성으로 끝낸다		
작품에 반영된 내면을 인식한다	1 2 3 4 5	작품내용에 저항한다		
결과물에 대해 만족한다	1 2 3 4 5	결과물에 불만족해 한다		
주제와 관련된 작품을 한다	1 2 3 4 5	주제를 무시한다		

■ 작품과정에 대한 사전 · 사후 전체요약과 의견 :

4. 작품의 형식

			사전	사후
동적인 형태의 표현이 많다	1 2 3 4 5	정적인주제가 많다		
풍경그림을 그린다	1 2 3 4 5	인물 중심이다		
형태가 큰 그림을 그린다	1 2 3 4 5	보편적으로 작게 표현한다		
원형적인 형태가 많다	1 2 3 4 5	각진 형태가 많다		
선이 약하고 가늘다	1 2 3 4 5	선이 무르고 굵다		
고착된 선을 사용한다	1 2 3 4 5	끊어진 선이 많이 나타난다		
그림이 화지상단에 모여있다	1 2 3 4 5	그림이 화지하단에 모여있다		
그림이 화지우측에 모여있다	1 2 3 4 5	그림이 화지좌측에 모여있다		
화지에 꽉차게 그림을 그린다	1 2 3 4 5	화지에 빈공간이 많다		

■ 작품형식에 대한 사전 · 사후 전체요약과 의견 :

5. 작품의 심상

			사전	사후
전체적인 느낌이 통합적이다	1 2 3 4 5	전체적인 느낌이 공허하다		
현실적이고 구상을 반영한다	1 2 3 4 5	비현실적이고 공상적이다		
표현이 창조적이다	1 2 3 4 5	평이하고 상투적인 표현이다		
보호적이고 에너지가 있다	1 2 3 4 5	경계가 모호하고 결핍되었다		
표현이 구체적이다	1 2 3 4 5	피상적이고 혼돈되어 있다		
이미지가 연결성있고 이치에 맞다	1 2 3 4 5	조각나고 연결할 수 없다		
그림표현이 자유롭다	1 2 3 4 5	억압되어 있다		
응집성이 있다	1 2 3 4 5	불명확하고 혼돈이 있다		
완벽성이 있다	1 2 3 4 5	충동적이다		
전체적인 느낌이 편안하다	1 2 3 4 5	불안하다		
자신의 상황과 연결시킬 수 있다	1 2 3 4 5	연결할 수가 없다		

■ 작품심상에 대한 사전 · 사후 전체요약과 의견 :

6. 발달적 이슈

			사전	사후
행동이 나이에 적합하다	1 2 3 4 5	나이와 맞지않은 행동을 한다		
적절한 언어표현을 사용한다	1 2 3 4 5	퇴행 또는 지나치게 성숙하다		
나이에 적절한 운동기술	1 2 3 4 5	부진하고 지연된 운동기술		

■ 발달에 대한 사전 · 사후 전체요약과 의견 :

7. 정서

			사전	사후
우울, 불안해보인다	1 2 3 4 5	안정적이다		
짜증, 분노적이다	1 2 3 4 5	억압적이다		

■ 정서에 대한 사전 · 사후 전체 요약과 의견 :

8. 의뢰에 대한 태도

			사전	사후
기대감을 표현한다	1 2 3 4 5	좌절감을 표현한다		
우울, 불안해 보인다	1 2 3 4 5	무감동하다		

■ 의뢰에 대한 태도 요약과 의견 :

치료개입 목표의 결과 : 1.

2.

의뢰사유와 관련한 제언 :

기관 : ____________________ 연락처 : ____________________

날짜 : ____________________ 치료자(서명) : ____________________

2. 쉼터에 거주하고 있는 폭력가정 아동·청소년의 집단미술치료 에너지

앞에서도 논의되었듯이 쉼터나 일시보호소에 있는 아동청소년에게 적용되는 미술치료는 위기개입이 목적이다. 그러므로 치료자는 아이들이 보호시설에 있을 수 있는 기간이 어느 정도인지 분명히 알고 있어야 하며 신속하게 처리되어야 하는 일은 무엇인지 평가하여 즉시 개업되어야 한다. 아래에서는 "집단미술치료방법론 Ⅰ"에서 제시한 집단의 이론과 "위기의 아동청소년을 위한 학교미술치료지침서"의 방법론을 부분적으로 적용하면서 쉼터나 일시보호소에서 이뤄지는 폭력가정아이들의 집단미술치료에서 기억해야 할 발달적 중재 이슈를 다루고 있다("발달적 접근과 특성별 지침서-미술치료사의 아동청소년 정신건강 중재를 위한" 참조).

집단과정에 구성원을 적응시키기

구성원을 집단에 적응시키기 위해 필요한 일차적인 요소는 폭력으로 인해 상실된 그들의 구체적인 욕구가 무엇인지 파악하는 것이다. 이를 위해서는 우선 치료자와의 신뢰관계가 핵심요소가 된다. 치료개입과정에서 고려되고 포함되어야 할 사항은 구성원들이 아동청소년이라는 사실에 대해 치료사는 잊지 않아야 한다. 가정 내의 폭력 · 쉼터생활 · 퇴소 후의 미래에 대한 스트레스 대처방법을 알게 하고, 폭력과 억압된 훈육으로 자기표현이 어려운 아이들에게 표현능력을 갖게 함으로써 자신과 타인에게 미칠 수 있는 분노감정으로부터 보호할 수 있는 힘을 갖게 하는 것이다. 그러한 경험은 아이들로 하여금 긍정적인 자기상을 형성하고 새로운 환경을 창조해갈 수 있는 힘을 가지게 하는데 이것이 바로 집단미술치료의 목표가 된다.

쉼터에서 집단미술치료가 보편적인 접근방법이 될 수 밖에 없는 이유는 쉬터에 있는 아이들의 많은 인원을 모두 개별로 개입하기는 제한요소가 너무 많다는 것 외에, 또 다른 중요한 이유는 성인에 대한 신뢰를 상실한 아이들의 경우 치료자와의 일대일 접근이 매우 위협적일 수 있기 때문이다. 또한 비슷한 가족력을 가진 집단에서 어느 정도는 위로와 안정감을 느끼게 되므로 불안을 감소시킬 수 있다는 것 때문이다("집단미술치료방법론 Ⅰ"의 제6장 내용 참조).

모든 다양한 아동 · 청소년집단에서도 마찬가지이지만 쉼터의 폭력가정아이들 집단에서는 특히 집단의 규칙을 설정하는 것이 매우 중요하다. 이 규칙에는 집단과정에서 노출된 모든 상황에 대한 비밀보장이 포함된다. 치료환경에서의 개인공간에 대한 경계 또한 집단규칙에 포함되며 여기에는 다른 구성원이 말하고 있을 때 이야기가 모두 끝날 때까지 기다려 주는 것과 다른 사람의 작업을 방해하지 않는 것들이 함축되어 있다. 이러한 집단의 규칙은 "집단미술치료방법론 I"에서 이미 논의되었듯이 치료자가 주입식으로 규칙을 전달하는 것이 아니라 구성원 스스로가 의논하여 결정하게 하는 것이 구성원의 자기감과 에너지를 강화시키는 것이 된다. 이때 구성원들로 하여금 자신들이 집단에서 결정한 규칙에 서명하고 집단치료실 벽에 붙임으로써 치료의 한 부분으로 인지되도록 돕는다.

일반적인 또는 다른 특성의 집단에서와는 달리 단기 쉼터의 집단개입은 대부분 개인치료의 중재와 유사한 모습을 가지면서 개방집단으로 이루어지게 된다. 이것은 전통적인 장기집단의 형태와는 달리 자주 바뀌게 되는 집단구성원들을 통제하고 적응시키는 일이 쉬운 일이 아니기 때문이다. 어떤 경우는 한 집단에 형제 · 자매가 함께 참여하는 경우도 있어서 치료적으로 부적절한 영향을 미치는 경우도 있으며, 이러한 경우는 가족치료(형제집단, 모자집단, 가족집단)로 접근한다면 보다 유용하게 중재할 수 있을 것이다(그림 4-2).

자매 집단에서

나는 아주 오래전에 참여했던 일시보호소에서 만났던 한 가족의 사례를 말하려고 한다. 이 가족(어머니, 8세 · 9세의 자매)은 아버지의 폭력을 피해 쉼터로 오게 되었는데, 입소 직후 두 자매가 집단에 참여하게 되었지만 저항이 지나치게 심하여 집단에 참여하는 것을 중단할 수 밖에 없었다. 나는 생각 끝에 기관과 논의하여 형제 · 자매 집단을 구성하기로 했다. 기관에서는 그 당시 이뤄지고 있는 집단 외에는 다른 방법적 대안을 가지고 있지 않았으나 나의 제안 결과 형제 · 자매집단을 시도해보기로 했다. 그 두 자매는 기관의 동의가 성립된 바로 직후 자매집단으로 전환하여 치료를 시작하게 되었다. 두 아이는 집단에서 서로 말하지 않았고 무감동한 태도였으나 자매집단에서는 서로 지지적인 관계를 형성하면서 과제를 완성해갈 수 있었다. [그림 4-2]는 자매가 함께 그린 협동화로서 동생이 화장실을 표현하고 "무섭다"는 표현을 하게 됨으로써 숨겨왔던 두 자매의 비밀이 드러나게 되었다. 두 아이 모두 5~6세경부터 지속적으로 아버지로부터 성학대를 받아온 사실이 밝혀지면서 단기간의 위기개입 후 장기보호시설로 전환되었다.

형제 · 자매 집단은 여러 가지 이유에서 유용할 수 있다. 이 아이들이 일반적인 집단에 계속 있었다면 쉽게 가족의 비밀을 밝히지 못했을 것이다. 단기입소기관의 개입목표는 평가와 계획에 초점을 두므로 구체적인 개입이 어렵고 따라서 그러한 쉼터의 집단에서 구성원들이 자신들의 비밀과 가족의 비밀을 내어놓기란 쉬운 일이 아니기 때문이다.

[그림 4-2] 학대받은 자매의 협동화

초기단계의 목표와 중재

쉼터의 치료개입은 위기개입이 목적이며 단기치료를 할 수 밖에 없는 제한된 조건하에 있으므로, 이 책 제5장의 사례에서 소개했던 집단의 원칙을 따를 수가 없고 입소 즉시 평가를 하는 과정에서 개입이 함께 이뤄진다. 왜냐하면 앞에서 말한 구체적인 중재를 할 수 없다는 이유 외에도 그들 자신의 가정과 학교의 일상에서 쉼터로의 전환자체가 또 다른 위기이며 평가를 하는 중에도 위기를 경험할 수 있기 때문이다.

초기단계의 목표는 위기상황에 대한 감정을 충분히 표출시키는 것으로서 “집단미술치료방법론 Ⅰ”에서도 제시했듯이 치료자는 자신이 어떠한 사람이고 역할이 무엇인지 설명하고 아이들 자신이 겪은 위기문제에 미술치료가 어떠한 영향을 미치며 어떠한 도움이 될 수 있는지 설명한다. 이 단계에서 치료자는 치료전체에서 이루어질 장 · 단기치료목표를 계획해야 하는데, 단기목표는 초기면담과 평가를 통해 설정되고 위기에 대한 감정표현과 신뢰관계에 초점을 두며, 장기목표는 쉼터나 기관 퇴소 후에 직면하게 될 문제에 초점을 두게 된다. 일반적인 치료에서 초기의 전체목표는 신뢰관계에 초점을 두지만 위기개입인 쉼터에서의 단기개입은 시간적 특성상 관계를 위한 충분한 시간을 두고 개입하기가 쉽지 않다. 그럼에도 위기개입의 시작은 신뢰와 지지기반이 없이는 효과적인 결과를 기대할 수 없으므로 첫 만남에서부터 신속하게 관계형성을 해야 한다. 치료실의 환경은 이러한 신뢰관계를 최대화할 수 있도록 준비되어야 하며 여기에는 물리적 환경 뿐 아니라 심리적 환경까지를 포함한다. 치료실의 심리적 · 물리적 환경에 대한 내용은 "청소년임상미술치료 방법론" 제1장을 참조하기 바란다.

중기단계의 목표와 중재

이 단계의 전반부는 초기단계 목표의 연속성을 가지면서, 현재의 고통을 감소시키고 미래의 적극적인 삶을 위한 대처기술을 향상시키는데 목표의 초점을 둔다. 이러한 목표설정은 아이들이 위기를 극복하고 상처에 대한 분노를 감소시킬 수 있도록 도우며 중기단계의 후반부는 위기상황 후의 삶을 재구성하도록 돕는 것이다. 이 단계의 집단경험은 치료자가 집단 내에서의 개인 심리를 이해하고 다룰 수 있는 준비가 되어 있어서 구성원 개인의 경험적 기술을 활용하도록 돕는다면 집단의 한계성을 어느 정도는 극복할 수 있다. 집단과정에서 치료자는 구성원들의 현실적인 감정을 다룰 수 있도록 충분히 지지적인 공감능력을 발휘하고 안정적인 치료환경을 제공해야 한다.

중기단계에서는 적극적이고 자발적인 표현을 강화하기 위해 재료선택과 방법을 결정하는 일은 쉼터의 위기개입 또한 모든 치료에서와 마찬가지로 중요하다. 특히 위기개입에 노출된 아이들의 미술치료집단에서 재료를 선택하고 색채와 형태, 크기, 주제 등을 자유롭게 선택하는 경험은 자유로운 자발성에 의한 선택의 기회를 제공한다. 뿐만 아니라 안전하고 충분히 좋은 튼튼한 울타리로서의 가정을 경험할 수 없었던 폭력가정의 아이들에게 자유로운 스스로의 통제와 자유를 허용한다는 의미가 되므로 미술치료집단은 매우 유용하다. 그러나 이러한 선택의 자유는 어떤 아이들에게는 매우 위협적이기도 하므로 구성원의 발달수준에 따라 조절되어야 한다. 심한 폭력으로 인해 좌절과 분노를 경험했던 아이들은 자존감이 낮고 자신의 능력에 대한 확신이 없기 때문에 많은 재료와 방법에 대한 선택의 자유는 오히려 불안과 분노를 자극할 수 있다. 반면에 지나치게 제한된 범위의 선택 또한 실망과 자책과 불안을 자극하게 된다. 그럼에도 자유로운 표현을 유도하는 미술치료의 과정은 폭력으로 인한 아이들의 고통스러운 감정을 표출하게 하고 스스로 자신의 감정상태에 대한 대처방법을 갖게 한다. 따라서 치료자는 집단의 발달과 정서에 적절한 재료를 선택하고 합목적적으로 구조화된 접근방법을 적용함으로써 언어적으로 표현하기 힘들었던 감정을 표현하게 하고 이전의 경험을 더욱 편안하게 시각적으로 나타낼 수 있도록 돕게 된다.

사례에서

[그림 4-3]은 계부로부터 지속적으로 신체적 학대를 받아온 8세 여아의 그림이다. 이 아이의 초기그림에서는 귀신들이 싸우고 피를 흘리는 장면이 전반적인 주제였는데, 늘 그곳에서는 5세의 아이가 등장했었고 그 아이는 귀신을 대적할 힘이 없어 죽을 것 같다는 표현을 하였다. 구성원 중 한 아이가 그 그림을 보고 "내 느낌은 그 아이가 너 같기도 하고 나 같기도 하다. 무섭겠다. 불쌍하다."는 전이된 자기감정을 표현하자 그 아이는 "그건 네 생각일 뿐이야"라며 강하게 부정했었고 "만약 그 아이가 우리라면 어떻게 그 상황을 극복할 수 있겠는지 생각해보자"는 나의 제안에도 "내가 아닌데 그런 상상을 왜 하느냐"며 짜증을 냈다. 그 아이의 태도에 다른 이이들도 "그렇긴 해"라고 공감하며 더 이상 그 부분에 대해 언급하지 않았으므로 아이들이 스스로 자신을 두렵게 하는 귀신과 동일시 되었던 대상과 상황에 대한 직면을 유도하고 대안을 끌어내려던 나의 기대를 접어야 했다. 그러나 이날 이후 그 아이는 자신의 마음속 감정들을 그림에 표현하기 시작하고 공유하려는 변화를 보이기 시작했다.

자신의 환경을 이야기하는 것이 쉽지 않았을 이 아이가 회기가 지나면서 서서히 자신의 감정을 담은 표현을 다양하게 노출하고 스스로 해결 대안을 내어놓을 수 있었던 것은, 미술치료의 특성과 지지적인 집단경험이 그 아이로 하여금 방어를 내려놓고 자신을 인정하고 솔직한 감정을 내어놓게 했으리라 본다.

[그림 4-3] 썩은 것들

미술치료과정에서 보편적으로는 아이들이 경험했던 자신의 불안감정을 내어놓게 되지만 미술표현이 모든 폭력가정의 아이들에게 편안한 것만은 아니다. 심각한 고통을 경험한 아이들에게 하얀 도화지는 매우 강력한 위협으로 다가올 수 있다. 그러므로 치료자는 미술치료집단의 무엇이 이들에게 더 많은 도움이 될지를 평가하여 시도해야 할 것이다.

종료단계의 목표와 중재

모든 치료집단에서 종결은 특별한 의미를 가지며 신중하게 다뤄져야 한다는 사실은 특별한 이야기가 아니다. 그러나 위기개입의 단기집단인 쉼터나 일시보호기관에서의 종결은 일반적인 종결과는 다르다. 집단구성원의 많은 경우가 예고없이 갑작스러운 종결을 맞이하는 경우가 흔히 있기 때문에 종결계획을 세울 시간적인 여유가 거의 없다는 사실이다. 그러므로 미술치료사들은 구성원의 입소 첫 개입부터 퇴소시점을 파악하고 있어야 하며 종결은 구성원의 퇴소에 초점을 둔 치료계획을 세워야 한다.

종결에 대한 이러한 장애에도 불구하고 집단미술치료사는 특정한 방법으로 종결을 다루어야 한다. 나의 경험에 의하면 종결에서 다룰 수 있는 적절한 주제는 구성원으로 하여금 새로운 집을 그리도록 과제를 제시하거나 다리를 건너는 주제를 제시하는 것이었다.

그러한 주제는 아이들로 하여금 퇴소 후의 변화와 미래에 대한 두려움을 다루고 이후에 겪을 수 있는 상황에 대처할 수 있는 힘을 실어주게 되므로 의미있는 종결단계의 작업이 될 수 있다.

제5장

입양아동·청소년의 집단미술치료

입양으로 인한 청소년문제는 어제 오늘의 문제가 아니라 인간이 가족이라는 공동체를 형성하면서 끝없이 이어져왔으리라 본다. 입양은 새로운 가족을 형성하고 더 나은 삶을 살 수 있다는 희망으로 이루어지는데 반해, 많은 입양가정에서는 아이들이 입양사실을 알고 있든 모르고 있든 간에 의식적으로 또는 무의식적으로 정체성 문제를 안고 다양한 형태의 정신적인 문제를 드러낸다. 양부모 역시 그러한 아이를 고통스러운 마음으로 힘겹게 받아들이며 어려움이 심각화되면 파양으로 이어지기도 한다. 내가 만난 아이들 중에는 세 번의 반복 파양으로 인한 충격으로 정신장애를 일으킨 경우도 있었다. 관련 입양기관에서는 성공적인 입양과 파양예방을 위해 다양한 교육과 복지서비스를 제공하고 있지만 입양아동과 양부모의 심리적 문제를 구체화하지는 못하고 있는 것 같다. 이 장에서는 입양아동 청소년문제의 이슈를 다루고 예방과 치료로서 집단미술치료의 가능성을 논하고자 한다.

1. 입양아동·청소년 집단미술치료의 일반적 이슈

입양아들의 사회적응문제를 가져오는 가장 큰 이슈는 그들의 무의식속에 잠재되어 있는 두 부모를 받아들여야 하는데서 오는 문제로서 이것은 정체성의 혼돈과 직접적인 관련성이 있다. 따라서 여기에서는 입양의 핵심문제인 정체성과 관련하여 집단미술치료가 어떻게 연결될 수 있는지에 초점을 두었다.

정체성 문제에 대한 집단미술치료의 가능성

입양되거나 위탁가정에서 양육된 아이들 가운데 많은 아이들이 청소년기(청소년기본법에서 제시한 8~9세경부터 23~24세경 까지)가 되면서 정체성문제("발달적 접근과 특성별 지침서-미술치료사의 아동청소년 정신건강 중재를 위한" 제6장 참조)와 관련하여 주의력결핍과잉행동장애, 섭식장애, 발모벽, 반항성장애, 품행장애 등의 문제로 진단받고 정신과치료에 의뢰되는 경우를 흔히 만날 수 있다. 이 시기는 아이들이 자신의 정체성을 회복해야 하는 과제를 성취해야하는 시기로서 입양으로 인한 갈등이 청소년기의 과제와 만나게 되고 이때 경험되는 양부모와의 튼튼한 정서체계의 결함이 문제를 야기시키는 것 같다. 입양된 아이들의 청소년 시기는 성인의 보호로부터 벗어나 자기가 자신의 주인이 되고자 하는 욕구를 가지며 그러한 욕구의 시도가 방해받지 않는다고 느끼게 되면 가족관계는 매우 소중한 경험이 될 수 있다. 그러나 이 아이들의 마음속에는 이미 가정에 대한 신뢰에 갈등이 존재하고 자신을 잃어버린 것 같은 생각에 사로잡히기 때문에 더 쉽게 가족관계 문제에 노출되고 자기불신과 정체성 문제에 부딪히게 된다. 학교와 정신건강의학과 병원에서 만났던 아이들의 아픈 기억이 되살아난다.

정체성문제를 가진 아이들을 만나면서

나는 현재 예술치료사로 임하고 있지만 오래전에 10년 이상을 임상사회사업가로서 학교와 병원에서 아동청소년의 정신문제에 몰두해있었다. 그때 내가 만난 대상들 중에는 품행장애와 주의력결핍과잉행동을 보이거나 우울 또는 애착장애, 섭식장애로 치료에 들어오게 되는 많은 청소년기 아이들이 있었다. 그중에는 입양된 아이들이 상당수 있었고 그들의 입양시기는 유아기와 아동기가 보편적이었는데 유아기에 입양된 아이들의 대다수는 자신의 입양사실을 모르고 있는 경우가 대부분이었다. 나의 상식과는 다르게 치료에 노출된 아이들은 입양사실을 알고 있는 아이들보다 입양사실을 모르고 자신의 양육자가 친부모인줄 알고 있는 아이들이 오히려 더 많았다. 치료계획 과정에서 내가 평가한 대부분의 아이들이 나타낸 문제의 핵심은 정체성문제였다. 정체성의 혼돈이 다양한 부적응과 반사회적 문제를 나타내고 있었다. 그때 당시에 나는 정신건강의학과 병원에서 임상가로 있었으며 내가 이들에게 적용했던 치료접근은 집단치료가 보편적이었다. 그들은 놀랍게도 집단경험에서 세상과 어울리는 것에 부정적일 수 밖에 없었던 자기를 만나게 되고 자신도 이해할 수 없었던 방어의 실마리를 집단에서 풀어가고 새로운 관계를 만들어가고 있었다.

집단미술치료에서의 집단경험은 이러한 입양청소년의 정체성 회복과제와 더 적절하게 만나게 하는 것 같았다. 그러한 집단이 갖는 치료적 특성들로서 집단과정과 집단관계가 아이들 자신의 초기가족관계를 재 경험하게 하는 모델이 되며 구성원간의 관계는 자기상을 인식하는 거울이 되기 때문이다. 예를 들면 집단은 정서적 혼돈이 있는 아이들에게 정서적애착의 시작을 유지하기 위해 사용되고 인간에 대한 신뢰와 세상과의 안전한 관계를 시작하도록 돕는다. 그러한 경험은 아이들로 하여금 자신의 방어심리를 알게 하고 관계의 패턴을 알게 하며 대처하는 방법을 깨우치게 하므로 궁극적으로는 가족에 대한 희망을 갖게 하고 가족관계에서도 불가능할 수 있는 것에의 한계를 알게 한다.

집단미술치료를 위한 평가

집단치료에서는 입양문제 뿐 아니라 전반적으로 사전준비과정("집단미술치료방법론I" 참조)을 거치게 되는데 특히 입양청소년의 집단치료에서 아이들과 신뢰된 치료계약을 맺고 목표설정을 위해 이뤄지는 그림에 의한 사전평가는 언어적인 객관적평가보다 아이들에 대해 훨씬 더 많은 정보를 제공해준다. 정신건강의학과 병원에 근무하면서 내가 만난 환자들은 수를 셀 수 없을 만큼 많은 다양한 행동과 임상증상을 나타내는 사람들이었다. 그 당시 몇 년간은 아동청소년병동에서 아이들을 만났었는데 그중에는 입양된 아이들도 상당수 있었다. 그 병원에서는 의사와 정신보건 전문요원인 간호사, 임상사회복지사, 임상심리사가 한 팀을 이루고 한 명의 환자를 위해 협조하게 되며 그 외 다양한 영역의 치료진들이 부분적으로 포함되어 있었다. 보편적인 의료적 치료가 그렇듯이 치료진들은 이 아이들을 언어중심으로 개입하고 현상적인 징후를 통해 그들의 고충을 이해하며 문제중심으로 평가하고 처방하였다. 치료자들이 이 아이들의 긍정적인 요소를 발견하게 되어도 간간히 노출되는 아이들의 방어와 조작된 감정표현에 실망하게 되어 치료진들은 곧 지치고 말았다. 나는 그림을 사용하면서 그 속에서 아이들의 문제를 만나기보다는 그들이 나타낸 행동문제에 비해 훨씬 더 많은 가능요소를 만날 수 있었고 반면에 거짓적응아래 숨겨져 있는 그 아이들의 고통을 발견할 수 있었다.

평가 사례에서

병원에서 만났던 그 아이는 15세 여아로서 품행장애 진단을 받고 집단미술치료에 의뢰되었다. 2살 때 현재의 양부모에게 입양되었고 최선을 다해 양육했다는 부모의 하소연이 있었다. 입양아라는 사실을 아이에게 알리지 않기 위해 살던 곳에서 이사를 갔고 한 번도 그 아이를 친딸이 아니라고 생각해 본적 없이 사랑했다는 양부모에게서 자란 이 아이에게 내가 제시한 그림평가는 KHTP & KFD였다. KHTP에서 아이는 빠른 속도로 풍경을 그려내고 "담장에 경호막이 쳐져 있어서 외부인의 침입을 막는다"라고 했다. 아름답고 세밀하게 그려진 집이었으나 출입문도 창문도 빽빽한 철창으로 그려져 있었고 빈약하고 큰 나무가 지붕위에 그려져 있었으며 사람은 그 위에 누워서 잠을 자는 모습으로 표현했다. KFD에서는 "자신을 포함하여 가족이 무엇인가를 하는 모습을 그려보라"는 나의 지시에는 무관하게 부모를 그리지 않았고 자기만을 그리고 그 옆에 강아지 한 마리를 그려내었다. 이러한 그림의 형태는 집단과정에서 유사한 형태로 반복되었고 그 의미는 그림과정을 통해 자기 자신을 비추는 거울역할로 작용했으며, 집단에서 재경험되고 새로운 마음의 집을 지어 그 안에 생명을 불어넣는 것으로 종료되었다.

사전만남의 과정에서 이뤄진 그림평가는 집단 전에 이미 그 아이의 아픔을 이해하고 들어가도록 도우므로 단기개입으로 끝나야 하는 집단에서 보다 더 적절하게 중재를 빠르게 한다. 이 사례는 집단 후 단기 개별치료와 가족치료로 연결되었고 초기그림에서 노출된 이슈가 가족작업에서도 무관하지 않게 연결되어 등장하고 또 다른 모습으로 노출되었으므로 가족관계의 본질적인 문제에 접근하고 풀어가는 기회를 제공하였다.

2. 입양아동·청소년의 집단미술치료 에너지

집단미술치료는 입양된 아동청소년의 내적불안과 불신을 신뢰와 안정으로 바꾸어 주는 특별한 경험이 된다. 앞에서도 이야기했듯이 자신의 존재를 의식하든 아니든 입양된 많은 아이들이 부모에 대한 불신과 자기에 대한 불신으로 많은 어려움을 나타내고 슬픔에 빠지게 되는 것 같다. 이 아이들에게 자유로운 미술매체의 경험은 자신의 감정을 충분히 적절하게 표현하는 방법을 알게 하며, 구성원들과 함께하는 작업과정은 충동적인 자기만의 표현이 아니라 적합하고 한정된 자기통제능력을 갖게 한다. 뿐만아니라 평가되지 않으면서 집단에서 반영되고 인정되는 심리적 공간으로서 집단환경과 안정감있는 치료사와의 관계경험과 지지적인 구성원간의 관계경험은 세상과의 신뢰된 관계를 만들도록 돕는다. 그러므로 집단미술치료는 입양된 아이들의 정체성 회복에 무엇보다 의미있는 치료방법이 될 수 있다. 여기에서는 집단미술치료가 입양과 관련하여 어떻게 전개될 수 있는지 초기, 중기, 후기 및 종료 등의 세 단계로 논의될 것이다.

초기단계의 목표와 중재개입

어떠한 유형의 집단이든 모든 집단의 가장 첫 단계에서는 신뢰관계를 형성하는 것이다. 특히 입양아들의 많은 경우가 사람에 대한 신뢰와 세상에 대한 믿음이 부정적이므로 집단의 가장 첫 시작은 더욱 더 신뢰관계에 초점을 두어야 한다. 그러나 청소년기에 있는 입양아들과 신뢰관계를 갖는다는 것이 쉬운 일은 아니다. 전문적이고 튼튼한 치료관계를 위해서는 초기단계의 첫 회기에서 집단의 규칙과 제한의 경계("집단미술치료방법론 I"의 제8장 참조)를 분명히 하는 것이 필요하다. 청소년기에 있는 아이들은 성인들의 요구에 반대 욕구를 내보이면서 치료자를 조정하고 약 올리면서 언제까지 참아내는지 치료자가 진정으로 자기를 이해하고 신뢰하는지 시험해보고 확인하고 싶어한다. 이러한 아이들을 만나면서 나는 이들이 나를 믿고 치료환경을 신뢰하고 관계를 유지할 수 있도록 돕기 위한 하나의 방법으로 첫 만남에서 집단의 목표와 규칙을 구성원 스스로가 설정하도록 안내한다. 그리고 집단치료실의 구조와 환경을 공개하고 구성원들이 사용할 수 있는 공간영역에 대해 설명한다. 이와 같은 치료자의 배려는 아이들로 하여금 내가 자신들을 믿는다는 메시지와도 같은 맥락이다. 이러한 이슈를 토대로 치료 상황에서 제공되는 재료들은 아이들에게 아낌없이 제공되는데, 이 또한 제공된 재료를 치료자의 허락 없이 마음대로 사용할 수 있다는 그 자체의 경험이 치료에 대한 신뢰를 깊게 한다.

이러한 초기단계의 치료적 중재는 놀이적이고 허용적이며 재료를 마음껏 경험해 보는 것에 초점을 둘 수 있다. 나의 임상기억에서 사라지지 않고 마음을 아프게 하는 한 아이가 있다. 그 아이는 15년 전에 내가 진행했던 입양문제와 관련하여 문제행동을 보였던 아이들로 구성된 집단에 참여했었다. 그 집단은 입양되었다가 파양경험이 있고 두 번째 입양가정에서 양육되고 있는 12세 남아 두 명과 입양 1년째 되는 10세 남아로 구성된 집단이다. 아이들의 전반적인 문제는 거짓말, 훔치기, 천식, 충동성, 주의력결핍과잉행동 등이었다.

여기에서는 충분히 재료가 제공되었음에도 불구하고 사용하지도 않을 재료에 욕심을 부리고 더 많은 재료를 요구했던 그 아이의 초기작업을 떠올려보겠다.

집단의 초기단계 사례에서

그 날은 집단이 시작된 둘째 날이었다. 나는 초기 몇 주간은 재료를 바꿔가며 제공하여 아이들이 다양한 재료를 충분히 경험하도록 안내해야겠다고 생각했었기 때문에 그날도 나는 어두운 색과 밝은 색의 다양한 드로잉재료를 준비했었다. 재료들을 펼쳐놓고 아이들로 하여금 8절지에 차례대로 선과 면을 형성하면서 충분히 재료를 탐색해 보도록 안내했다. 그 아이는 무척 즐거워하며 나선형과 세모, 네모, 둥글고 각진 선과 색을 칠하면서 색채별로 공통점을 찾아 "나쁜 마음과 좋은 마음"이라고 중얼거리더니 다시 "슬픈 마음과 좋은 마음"이라고 바꾸었다. 한동안 자신이 표현한 결과물을 들여다보던 그 아이는 다시 슬픈 마음에 동그라미를 그려넣고서야 만족한 듯 미소지으며 그날의 작업을 끝냈다.

이제 그 아이는 치료자의 중재가 없이도 재료와 놀 수 있었고 이미 신뢰의 마음을 표현하고 있으며 그러한 자신의 능력을 믿기 시작했고 함께 하기위해 손을 내밀기 시작한 것 같았다. 사람에 대한 신뢰가 제한적인 이 아이들에게 미술치료집단은 이 아이처럼 그렇게 자신의 능력을 확인하게 하고 믿음을 확인하는 과정으로서 직접적인 경험을 제공한다. 다만 치료환경의 심리적 물리적 보호와 준비가 되었을 때 집단은 더 이상 부정적 감정을 견뎌야 하는 시험장소가 아닌 신뢰의 밭이 되리라 생각한다.

치료초기의 후기단계에서 나는 집단구성원으로 하여금 재료를 탐색하고 즐기는 과정에서 서서히 세상과의 접촉을 시도하도록 돕기 위해 안전한 환경을 재확인하는데 더 많은 마음을 기울이곤 한다. 입양된 아이들은 무의식 속에 자신이 버려졌다는 상처를 안고 있기 때문에, 자기외의 누군가에게 충분히 의지하고 믿고 깊은 관계 맺기에 두려움을 안고 있어서 외부상황의 다양성을 인정하지 못하거나 극단적이고 어려움을 극복하는데 한계를 느끼는 것 같다. 그래서 나는 중기단계로 넘어가기 전에 초기의 놀이적인 재료탐색을 콜라주재료로 확장하곤 한다. 아이들로 하여금 치료실 내부의 다양한 콜라주재료를 스스로 찾고 화지로 옮겨오게 하면서 사진과 자연물, 자신의 그림과 작가의 그림, 사회와 문화와 비문명의 요소들, 시골과 도시, 산과 바다, 어두움과 밝음 등 양면적인재료들을 배열하고 연관성을 찾으며 느낌들을 끌어내는 작업으로 안내한다. 이러한 작업들을 통해 아이들은 "세상과 나 아닌 것"들과의 만남을 시작하는 것 같았다.

집단 초기 후반의 사례에서

앞의 사례에서 소개한 그 아이는 콜라주재료를 찾는 과정에서 잡지책을 한동안 뒤적이더니 피 흘리는 여자의 그림을 찾아내고 난민촌의 뼈만 앙상한 어린 아기사진을 찾아내었다. 그 아이는 화지에 이 두개의 사진을 붙이더니 "유령이 아기의 피를 다 흡입해버려서 이 아기는 곧 죽을 것이다"라고 설명했다. 집단구성원인 다른 아이들이 "그런 일은 세상에선 없는 일이야"라고 하자 또 다른 한 구성원이 "그 아기가 너니?"라고 다시 질문을 했다. 그 아이는 매우 당황하며 "아니야 내가 아니야"라며 울음을 터트리고 말았다.

이 일이 있은 뒤 그 아이의 그림에서는 현실적인 그림이 등장하기 시작했고 어머니의 표현에 의하면 "아이가 아직 우울해 보이긴 하지만 예전과 다른 애정표현을 한다"라고 했다. 그 세션의 경험은 이 아이에게 힘든 경험이었을 수 있지만 현실을 만나는 기회가 되었던 것 같았다. 집단미술치료에서는 이렇듯 자연스럽게 개인의 경험이 노출되고 그것을 안전하게 직면하게 하고 왜곡되었던 실재를 만날 수 있게 한다. 인간의 무의식 안에 잠재되어 있는 경험들은 우리가 기억할 수 없는 것들이라도 미술치료 안에서 어떠한 방법으로든 재현되므로, 나는 이 아이가 표현한 이미지가 양부모와의 만남 이전의 경험일거라고 생각하게 되었다. 그 과정이 고통스러웠을 것임에도 기억이전의 경험을 만나는 작업을 통해 스스로 표현한 이미지를 현실의 양부모에 대한 긍정적 경험으로 전환할 수 있었던 것은 안전한 치료환경이 있었기 때문이라고 생각된다. 또한 우리가 알아야 하는 것은 이 아이가 이미 가지고 있는 스스로의 치유능력을 사용할 수 있었기 때문이라는 점을 기억해야 할 것이다. 다시 말하면 입양된 아이들이 상처로 인해 다양한 문제행위를 나타낸다 하더라도 그들 각자는 스스로 자기를 치유할 수 있는 능력을 가지고 있다는 사실이다. 우리 치료자들은 그 능력을 믿고 있기 때문에 이처럼 미술과 같은 치료가 가능해지는 것이다.

중기단계의 목표와 중재

중기단계에서는 초기단계의 과정을 자연스럽게 연결하면서 마지막 단계를 연결해야 하는 과제를 가질 수 있다. 그러므로 초기과정에서 놀이로 감정을 분출하고 세상과 만나는 경험이 있었다면 중기단계의 전반부에서는 적극적으로 집단구성원들이 자신의 감정을 분별할 수 있는 능력을 갖게 하는데 초점을 둔다. 아이들이 자신의 감정을 분별할 수 있다면 이미 그 아이는 세상을 신뢰하고 있다는 것이 되지만 치료상황으로 들어오는 일부 입양아들의 경우, 외상으로 인해 자신의 감정을 분별할 수 있는 능력에 장애가 일어날 수 있기 때문에, 진정으로 함께해야 할 중요한 사람들을 왜곡시키거나 자신을 왜곡시키고 고립시키는 결과를 초래하는 경우가 흔히 있다. 집단에서 감정을 다루는 방법은 이미 집단상담 또는 집단치료에서 하나의 기법으로 흔히 사용되고 있는 감정사전이라는 기법이 있다. 나는 이 기법을 잡지콜라주와 삶선, 신체화 작업 등 수정된 나의 방법으로 임상에서 사용해 왔다. 이 방법은 내가 진행하는 1박 2일 특별워크샵에서도 사용해 왔던 방법으로 세 단계를 거쳐 집중적인 작업이 가능하다.

예를 들면, 첫 작업에서는 다양한 인물사진의 잡지그림을 준비하고 구성원들로 하여금 2~3명의 사람을 찾아서 화지에 붙이도록 한다. 이 때 유의해야 할 사항은 잡지책을 제공했을 때 청소년들은 대부분 인물을 찾는데 집중하기보다는 잡지속의 관심가는 내용의 글을 읽게 되므로 작업에 방해를 받게 된다. 그러므로 인물사진이나 그림을 미리 떼어 준비해 두는 치료자의 배려가 필요하다. 인물사진을 화지에 붙이고 나면 각 인물에게 적합한 보충그림이나 콜라주재료를 사용하여 보완하도록 한다. 이 과정까지 마무리가 되면 각 인물의 현재감정은 어떠하고, 그 사람은 무엇을 말하고 싶어하고, 무엇을 원하는지 각 인물가까이에 기록하도록 한다. 이러한 개입은 아이들로 하여금 자신의 감정을 이해하고 생각과 감정의 차이를 알게 한다.

파양된 청소년의 사례에서

[그림 5-1]은 정신분열장애 진단을 받은 청소년들로 구성된 집단의 구성원이었던 19세 청소년의 그림이다. 이 아이는 6세경에 입양되었고 성장과정에서 가출과 반사회성 문제를 반복하여 양부모의 부부싸움의 요인이 되어 왔으며, 청소년중기에 들어서면서 정신증상을 나타내어 입양가정으로부터 파양된 사례이다. 이 아이는 인물사진 대신 동물을 붙였는데 전체적인 표현은 공격이미지가 주된 주제이다. 그림을 자세히 보면 이 아이가 입양과 양부모에 대해 어떠한 감정을 가지고 있는지 그대로 느끼게 한다.

두 번째 방법은 첫 작업의 인물을 사용하여 서로 다른 감정을 나타내는 사람사이의 관계를 이야기꾸미기하고 연극화해보도록 한다. 연극화한 후에는 느낌이 어떠한지 공유하도록 한다. 또 다른 방법은 인물사진들 속에서 감정이 표현된 인물사진을 찾고 인물들 간의 감정을 이야기해보고 그 이야기의 내용을 같은 방법으로 연극화해 볼 수 있다. 이러한 행동화의 경험은 현재의 자기감정을 보다 직접적으로 느껴볼 수 있게 할 뿐 아니라 감정의 결과를 예측해볼 수 있는 기회가 된다.

[그림 5-1] 무서워요

다음 방법은 흔히 사용되는 인생곡선을 변형한 방법으로 화선지와 동양화물감을 사용하면 재료가 갖는 특성 때문에 또 다른 특별한 느낌을 갖게 된다. 화선지의 중앙을 중심선으로 정하고 중심선의 위는 긍정적인 요소로 중심선 아래는 부정적으로 느껴지는 감정의 요소로 이해하도록 설명한다. 현재나이에서부터 기억나는 어린시절까지 돌아보며 현재의 상황으로부터 어린 시절까지 경험했던, 예를 들어 입양이 결정되었을 때, 입양가정으로 처음 갔을 때, 새로운 가족들을 만났을 때, 전학 갔을 때, 이사를 했을 때, 누군가와 헤어졌을 때, 처음 만났을 때 등의 변화상황에서 감정 선을 정하여 곡선을 그리도록 한다. 다시 새로운 화선지에 표현한 각각의 선에 표기한 경험을 하나하나 떠올리면서 단어들을 생각나는 대로 기록하도록 안내한다. 이 과정이 끝나면 다시 그 단어들에서 떠오르는 색으로 화선지에 선을 그리거나 연상되는 표현을 하고, 화선지 안에 그려진 선과 색채의 느낌과 요소에 대해 이야기하는 것으로 마무리한다.

파양된 청소년의 사례에 이어서

앞의 [그림 5-1]을 표현한 사례의 이 아이는 삶의 선 그림에서 보호시설에 있었던 기억에 비해 입양가정에서의 경험을 중심선 약간위로 표현하였지만 시간이 지나면서 하향곡선을 그려내었는데 그 선의 위치가 보호시설에 있었을 때 보다 훨씬 더 아래에 위치해 있었고 우울, 좌절, 두려움, 상처, 싸움, 용서, 화, 행복, 슬픔 등의 단어표현에서 이 아이가 입양가정에 적응할 수 없었던 고통이 얼마나 컸는지 느낄 수 있었다. 이 과정에서 아이는 자신의 양면적인 감정에 대한 분열과 엉킴을 객관적으로 바라볼 수 있었고 진정한 자기감정에 대한 통찰이 가능해졌다.

물론 이 과정이 아이를 분열이라는 병리에서 온전히 회복하게 한 것은 아니다. 입양된 아이들은 앞의 이론에서도 제시했듯이 정체성의 혼돈문제를 가질 수 있는 충분한 이유를 안고 있어서, 이에 대한 준비없이 입양되었을 때 나타날 수 밖에 없는 다양한 문제를 이해해야 한다. 삶의 선 작업은 이 아이들의 입양가정에 대한 경험을 치료자로 하여금 이해하게 하고 아이들에게는 입양과 삶의 과정에서 경험과 기대와 생각과 실재 그리고 정서의 분열을 직면하고 통찰하게 한다. 또한 치료환경에 의해 잃어버린 의식을 되찾고 외부의 다른 것들을 받아들이는 연습에 의해 자신의 정체성을 회복해갈 수 있게 한다.

중기단계의 두 번째 단계인 후반부 작업에서는 긍정적인 감정의 표현을 분별하는 것에서 한 단계 나아가 자신의 방어된 관계패턴을 인정하고 새로운 관계방식을 배우는데 초점이 두어진다. 이것을 위해 가능한 방법은 감정에 속하는 단어들을 기록하게 하거나 다양한 색채의 종이조각과 형태들을 제공하고, 같은 유형의 느낌이 드는 색과 단어 그리고 형태들을 세 가지 유형으로 구분하도록 요구한 다음, 어떻게 해서 그렇게 나뉘어졌는지 같은 영역에 함께 들어와 있는 것들은 어떠한 유사점이 있는지 소개하고 공유한다. 이러한 과정은 아이들로 하여금 혼돈스러운 자신의 감정이 타인에게 미치는 영향을 생각해보게 하며 가족관계를 어떻게 파괴하게 되었는지 돌아보게 한다(이것은 위의 사례에서 연결되어 함께 갔으므로 참조하기 바란다). 다른 방법은 신체를 그리고 신체의 각 부분에서 느끼는 감정을 색으로 표현하도록 한다. 이때 각각의 색채는 어떤 감정을 나타내는지 자신이 정한 상태에서 시작되며, 제시된 작업이 끝나고 나면 각 색채와 감정과 신체부위의 연결성에 대해 논의된다. 이러한 경험은 아이들로 하여금 감정이 신체화 증상으로 전이되는 부정적인 문제를 다루고 긍정적인 감정의 표출을 어떤 방법으로 시도해 볼 수 있는지 생각해보고 대안을 찾도록 돕는데 효과적이었다.

집단의 중기단계에서

위 사례의 아이는 신체그림에서 삶의 선 작업을 통해 경험했던 통찰을 더욱 직접적인 경험으로 재확인하는 기회를 경험할 수 있었고, 입양가정으로 전이된 상처적 경험의 근원이 어디에 있었는지 자신의 왜곡된 방어와 분리하여 바라볼 수 있게 되었으므로 입양부모에게 감사의 글을 쓰고 싶어했다.

이 작업에서 아이는 어쩌면 자기만이 아닌 타인에 대한 관심의 능력이 가능해진 것 같았다. 출생 전후와 친부모와의 이별과 관련되어 경험되었던 것들에의 방어감정이 하나하나 적절하게 표현되고 부정적인 감정으로부터 분리되기까지는 혼돈될 수 밖에 없고 적절한 방법으로 자기감정을 표현하는데 제한적일 수 밖에 없다. 결국은 자신의 감정이 어떠한 경험적 기회를 통해 성공적으로 분리된 후에야 타인과의 관계에서 취했던 부정적 관계 패턴을 알아 차릴 수 있고 건강한 관계를 맺는 방법을 앎으로서 자신의 삶을 성공적으로 처리할 수 있게 된다.

종료단계의 목표와 중재

중간단계 후기에 집단을 통해 경험되어야 하는 과제는 성공적인 감정의 분리를 통해 더 나은 감정언어를 사용함으로써 행동과 결과의 인과관계를 깨우치고 대립보다는 협력하는 것을 선택하는 경험으로 안내되어야 한다. 그러므로 마지막 단계에서는 앞의 이러한 경험들을 통해 가족에 대한 희망과 환상을 보게 하고 가족관계에서도 불가능할 수 밖에 없는 한계를 인정하고 그 한계를 위한 이슈를 다룰 수 있도록 돕는 것이 마지막 과제이다.

이 과제를 위해서 나는 흔히 가면작업을 선택한다. 석고붕대로 가면을 본뜨는 작업으로

부터 시작되는 이 방법은 대상의 실행가능 능력에 따라서 하나의 가면작업이 될 수도 있고, 기억나는 중요한 인물들을 3~4개 만들기도 한다. 첫 번째 방법은 가면이 완성되면 구성원들은 각자의 가면이 완성되기까지의 과정을 소개하고 그 가면이 자기가 되어 하고싶은 이야기를 하게 되며, 이야기에 등장하는 또는 떠오르는 인물을 구성원 가운데서 초청하여 연극화 한다. 두 번째 방법은 가면이 완성되면 각 가면을 원하는 위치에 가져다두고 자기라고 표현한 가면을 쓰도록 한 다음 각 가면에게 가서 하고싶은 이야기를 하며 연극과 동작을 사용하도록 하는 방법도 가능하다. 이러한 경험을 통해서 아이들은 자신의 입양가정에서 경험되는 부정적인 경험과 긍정적인 경험을 분별하고 가족에 대한 지나친 환상을 내려놓고 건강하게 현실에 참여할 수 있게 된다. 만약 입양가족이 참여할 수 있다면 가족 개인이 전체가족의 각자에 대한 느낌을 가면에 표현하여 앞의 두 번째 방법과 같은 연극화가 가능하며, 가족들이 서로에 대한 왜곡된 감정을 구분하고 분별능력을 회복함으로써 긍정적인 관계회복이 가능해진다.

입양가족집단의 후기사례에서

오래 전에 입양가족집단에서 만난 그 아이는 당시 15세의 남아로서 그 집단에는 세 가족이 참여하였는데 그날은 집단의 후기단계로 가면작업이 이루어졌다. 이날 그 아이는 가면을 본뜬 후 구체화작업을 하지 못하고 계속되는 복통을 호소하고 있었다. 이야기를 만들어내고 연극화하는 것도 거부하던 그 아이는 다른 가족구성원의 이야기(콩쥐 팥쥐 이야기)에서 눈물을 흘리며, "우리엄마가 그건 아닌데 내가 오해했던 것 같아"라며 분명하지 않은 표현을 하며 흐느꼈다. 어머니는 "아이를 위해 최선을 다 했다고 믿었는데 우리 아이에게는 내가 못된 계모일 뿐이었나 보다"라며 어머니도 함께 흐느꼈다. 나는 이 가족에게 구체적인 표현이 없어도 괜찮다고 지지하고 몸으로만 감정을 표현해보도록 권했는데, 자연스럽게 동작이 시작되었고 그 과정에서 아이는 양부모의 초대로 가족동작에 참여할 수 있었다. 그러한 경험은 양부모에 대한 부정적 전이와 왜곡에서 벗어나는 기회가 되었으며, 부모는 아이의 감정을 이해하고 부모역할의 투사적 동일시를 분리하여 대처하는 경험을 하게 되었다.

이 날의 경험에 대한 논의는 가정의 소중함과 지속적인 양육의 울타리를 재정비하는 기회를 제공하기에 충분했다. 이 집단의 아동 모두가 자신의 상황을 왜곡시키고 부정적 투사를 하고 있었으므로 그날의 경험은 아이들로 하여금 가족에 대한 환상과 투사가 얼마나 두려운 세계를 만들어내는지 이해하게 하였고, 현실적이고 긍정적인 가족관계를 위해 무엇이 잘못되고 변화되어야 하는지 알게 하였다.

치료자가 입양가정 아이들이 가질 수 있는 정서와 특성을 알고 부적절한 행위의 의미를 이해하며 그들의 삶 전체를 차지하고 있는 과거의 상실과 불신의 결과로 오는 행위들, 그 속에 잠재되어 있는 메시지, 방어기제들에 대한 수용과 개입은 무엇에 초점 두어야 하는지, 그들의 가족에 대한 중재와 개입은 어디에 초점을 두어야 하는지 안다는 것은 입양된 아이들의 건강한 가정을 위해 매우 중요하다. 입양가정에 대한 사례는 다음 기회에 구체적인 방법으로 소개할 것이다.

제6장

정신건강 관련기관에서의 집단미술치료

최근 대부분의 정신건강 관련기관과 병원(정신건강의학과전문병원 및 의원, 정신요양원, 사회복귀시설, 지역사회 정신보건센터 등)에서는 환자들의 자기표현과 적응을 위한 일차적인 치료방법으로 미술치료를 포함한 다양한 예술치료집단이 이뤄지고 있다. 집단에 참여하는 환자들은 진단명도 다양하여 전문적인 치료가 필요한 사람들로 집단이 구성되어 있는 반면에, 집단치료를 진행하는 미술치료사들의 정신장애에 대한 이해는 물론 집단정신치료에 대한 훈련 또한 되어 있지 않은 경우가 흔히 있다. 그럼에도 우리 사회의 정신건강의학과 병원들은 예술언어가 가지고 있는 특성이 현실감 없는 환자들에게 막혀있는 자신의 정신세계를 시각적으로 확인하고 현실을 만나게 하는 유일한 중간지점으로서 가치가 있다고 인정하고 있기 때문에, 정신건강의학과에 대한 이해 정도와는 무관하게 미술치료사들을 무분별하게 받아들이고 있다. 이러한 현상은 폐쇄적인 병원 내에서 미술치료사에게 개방되는 조건은 지나치게 열악하고 제한적이어서 정신건강 영역의 미술치료 정착을 방해하는 요인이 되며 이에 대한 대안이 시급한 실정이다. 따라서 이 장에서는 다양한 환자집단에서 미술치료의 융통성이 가지는 역할과 병원구조내 폐쇄성의 불가피함에도 불구하고 미술치료의 가치가 어떻게 치료모델로 가능할 수 있는지 논의하고, 정신건강전문기관에서 일하는 미술치료사들이 어떠한 준비로 임상에 임해야 하는지를 제시할 것이다.

1. 정신건강 관련기관에서의 집단미술치료의 일반적 이슈

몇몇 병원들을 제외하고는 거의 대부분의 병원에서 미술치료집단이 기본적인 프로그램으로 수용되고 있다. 그러나 앞에서도 이야기했듯이 미술치료가 정신장애 환자에게 그처럼 일반화되어 있음에도 전문치료로 인정되지 못하는 데는 그만한 이유가 있는 것이다. 이러한 문제와 관련하여 이 장에서는 미술치료사가 정신건강 관련기관이나 병원에서 집단치료를 하기 위해 준비해야 하는 기초적인 조건들을 이해하는데 초점을 둘 것이다("집단미술치료방법론 I"의 기초이론, "이상심리 미술치료 지침서"의 전체 내용 필히 참조).

정신장애 환자의 집단미술치료 가능성

정신장애가 있는 환자들은 개인의 정신상태 정도에 따라 다양한 망상을 나타낸다. 정신장애의 증상을 이해하지 못하는 사람들은 이러한 환자들의 망상을 단순히 뇌의 이상으로만 보기 때문에 망상의 내용을 깊이 이해하려는 노력을 하지 않는다. 그러나 망상은 그 사람의 내적 경험과 관련되며 그의 지나온 환경적 배경과 현재 상황을 이해하게 한다.

망상의 내용은 매우 다양하지만 환자들에게 공통적으로 나타나는 일반적인 내용은 피해망상(Delusion of Persecution), 병적질투와 부정망상(Morbid Jealousy and Delusion of Infidelity), 애정망상(Delusion of Love), 과대망상(Grandiose Delusion), 종교망상(Religious Delusions), 죄책망상과 무가치망상(Delusion Guilt and Unworthiness), 빈곤망상과 허무망상(Delusion of Poverty and Nihilistic Delusion), 건강염려증적망상(Hypochondriacal Delusion), 침습망상(Delusion of Infestation), 조종망상(Delusion of Control), 관계망상(Idea of Reference) 등이 있다. 망상은 공상과는 전혀 다른 것으로 아이디어가 창조적인 사람의 마음속에 떠오르듯이 환자의 마음속에 떠오르는 것이 망상이다. 외부세계에 대한 방어의 수단으로서 비자극적이고 무반응적인 차단된 자기만의 환경과 교류하고 있는 것이 망상이므로 이러한 망상에 대한 믿음은 다른 사람의 설득으로 바뀌지 않는다.

그러한 망상을 미술치료는 그림에 투사하게 하므로 환자는 지나치게 망상에 집착하는 것 대신에 그들 자신에게로 와 자기 스스로의 표현에서 거리를 두고 자아를 만나게 한다.

조현병(정신분열증)청소년의 사례에서

사례의 청소년은 17세 남아로서 고교연합고사에서 최고의 성적을 받고 고등학교에 입학했으나 이후부터 1등을 유지해야 한다는 불안감에 지속적으로 시달렸다고 했다. 입학 후 첫 시험을 앞두고 한밤중에 잠옷을 입은 채 서울로 갔다가 다음날 부모에 의해 다시 집으로 돌아왔지만 그날 밤에 잠을 자다 일어나 부엌칼로 자신의 복부를 자해하여 외과수술을 받았고 이후 정신과로 의뢰된 사례이다. 이 청소년은 부모에게 어리광을 부려 본 기억이 없을 정도로 어른아이로 자라왔고 부모는 지나치게 강박적일 만큼 일류대학을 요구해왔다. 그 아이는 "1등을 하지 않으면 죽어야 한다. 살 가치가 없다"는 말을 지속적으로 해왔다.

입원 후 첫 그림은 허물어져 가는 집과 가지가 잘린 나무 그리고 노출된 갈고리형의 뿌리, 검정색의 하늘이었다. 다음 회기에서도 유사한 그림을 그려냈는데 투명인간같은 희미한 사람형태를 왼쪽아래에 보충하고 역시 검정색으로 덧칠해버렸고 때로는 괴기스럽게 느껴지는 붉은 머리와 투명한 신체의 인물그림이 표현되곤 했다. 집단 이후로도 수년 동안 시험기간만 되면 피해망상과 죄책망상에 시달리고 분열증상이 두드러지게 나타났었다. 결국 그 아이는 망상과 함께 살아야 하는 만성 환자의 낙인을 벗어날 수는 없었지만 집단과정을 통해 제한적이긴 하나 망상의 집착에서 벗어나 거리를 두고 자신의 망상에 대처할 수 있는 힘을 가질 수 있게 되었다.

이 사례는 초기경험에서 수용되지 못한 만족의 욕구와 안전의 욕구가 어떻게 그 아이의 삶을 망가뜨렸는지를 보여주고 있다. 초기 그림은 자아의 근본적인 약함과 무방비상태의 자아를 보여주는 것 같았고 집의 형태는 억압된 불안과 관련되었을 것이며 머리와 신체는 분노와 외부세계와 융합된 약한 자아로서 자신의 망상세계를 표면화한 것이었으리라 생각되었다. 그 아이는 집단초기과정 내내 분열된 현실과의 감정적 연결고리의 빈약함을 드러내었지만 있는 그대로 받아들여지는 집단경험에서 가족과 사회를 재경험하고 미약하나마 거절 뒤의 공포를 극복하는 연습이 가능해졌다.

정신장애를 가진 이들의 약한 자아는 집단 환경안에서 보호되고 자극되면서 점진적인 의식화 과정을 거치게 된다. 미술은 집단의 각 회기에서 중요한 자극으로 사용되어 환자의 감정과 다양한 증상을 표현하고 탐구하도록 돕기때문에 환자는 결과물의 시각화를 통해 문제에 대한 통찰이 가능해지며 망상과 같은 제어할 수 없었던 정신증상을 어떻게 스스로 통제하고 대처할지를 배우게 된다. 정신장애 환자들에게 미술치료에서의 집단경험은 구성원개인의 증상과 개인과 집단전체의 요구와 집단의 한계가 적절하게 조화를 이루게 되었을 때 더욱 가능하게 된다. 집단과정에서 드러나는 구성원개인과 집단의 반응은 미술작업과 결과물에서 보다 명료하게 표현되므로 더욱 가치있는 반응이 된다. 미술매체로 만나는 과정은 집단 내에서 언제라도 적절한 시기에 집단 또는 개별작업으로 돌아갈 수 있다. 또한 작품 속에서 발견된 통찰은 구성원의 행동과 기술과 통찰을 다시 집단 외부의 상황과 통합하기 위해 연습되어질 수 있으므로 집단직 후 일상으로 연결할 수 있는 장점을 가진다.

집단미술치료는 이처럼 양성증상을 두드러지게 나타내는 환자들에게 뿐만아니라 치료자의 전반적인 치료능력에 따라 음성증상을 가진 만성환자들의 사회재활과 직업재활에 직접적인 도움을 가능하게 한다.

사후집단 사례에서

대학원생들을 가르치기 전에 나는 정신건강전문 병원에서 일하면서 만성정신분열증환자들의 퇴원 후 사후집단과 자조집단을 오랜기간 운영해 왔었다. 당시에 10주 프로그램으로 구조화된 그 집단들은 재활을 목적으로 매주 1회 만남을 가졌고 집단에서 표현되는 그림에 대한 느낌과 노출된 문제상황에 대해 곧 바로 가정과 지역사회로 연계하는 프로그램 방식을 취했다. 이것은 사회기술훈련 프로그램과 접목된 방법으로서 환자들의 가장 큰 어려움인 관계 맺기, 일상생활관리, 망상에 대한 대처, 약물부작용에 대한 대처, 자기주장, 의사소통에서의 왜곡문제, 예절 등의 내용을 담은 주제로 진행되었고 이 프로그램은 환자집단에서 끝나지 않고 가족집단으로 확장되면서 직접적인 도움으로 연결할 수 있었다.

사후집단에서 진행되는 집단미술치료는 분명한 목표아래 구조화되어야 하되 환자들이 나타내는 그날의 증상과 분위기에 따라 융통성 있게 전후의 과정들과 연결되어야 한다. 분석적 태도는 금물이며 혼돈을 자극하는 매체는 최대한 배재되어야 한다. 나는 정신건강의학과 임상에서 교육분석과 감독이 없는 치료를 제공해본 적이 없었다. 최근 얼마 전까지도 나의 임상은 분석가와 정신건강의학과 전문의의 교육감독하에 끝없는 훈련과정이었다.

정신건강 영역에서의 치료집단은 때때로 자폐적이고 고립되어 절대로 융합되어질 수 없는 것 같은 구성원들의 모습을 만나기도 하는데, 그러한 분위기와 상황에 대해 치료자는 매우 불안해지고 불쾌하고 무료함을 느끼게 된다. 견디기 어려울 만큼 힘들게 하는 환자들의 투사적 동일시를 참아내고 견뎌내야 한다. 그럼에도 나는 환자들이 자폐적인 이미지에서 보다 풍부한 소통을 할 수 있는 단계로 발전되어 갈 수 있는 수용성을 가졌다고 생각하기 때문에, 치료자가 좌절하지 않고 시간의 틀을 제공할 수 있다면 다시 말하면 치료자가 좌절의 시간을 잘 극복할 수 있다면 환자들은 수용의 능력을 발전시킬 수 있지만, 그렇지 못하게 되면 환자들은 자폐껍질 속에서 스며들지 못하는 강력한 벽을 가진 것처럼 고립될 수 밖에 없게 된다. 비온이 말하는 담아내는 그릇과 같은 치료자의 역할은 정신건강의학과 병원 및 관련기관의 집단미술치료를 더욱 가능하게 하리라 본다.

만성정신분열장애 진단을 받고 지속적으로 병원에 입·퇴원을 반복하던 30대 후반의 한 남성환자가 문득 생각난다.

심한 폭력성을 가진 만성정신분열장애 환자의 사례에서

그 남성은 십대 청소년기부터 분열증상을 나타내어 병원치료를 받기 시작했었는데 그동안 수차례의 입원경력을 가지고 있었다. 증상이 심해질 때는 주변인들이 감당할 수 없을 정도로 강력한 공격충동을 나타내면서 파괴행동을 했었지만 나와의 만남에서는 엄마의 품에 안겨 잠든 아기처럼 온순해지던 사람이었다. 증상의 재발로 입원을 해야 하는 상황에서도 어느 누구의 힘으로도 그를 입원실까지 안내하기란 쉽지 않았지만 나의 권유만은 수용하는 그 였기 때문에 나와의 면담으로 입원을 해야 하는 이유가 설명된 후에야 병동으로 이동할 수 있었다. 그리고 입원실에서의 안정기가 지나면 곧바로 내가 진행하는 오픈집단의 한 구성원으로 참여하곤 했었다.

그 환자가 나에게 느끼는 감정은 무엇이었을까 생각해보았지만 그때 당시에는 잘 이해할 수 없었다. 다만 그 환자뿐만이 아니라 병원에서 치료진을 힘들게 하는 환자나 협조하지 않는 가족들이 나와 만나면 흔히 수용적이 되고 협조되어지는 결과들을 보면서 치료진들은 내가 그들에게 마술을 걸었나보다고 농담을 하곤 했었다. 지금 나는 그것이 치료자의 담아내기와 안아주기의 결과가 아니었을까 생각한다. 그리고 그들의 차이를 받아들이고 투사적 동일시를 긍정적으로 사용할 수 있었기 때문이라는 결론을 내려본다. 그리고 미술치료의 힘이 그들의 자폐세계에 빛을 전하고 관계의 세계를 만나게 했으리라 생각한다.

집단미술치료사의 임상영역과 기능

정신건강 영역에서의 집단미술치료는 미술치료사가 전문자원으로서 정신건강의학과 병원 및 의원, 보건소, 정신요양원, 사회복귀시설 그리고 정신보건센터, 군병원과 학교에서 정신건강예방 및 정신심리적 상담과 치료를 겸한 접근으로 시작하게 된다.

정신건강 전문병원에서의 치료과정은 의사, 간호사, 임상사회복지사, 임상심리치료사가 주된 치료 팀으로서 그 외에 미술치료사와 다양한 영역의 관련 치료사들이 참여한 팀 접근의 치료방법을 적용한다. 미술치료사는 특히 임상사회복지사(정신보건전문요원)와 밀접한 관계를 맺으면서 개별면담을 통해 논의하고 치료계획을 구체화하게 된다. 미술치료사의 중재와 개입은 환자들의 병원생활적응과 병리적 행동과 사고와 감정의 변화를 돕고 가족에게도 치료적 행동을 하게 함으로써 협조체계를 유지하도록 지지하고 지역사회 자원을 활용하게 한다. 퇴원환자를 위해서는 임상사회복지사와의 협조체계하에 퇴원 후에도 지속적인 치료가 유지되도록 퇴원계획에 재활과 사회적응, 재발예방에 대한 구체적인 계획을 세우는 것이 중요하다.

정신건강 전문병원은 양성반응환자와 음성반응환자의 과제에 따른 구분으로 두 유형의 낮 병원을 운영하고 있고, 낮에는 학교와 직장생활을 하고 밤에만 입원하는 밤 병원을 운영하는 곳도 있다. 이러한 낮 병원과 밤 병원에서 집단미술치료사의 역할은 기본적인 약물관리, 심리사회적중재, 재활계획, 사회기술과 인간관계훈련 등의 치료목표를 함축한 미술치료를 계획하고 진행하게 된다. 더불어 가족에 대한 치료개입으로 가족지지, 가족의 정신건강, 가족치료 등의 치료서비스를 제공함으로써 환자의 치료를 적극적으로 도울 수 있도록 안내하고 가족의 건강을 지원하게 된다. 이러한 역할들이 아직은 정신건강의학과에 대한 전문훈련이 되지 않은 우리의 상황에서 무리한 기대일 수 있겠지만 이러한 전문적인 개입을 포기하는 한 정신건강의학과 영역에서 미술치료가 정착하기는 쉽지 않을 것이다.

정신건강의학과 병원이나 의원에서 미술치료사는 환자의 욕구에 맞는 미술치료를 수행하고, 적합한 사회적 자원을 활용할 수 있도록 안내하며, 환자가 자신의 문제를 인식하고 자원을 활용하도록 의뢰하며, 치료과정에서 환자와 가족에게 직접적인 치료의 중재개입을 하게 된다. 지역사회보건소에서는 환자와 가족에게 직접적인 치료개입과 환자 발견과 재발예방, 사회복귀 훈련, 알코올 및 치매환자의 치료적 중재개입을 하게 된다. 정신요양원의 미술치료사는 위의 역할과 유사하지만 보다 적극적이고 재활과 사회적응프로그램에 초점을 두게 되며, 사회복귀시설에서는 사회생활훈련에 초점을 두게 된다. 정신보건센터에서 미술치료사는 정신건강의학과 병원에서 구체화하지 못했던 정신장애의 예방과 재발방지 그리고 재활에 초점을 둔 집단미술치료를 계획하고 제공하게 된다.

[표 6-1] 정신장애환자의 치료에서 미술치료사의 기능과 역할 비교

기관	집단치료의 관점	미술치료사의 책임과제
치료기관(종합병원의 정신건강의학과, 전문정신건강의학과 병원, 정신건강의학의원)	초기면담(심리사회적평가, 문제정의), 가족교육, 가족치료, 정신 사회재활치료, 진료팀과의 협의진단 및 협조, 지역사회 자원동원과 프로그램, 지역사회 자문과 교류 및 의뢰, 진료팀과 퇴원계획 및 재활계획 협조, 사후지도 및 사례관리	병원행정의 절차와 전문영역에 대한 이해, 공적인 치료팀의 영역으로서 환자정보 공유, 병원치료팀과의 컨퍼런스에 참여, 미술치료사의 역할과 책임 범위를 명료화하고 대안제시 및 협조요청
낮 병원	환자개입(약물관리, 심리사회적개입, 재활치료, 사회기술과 인간관계훈련, 직업적응과 훈련) 가족개입(가족의 정신건강 교육, 가족지지)	낮병원의 치료팀으로서 미술치료사 역할을 명료화 하되 전문직으로서의 역할과 범위 규정, 컨퍼런스참여, 병원내 치료 프로그램을 이해하고 협조체계로서의 미술치료 계획
사회복귀 시설	재활 · 사회복귀에 초점, 사회기술과 적응훈련, 대인관계기술, 가족교육 및 치료, 자원연결	만성 환자의 재활을 이해하고 재활미술치료의 방법론과 전문 훈련을 토대로 책임성있는 접근, 항정신성약물의 부작용과 가족심리 이해
정신보건센터	상습적인 반복입원 예방, 가족의 심리적 지원, 프로그램개발	사회복귀시설에서의 책임과제를 포함한 정신건강질환 예방프로그램개발
정신요양원	심리사회적 지원, 대인관계 기술훈련, 일상생활 교육과 훈련, 가족교육 및 치료, 무연고 환자에 대한 후원연결	정신심리재활 및 사회기술훈련에 초점둔 미술치료 프로그램연구, 자원체계에 대한 이해
보건소	정신질환의 발견 및 예방, 가족상담, 사회복귀 훈련, 알코올 · 약물 및 치매노인환자의 중재개입	정신보건센터에서의 역할과제와 유사

사전면담의 역동적 진단

집단미술치료사는 집단을 시작하기 전에 사전면담을 통해 환자의 핵심적인 역동을 이해해야 하는데, 이 과정에서 치료자는 아트인터뷰 또는 개인력조사를 통해 환자의 의식적 · 무의식적 기억이나 정서적 자료를 수집해야 한다("미술치료평가방법의 이론과 실제"의 제2장, "청소년임상미술치료방법론"의 제3장 참조). 기본적인 면담양식은 개인의 기억자료, 의식적 태도, 무의식적 태도에 대한 내용을 중심으로 이뤄진다. 자유연상을 통해 표현되는 감정반응 양식이 무엇인지 살펴보아야 하며 그 감정의 뿌리가 어디에 있는지, 그 감정의 뿌리는 현재생활에 어떻게 작용되고 있는지, 치료관계에서는 어떠한 전이양상으로 나타나는지 해석되고 통찰로 이끌게 된다.

정신역동 면담의 관점은 그 사람이 이러한 상황에서 왜 그렇게 행동했으며, 왜 그렇게 느꼈는지, 그렇게 행동하도록 사고하고 느끼게 한 동기의 요인은 무엇인지를 밝히는데 있다. 치료자는 사전면담에서 개인의 모든 행동은 의미가 있다는 것을 이해하고 있어야 하며, 개인은 항상 자신이 왜 그러한 행동을 하게 되었는지 잘 이해하지 못할 수 있으며, 어떠한 행동이든 개인은 변화될 수 있으며, 변화에 대해 개인은 스스로 선택할 권리가 있다는 것 그리고 모든 인간은 건강을 지향한다는 기본적인 인간의 욕구와 권리를 이해하고 접근해야 한다. 정신역동적 관점에서 치료의 초점은 현재의 증상이 아니라 그 증상을 만들어내는 병리적인 초기정서의 반응양식이라고 본다. 그러므로 치료란 무의식의 내용을 의식화하는 것이며 고착된 초기의 병리적 반응양식을 통찰하게 하는데 있다.

사전면담 과정에서 또한 환자의 정신상태검사("미술치료평가방법의 이론과 실제" 제2장 참조)를 통해 정확한 심리사회적 진단을 내릴 수 있어야 한다. 물론 정신상태평가는 의사가 환자를 처음 만나 진단을 내리는 과정에서 필수적으로 평가되는 내용이며 임상사회복지사가 초기면담에서 임상진단을 내릴 때 포함되는 내용들이지만, 미술치료사들도 환자의 정신상태에 대한 평가능력을 갖지 않고서는 문제의 정도를 이해할 수 없으며 타 전문직과 교류할 수 없으며 치료계획을 구체화할 수가 없기 때문이다.

정신건강의학과 임상에서 알아야 하는 용어들

정신건강 관련기관에서 미술치료사가 전문직으로 인정받고 그 영역을 확장하기 위해서는 다양한 준비과정이 필요하고 위에서 제시한 일반적인 요소들 외에도 정신건강에 대한 다양한 치료양상과 행정요소까지도 이해해야 한다. 정신건강의학과 임상에서는 고유한 전문직간의 의사소통 수단으로서 사용되는 공통용어가 존재하므로 미술치료사들이 다른 전문가들과 소통을 원활히 하기 위해, 치료기록의 이해를 위해, 환자의 비밀보장을 위해, 그리고 미술치료사의 임상적 질 향상과 전문성을 유지하기 위해 알아야 할 필수적인 의학용어들이 있으므로 숙지하고 익숙해질 필요가 있다.

정신과적 위기개입

정신문제를 가진 환자들은 스트레스에 취약할 뿐 아니라 대처능력이 제한적이다. 오랫동안 정신문제를 가지고 있는 환자들은 일상생활에서 다양한 위기상황에 놓일 수 있는데 그것은 발달적 · 상황적위기 뿐 아니라 정신질환의 특성으로 인한 정신과적 위기상황에 노출될 수 있다. 정신과적위기란 응급처치를 하지 않으면 심각한 위험을 일으킬 수 있는 사고나 감정 그리고 행동장애를 말한다.

이러한 응급처치가 필요한 정신장애 환자의 위기상황 가운데 심리적 측면은 자살과 관련해서 나타나는 우울, 가까운 사람이나 아는 사람에게 폭력 행동을 하는 경우, 이상한 행동을 하면서 자신이 한 일을 기억하지 못하는 둔주(fugue)상태, 급성불안상태에서의 반응인 공황상태, 조증, 긴장형 흥분상태나 혼미가 있을 때 나타나는 긴장형 분열, 신경성 식욕부진, 심한 우울과 스트레스로 나타나는 불면, 정신신체장애 등이며 이러한 증상을 나타낼 때 위기개입이 필요하다.

위기개입시 미술치료사 자신을 보호하기 위해 고려해야 할 사항은

- 환자를 만나기 전에 가능한 많은 정보를 알고 있어야 한다.
- 환자의 폭력성이 드러날 때는 신체를 제한해야 하는데 그러한 행동이 요구되는 경우는 숙달된 사람에게 그 시행을 맡겨야 한다.
- 출입구의 위치, 실내의 물건 등 물리적 주변의 안전도에 유의한다.
- 편집성환자의 경우 직면이나 위협은 금물이며, 치료관계에서 빠른 신뢰관계를 발전시켜야 한다.

환자의 위험을 예방하고 위기중재를 위해서 고려해야 할 유의사항은

- 폭력이 묵인되지 않는다는 점을 환자에게 알린다.
- 무리하게 환자를 설득하려 하지 않는다.
- 환자를 먼저 면담한 후 가족원이나 주위사람을 면담한다.
- 비 위협적인 태도로 접근한다.
- 쉽게 판단하거나 비난하지 않는다.
- 환자를 안심시키고 현실검증을 돕는다.
- 환자에게 강요하지 않는다.
- 환자를 혼자두지 않는다.
- 환자와 대면시 사적인 공간을 존중한다.
- 환자의 심리적 · 신체적 병력, 의료적 자료, 법적자료를 알아본다.

정신장애환자의 위기개입은 이 외에도 자살위험과 예방가능성에 대한 대처가 포함된다.

- 자살 예방과 자살시도에 대한 위기개입에서 우선 다뤄야 하는 것은 환자의 자살위험도를 평가하는 것이다.
- 면담과 정신상태 검사에서 자살 의도나 관념을 직접 물어보는 것은 중요한 치료자의 면담자세이다.
- 환자의 자살 동기는 고통이 너무 크고 치료가 지나치게 장기적이며 회복 가능성에 대한 좌절을 느끼기 때문이다.
- 자살 가능성을 평가하기 위해서는 철저한 정신의학적 병력청취와 정신상태를 검사하고 우울증상, 자살생각, 자살의도, 자살계획 그리고 자살시도에 대해 질문해야 한다.
- 장래계획이 없거나, 자신의 소유물을 남에게 주거나, 유언을 남기거나, 최근의 상실경험 등은 자살과 관련이 있다.

우울장애환자의 자살과 관련된 사례

그 당시 18세였던 사례의 청소년은 갑자기 말문을 닫고 식사를 거부하고 위생관리가 안 되어 정신건강의학과의 전문적인 도움을 받아야 했다. 청소년은 우울장애 진단을 받고 치료를 시작했으나 말을 하지 않고 심각한 무력감에 빠져 있었기 때문에 약물처방 외에는 아무런 개입도 할 수가 없었다. 나는 그 아이를 미술치료집단에 참여하도록 치료팀에 권했으므로 다음 날부터 집단에 참여할 수 있었다. 그러나 여전히 그 아이의 목소리는 들을 수 없었지만 작업은 가능했으므로 집단 외에도 주 3회의 개별치료를 시작하게 되었다.

미술치료가 개입된지 3개월이 되면서 그 아이는 말을 하기 시작했고 이후 급속도로 변화하는 모습을 보이면서 자발적으로 몇 장의 그림을 그려내었다. 동그라미 안에는 짙푸른 바다가 그려지고 물 위에는 침대 위에 누운 사람이 그려졌으며 또 다른 그림은 곧 쓰러질 것 같은 매우 빈약한 나무 형태를 화지의 상단에 반원으로 그려내고, 그것을 궁전이라고 설명했고 궁전의 지하에는 여왕이 혼자 생활하고 있다고 했다. 그날의 그림에서 나는 그 아이의 자살사고를 감지했으므로 치료 팀과 논의하고 가족에게도 각별히 주의를 요하는 사항을 전달하였으나 집으로 돌아간 다음 날 그 아이는 이미 이 세상 사람이 아니었다. 그 아이의 자살사건이 있은 뒤 주요체계들 모두는 한동안 자책과 우울감에 시달려야 했다.

우울증환자들은 특히 회복기에 또는 회복 후 6개월 이내에 자살위험이 높으므로 유의해야 한다. 우울증상이 회복되면서 자살계획을 행동으로 옮길 수 있으며 때때로 환자들은 자살계획을 결심하게 되면 오히려 편안해지므로 안정감있는 행동변화를 나타내므로 갑작스러운 임상적 변화에 대해 유의해야 한다.

정신문제 외에 정신건강관련기관에서 다뤄질 수 있는 위기유형과 반응

일반적인 위기의 유형은 발달적 위기와 상황적 위기 두 유형으로 설명될 수 있다. 발달적 위기란 인생의 전체 발달과정에서 예측하고 대처할 수 있는 위기로서 출생, 사춘기, 청소년정체감 혼돈, 대학입시, 성인초기, 첫 직장에의 적응, 결혼, 임신, 이혼, 이사, 자녀결혼, 질병, 갱년기, 노년기, 은퇴 등 생애주기상의 변화와 관련된다. 상황적 위기란 예측 불가능한 우발적인 사고로서 범죄피해, 자연재해, 사고, 급성질환과 건강의 상실, 자살, 실직 등이며 이혼과 별거문제는 대체로 예측 가능한 요소를 가지면서 상황적 위기의 특성도 함축하고 있다. 하픈과 패터슨(Hafen & Paterson, 1982)은 위기란 사건 그 자체가 아니라 사건에 대한 반응이라고 설명하면서 신체적, 정서적, 행동적 측면의 위기상황에서 나타날 수 있는 반응을 제시했다. 예를 들면, 신체적 반응으로는 식욕의 변화, 두통, 복통, 숨가쁨, 근육긴장, 메스꺼움, 설사, 체중증가, 불면증, 위궤양, 소화장애, 혈압상승이 나타나며, 정서적인 반응으로는 두려움, 불안, 혼돈, 신경과민, 긴장, 피로, 적개심, 분노, 우울, 양가감정, 공황, 안절부절, 죄의식, 편집증, 울음, 의사결정 약화 등의 정서적 반응을 나타낸다. 위기에 대한 행동반응은 주의집중문제가 보편적인 행동변화로 나타나며 과거에 집착, 함부로 말하기, 부정, 망상 또는 환각, 지나친 요구, 의존적 행동, 과음, 약물중독, 범죄, 비행 등의 문제행동이 동반될 수 있다.

이러한 위기반응의 정도는 위기의 단계마다 다르게 나타날 수 있지만 일반적으로는 네 단계의 위기반응 단계를 거치게 된다. 첫 단계에서는 위기사건으로 인해 먼저 긴장감을 나타내는 감정의 변화가 나타나는데, 이때 일반적으로는 지금까지 자신이 대처해왔던 해결방법을 사용하여 위기를 극복하려 하지만 위기를 극복하지 못하게 됨으로 인해 긴장감은 더욱 고조된다. 이 과정에서 문제해결의 실패가 따르게 되면 불안감이 극대화되면서 혼돈과 무력감에 빠지게 된다. 세 번째 단계에서는 계속해서 문제해결을 위해 노력하면서 어떠한 형태로든 위기상황과 문제를 감소시키거나 위기의 정도나 성격이 달라질 수 있지만 긴장감소와 더불어 무력감과 급성우울이 동반될 수 있다. 마지막 단계에까지 문제가 해결되지 못하고 지속하게 되면 심각한 정서장애와 정신장애로 이어지거나 부적응적인 대처방법이 확대되어 장기화되면서 사회적 기능을 잃게 되는 문제를 초래하기도 한다.

[표 6-2] 위기개입을 위한 평가

촉진적요인	무엇이 위기를 촉발하는가? 언제 사건이 생겼는가? 문제와 관련된 사람은 누구인가? 이전에도 비슷한 일들이 있었는가?
제기되는 문제	문제가 무엇이라고 말하고 있는가? 환자의 이야기와 가족, 의뢰기관이 말하는 내용에 차이가 있는가? 위기개입의 결과로 무엇을 성취하기 원하는가?
배경이 되는 이슈	가족은 이 위기와 어떻게 관련이 되어 있는가? 의뢰시 이웃에게서 얻을 수 있는 자원과 스트레스요인들 환자의 학교나 직장에서의 압력과 지지 위기의 지역사회적 · 문화적 차원
위기 전의 기능수준	아동기, 사춘기, 청소년기, 청년기, 중년기, 퇴직후의 기능
위기상황에서의 현재기능	직장, 운동, 여가시간, 담배, 술, 공격행위, 바꾸기 원하는 습관, 배우기 원하는 것, 좋아하는 활동이나 행동, 일상의 시간배분 등에 대한 확인 어떠한 상황에서 가장 화가 나는가? 어떠한 상황에서 가장 마음이 편안하는가? 어떤 상황에서 가장 행복한가? 어떠한 상황에서 감정조절이 안되는가? 어떤 감정을 자주 경험하는가? 어떤 감정을 덜 경험하는가? 위기상황 전의 감정상태는 어떠했는가?

위기평가에 함축되는 내용은, 위기에 처한 사람은 누구인가(이름, 나이, 주소, 전화번호, 동거하는 사람, 친척, 동료 등), 어떠한 위기를 겪고 있는가(현 시점에서 왜 이것이 위기가 되는가, 유발요인, 위기극복을 위한 노력), 현재의 생활상황은 어떠한가(생활조건, 책임, 의료적 · 정신의학적 문제, 사회관계, 약물이나 알코올 복용정도), 생활사건 · 감정 · 생활패턴은 어떠한가, 개인의 생육사는 어떠한가, 자살 및 타살에 대한 생각을 한 적이 있는가 등의 내용이 포함되어야 한다.

이러한 평가와 개입을 위해서 치료자는 또한 지지적기술, 지시적기술, 탐색-서술-환기적 기술을 적용함으로서 위기에 처한 개인의 정서적 혹은 정신적 상태나 행동을 변화시키고 변화에 영향을 미치는 의도된 개입을 적용할 수 있게 된다.

위기개입의 목표와 원리

모든 사람은 위기에 노출될 수 있으며 위기개입의 가장 중요한 목표는 가능한 빨리 정상적인 기능을 회복하는데 있다. 구체적으로는 증상 제거, 위기 전의 기능회복, 문제요인을 밝히고, 자원을 동원하여 가능한 치료방법을 찾으며, 스트레스의 기원과 갈등양태를 인식하고, 위기해결 뿐 아니라 예방차원의 새로운 적응유형을 개발하는 것이다.

[표 6-3] 위기개입의 목표설정 지침

1단계	1. 환자가 이곳에 오는 목표를 설명한다. 2. 목표를 긍정적인 용어로 구성한다. 3. 목표가 변화를 의미하는지 평가한다. 4. 목표가 현실적인지 평가한다. 5. 목표의 장점을 평가한다. 6. 목표의 단점은 무엇인지 평가한다.
2단계	1. 행동을 구체적으로 정의내린다. 2. 변화의 조건이나 환경을 결정한다. 3. 변화의 범위와 수준을 결정한다. 4. 최종목표에 도달하도록 돕는다. 5. 목표달성에 장애가 될 수 있는 것이 있는지 밝힌다. 6. 목표달성에 필요한 자원을 밝힌다. 7. 진행과정과 발전상태를 검토한다.

이에 대한 위기개입의 원리는 신속한 개입이 이뤄져야 하며, 계획에 따른 행동, 최소한의 제한된 가능한 목표설정, 현실적인 희망을 갖게하며, 신속하고 필요한 만큼의 지지를 제공하되 의존은 금물이다, 초점적 문제해결방식을 따르며, 환자의 자기상을 평가하여 어떠한 요인이 부정적인 자기상을 갖게 하는지 이해해야 하며, 환자가 스스로 할 수 있도록 자발성을 촉진시켜야 한다.

[표 6-4] 일반적인 심리치료와 의료기관 및 위기개입의 차이점

	심리치료	의료기관	위기개입
환자의 유형	성격문제, 신경증적 문제	심각한 정신장애, 심각한 정서장애	위기상황에 처한 사람은 누구에게나 적용
개입목표	무의식의 갈등해결	증상조절, 증상회복	대처능력 강화
개입방법	자기성찰	약물우선	문제해결에 초점, 사회적 지지체계와 자원 연계
치료자의 역할	탐색적, 해석, 비직접적, 비지시적	직접적	적극적, 직접적
개입기간	장기개입	장 · 단기개입	단기개입
개입의 특성적 태도	치료자의 능력과 특성에 의존	계획된 처방, 융통성의 제한	융통성

2. 정신장애환자의 집단미술치료 에너지

정신건강 기관에서 집단미술치료를 적용하는 치료자들을 만날 때마다 내가 가지는 의문과 우려가 있다. 그것은 환자들의 정신증상이 약물치료로 어느 정도 안정이 되면 퇴원을 시키는 의료체계의 보편성과 관련하여, 환자의 퇴원시기도 알지 못한 체 집단을 떠나 보내면서 관여할 수 없는 자신의 무능함을 탓하며 좌절을 호소하는 미술치료사들의 고충이다. 그래서 나는 이 장에서 미술치료사들이 자신의 스트레스를 감소하고 극복하며 의료진들과 전문적인 치료팀으로서의 관계를 유지하기 위해 의식하고 있어야 할 요소에 초점을 두려고 한다. 따라서 구체적인 내용은 환자를 어떻게 집단에 적응시켜 갈 수 있는지 정신건강관련 임상에서 이뤄지고 있는 장기집단과 단기집단의 집단유형에 적절한 미술치료계획과 개입형태와 원리에 대해 논의될 것이다.

정신장애 환자를 집단에 적응시키기

미술치료집단의 창작과정에서 표현되는 환자개인의 활동은 본질적이다. 집단이 말하고 그림을 멈출 때 에너지는 모든 환자들 각자에게 초점을 맞추게 된다. 집단구성원인 환자

들은 예술표현에 의해 드러난 외상은 그들의 행동에 대한 느낌을 드러내고 지친 정서에 대한 고민을 내어놓고 경험한 어떠한 이야기를 가져온다. 실재로 그림과정은 환자로 하여금 위니캇이 말하는 "홀로 있을 수 있는 능력"으로서 경험되며 환자의 자아를 만나게 한다. 그림을 그리고 무언가를 만들어내는 동안 환자의 시간은 일시정지되므로 볼라스(Bollas, 1989)가 말하는 "타인과 공유할 수 없는 개인의 타고난 자기가 발현되는 통로로서의 대상관계경험"이 미술의 창작과정에서 경험된다. 즉 그 경험은 위니캇이 말하는 "홀로 있을 수 있는" 경험이 될 수 있다. 나는 그들이 집단 안에서 개인의 영역을 차지하고 창작과정에 몰두하는 것을 지켜보면서 그들의 존재함을 느낄 수 있었다. 다시 말해서 환자가 이 집단 내에서 자신의 작품을 설명해내지 못해도 시간이 흐르면서 집단의 확실성은 규칙적이고 완성되어가며 그 과정의 중심에는 그들이 있다는 사실이다.

환자를 집단에 적응시키기 위해 내가 자주 사용하는 초기접근은 공동벽화이다. 방법은 하나의 종이에 집단으로 그림을 그리는 경우와, 콜라주로 협동화를 완성하는 방법, 짝을 이뤄 난화를 한 후 마음에 드는 것을 가져와 공유하고 집단으로 모으는 방법, 등을 사용함으로써 환자들은 홀로 된 두려움을 감소시키고 공동놀이에 참여하게 된다. 공동으로 만나는 작업이지만 그들은 이전에 선택하고 느끼는 과정을 통해서 자기공간에서 내면의 자아를 만나고 홀로 있는 경험이 가능해지며 완성 후에는 현실의 관계에 대면하는 경험을 가능하게 하기 때문이다.

정신건강의학과의 단기집단미술치료

현대의 정신치료에서 단기간의 치료효과에 대한 요구는 대형정신건강의학과 병원과 정신장애 환자들의 대형수용시설이 확장되는 것을 통제하였으며 시설병이라는 희귀병을 사라지게 하는 결과를 가져왔다. 이러한 현실과 함께 정신건강미술치료사들이 최근 갈등하고 있는 사실은 자신도 모르게 단기정신치료가 내중화되기 이전에 이미 단기치료를 행하고 있다는 사실에 새삼 놀라기도 한다. 모든 치료에서 보편타당한 치료법이란 당연히 존재하지 않으며, 대상과 문제의 특성에 따라 치료의 접근이 달라지므로, 현대의 치료욕구가 아무리 단기치료 형태화되어 가고 있다 하더라도 정신의료체계에 들어오는 모든 환자가 단기치료에 적합한 것은 아니다. 실재로 병원이나 보호시설과 낮병원에서는 각 치료기관의 자체프로그램에 부과하여 기관 고유의 구조적 특성이나 환자의 욕구에 따라 기간설정은 가변성이 적용된다. 그럼에도 각 기관과 시설들이 최대한 단기간에 환자를 신속하게 도와야 한다는 중압감을 갖는다는 것에는 별다른 차이가 없는 것 같다.

정신치료 훈련을 받은 전문가들은 최근까지도 환자의 무의식적 충동과 억압 다시 말하면 정신역동과 대상관계 그리고 가족 내에서 경험되는 고착화된 상호작용을 밝혀내는 일과 현재의 문제와 행동의 결과를 가져오는 과거의 원인들을 찾아내는 일이 중요시되어 왔다. 이러한 관점에서 미술치료사가 만나야 하는 탐색의 대상은 환자의 정신세계 속에 존재하는 병리적인 요소이며 통찰에 목표를 두게 된다. 그러나 사회에서 요구하는 정신과의 최근경향은 환자의 정신병리라는 굴레를 걷어 내고 다양한 영역의 협력적인 형태의 치료전략을 세우는데 주력하는 것이다.

단기치료에서의 위기개입 사례

소아청소년정신건강의학과 병원의 대부분은 전형적인 정신장애 외에도 무단결석과 가출 및 품행문제를 일삼는 많은 아이들이 입원을 하고 있다. 나는 이 사례에서 보편적인 일상생활이 불가능한 아이를 입원시킨 한 어머니의 이야기를 하려고 한다. 아버지는 수년전에 세상을 떠났고 그 이후로 어머니가 가족의 경제적 부담을 감당하고 있었다. 수차례의 가출과 문제행동을 일삼는 자녀에게 지친 어머니의 필요욕구에 효과적으로 대처하는 치료접근이 무엇인지 명료하게 판단하는 것은 그리 어려운 일은 아닐 것이다. 만약 가족이 이 아이를 병원치료가 아닌 학교에 있어야 한다고 고집했다면 그 아이의 치료는 불가능했을 것이며, 단기간에 치료를 하지 않게 되면 학교에 그대로 남아있기는 어려웠을 것이고 직업을 가진 어머니는 직장을 그만둬야 했을 것이다. 당시 가족의 상황은 아이도 어머니도 위기상황에 노출되어 있으며 어머니는 이러한 가족의 위기를 극복하기 위해 필사적이었다.

이러한 사례들은 내가 근무했던 소아청소년정신건강의학과 병원에서 흔히 접하는 사례이다. 의료기관의 치료개입에서 이러한 아이들의 무의식이 어떻게 작용하는지 분석할 여유가 없다. 치료진들은 언제라도 위기에 대처하도록 훈련되어 있으므로 이 아이의 사례에서도 "지금 그리고 여기"에 이 가정의 위기가 존재하기 때문에 닥친 현실문제를 제외하고 무의식에 접근하는 것은 치료에의 협조가 아니라 불신과 좌절만을 안겨다 주기 때문이다. 아동청소년의 가출과 문제행동은 앞으로의 미래는 물론 현재 닥친 학교 적응문제와 가족 전체에 미칠 수 있는 재정적 문제에 중요한 위기임을 어머니는 이해하고 있다. 이러한 이유들과 현상들 때문에 치료는 자연스럽게 위기개입이 아니더라도 단기치료를 선택할 수밖에 없게 된다. 나는 이러한 상황들에 대해서 일차적인 문제를 극복하는 대안이 우선되어야 하며 이후에 구체적인 무의식의 내면문제 또한 배제해서는 안 된다는 것을 강조하고 싶다. 최근의 병원치료가 단기치료에 초점을 두게 되면서 오는 치료의 한계를 배제할 수 없기 때문이다.

정신건강 영역에서 단기치료에 대한 나의 견해는 치료의 영속성과 원인적 접근의 심층치료에 토대를 둔 치료자로서 불만이 없는 건 아니지만, 정신과에서 수많은 환자들을 접하면서 단기치료의 중요성을 인정하지 않을 수 없다. 어쨌든 나는 정신장애환자의 단기치료에서 집단치료와 미술치료가 접목된 치료개입에 대해 재검토하고 이를 위해 필요한 전략과 적절한 접근법으로서 예술작업이 직면한 문제들을 어떻게 극복할 수 있는지에 대해 논의를 시작할 것이다. 단기치료에 대한 치료자의 자세는 환자의 병리적 원인에 초점을 두지 않으며, 당면한 현실문제가 우선되며, 모든 사람은 자신의 문제를 해결하고자 하는 욕구와 잠재된 능력이 있다는 믿음과 치료사로서 자신감 있는 신뢰된 자세에서 시작될 수 있다.

단기치료의 평가와 치료지침

집중적인 단기치료는 일반적으로 정신병동에서 3~8주 사이의 단기간 동안 이뤄지며 각 전문분야의 협력적 치료와 가정에서의 협조관계로 치료와 평가를 동시에 수반한다. 기본적인 평가지침은 언제 문제가 발생하고, 어디에서 문제가 발생하는가, 문제의 양상은 어떠한가, 문제 발생시에 함께 등장하는 인물은 누구인가 등이다. 뿐만 아니라 문제의 조건이 갖추어졌다고 해서 문제가 발생하지 않기 때문에 예외의 상황이 있는지 살펴보아야 하며, 기적질문("청소년임상미술치료방법론" 참조)을 통한 문제행동의 변화를 살펴보아야 한다. 단기치료에 들어오는 대부분의 환자들은 위기상황에 노출되어 있고 양성정신증상을 보이며 위축되어 있다. 이 환자들에게 집단치료를 실행하면서 많은 미술치료사들은 환자 개개인이 가지고 있는 위기문제와 실천가능한 주제와 매체선택에 대한 의문을 갖는다. 단기간의 치료접근에서도 구성원의 안정성이 우선이며 보편적으로 위기개입의 기술과 방법을 적용하게 되므로, 정신건강의학과의 단기집단미술치료사는 위기개입의 방법론에 대한 지식과 기술을 갖추고 있어야할 뿐 아니라 정신과적 이해에 토대를 둔 상호적 면담기술을 적용할 수 있어야 한다. 정신장애환자의 집단치료에서 환자들을 가장 힘들게 하는 것은 환자의 상호작용보다는 개인의 내면에 집중하고 함부로 해석하는 집단미술치료사의 잘못된 자세이다. 그러한 치료자의 잘못된 접근은 환자의 정신증상을 악화시키는 결과를 가져오기도 한다. 치료자는 단기집단치료에서 요구되는 접근기술을 익혀야 하며 반드시 집단훈련과 정신건강전문가로부터 교육감독을 받아야 한다. 구성원간의 상호작용을 촉진하고 구성원들의 진행과정을 관찰하는 것으로부터 어떻게 현실대처를 하는지에 대해 심리교육적 환경을 제시하는 것이 치료자의 자세이다.

정신건강의학과의 장기집단미술치료

최근 정신건강의학과 병원의 추세는 단기입원으로 바뀌고 있지만 정신장애환자들의 특성상 장기적이고 반복적인 치료개입은 피할 수가 없는 것 같다. 입원해 있는 환자들의 집단치료 유형은 고기능 환자집단과 저기능 환자집단의 두 가지 유형으로 나뉠 수 있다. 이 장에서 나는 수년전 근무했던 정신건강의학과 병원에서의 경험과 나의 연구소에서 이뤄졌던 환자집단을 중심으로 미술치료집단이 어떻게 환자의 기능회복과 사회적응을 도울 수 있는지 논의하려고 한다.

저기능의 환자집단

대형정신건강의학과 병원의 경우 집단에 참여하는 인원은 집단치료의 기본적인 인원구성을 무시하고 참여시키는 경우가 흔히 있다. 입원 중인 환자집단의 많은 경우 미술치료집단에서 구성원간에 상호작용과 문제해결을 위한 토론을 할 수 있는 기능이 저하되어 있고 사회적으로 분리된 환경에 대한 불안을 감소시키지 못하는 것을 흔히 볼 수 있다. 기능이 낮은 환자들의 대부분은 만성 환자들로서 병원 환경과 상황에서 지속적인 약물치료와 사회적응훈련을 받아야 하는 사람들이다. 항정신약물은 어떠한 약물보다도 중독성이 적으나 안타까운 것은 약물의 장기복용으로 인해 기능이 둔감해지고 생각을 억제하는 효과가 있으므로 불안을 낮추는 데는 효과적이지만 창의성을 잃게 한다. 그럼에도 환자들은 집단이 자신의 정신 속에 있는 혼돈스럽고 두려운 대화(망상)들을 표현적 상징으로 옮겨오게 하고 지지받는 기회를 제공하므로 미술치료집단의 창작과정은 그들에게 직접적으로 연결되는 병원체계내의 첫 번째 사회적경험이 된다.

집단치료자의 비전문성이 만들어낸 윤리문제와 관련한 사례

내가 병원체계에 처음 입사했을 때 그곳에는 만성 환자와 급성기 환자를 한 집단에 포함시킨 미술치료프로그램이 있었다. 그 방에는 이젤이 있었고 석고상과 단순한 그림재료가 구비되어 있었다. 아마도 오픈스튜디오 형식이었던 것 같다. 오픈스튜디오는 예술가들이 운영하며 특별히 훈련이 필요한데 비해 그곳에서는 훈련되지 않은 진행자에 의해 집단이 안내되고 있었다. 그 시간이 환자들에게는 단순히 미술프로그램으로 인식되고 있었고 원하는 누구든지 그 시간에 참여할 수 있었고 제공된 재료로 무엇이든 그려내는 활동으로 이루어졌다. 그러한 프로그램의 체계는 적용정도에 따라 매우 의미 있는 집단이 될 수 있지만 치료적의식이 없는 안내는 환자들에게 어떻게 전해졌을지 독자의 상상에 맡기겠다. 어쨌든 집단의 풍경은 누가 진행자이고 구성원인지 알 수 없을 정도로 진행자는 자기작업에 열중했고 구성원들은 무언가를 할 자세가 전혀 아닌 태도로 진행자의 작품감상에 몰두되어 있었다. 약속된 시간이 지나자 진행자는 자신의 작품을 만족해하며 환자들에게 자신의 작품을 설명하고 그 자리를 떠나버렸다.

이러한 집단은 흔히 구성원들의 치료욕구를 저하시킬 수 있으며 오히려 좌절을 경험케 할 수 있다. 결국 그 진행자는 집단을 떠났지만 저 기능의 환자에게 교육과 보살핌과 배려가 부재한 집단환경은 절대적으로 존재해서는 안 된다고 나는 생각하고 있었기 때문에 그 진행자에게 무척 화가 났었던 기억이 있다.

오픈스튜디오 집단의 환경은 보다 완만한 경계를 가지므로서 더 효율적으로 활용될 수 있다. 일관성 있는 구조의 내사와 애착을 발전시킬 수 있다면 오픈스튜디오의 비상호적인 현상은 상징적으로 의사소통이 제한적인 저기능 환자들을 허용하고 관계를 가능하게 할 것이다. 그러한 환경은 위니캇이 말한 제3의 영역인 중간영역과 중간현상의 구체화로서 환자들로 하여금 놀이환경을 경험하게 한다. 저기능 환자집단에서 미술치료사는 각 회기마다 일정 주제를 제공해야한다. 명확하고 단순한 주제를 제공하고 느낌을 표현하고 생각을 집중하여 치료자의 안내에 따르도록 함으로써 성공적인 회기를 기대할 수 있다("집단미술치료방법론 I", 제9장 참조).

고기능의 환자집단

병원 내에서 고기능에 속하는 대부분의 환자들은 단기성 정신증상을 가지고 입원했거나 초발환자이거나 급성기 정신증상이 제거되고 병원환경으로부터 떠날 준비를 하는 환자들이 보편적이다. 그들은 개인에 따라 차이는 있으나 만성 환자에 비해 자신들의 감정과 생각을 처리할 능력을 가지고 있으며, 타인과 의사소통할 자신감과 긍정적인 감정을 표현할 수 있을 뿐만 아니라 사회적 기술능력을 가지며 타인에 대한 관심을 가질 수 있는 능력이 있는 사람들이다. 그러나 여기에서 다루려고 하는 고기능환자집단이란 초발환자보다는 장기치료를 받아왔거나 앞으로도 치료가 지속되어야 하는 만성환자로서 고기능을 가진 환자집단에 의미를 두려고 한다. 이들의 대부분은 재활치료에 참여되고 있으며 직업을 위한 준비가 이들의 집단목표가 되며 그러한 목표는 다시 적응과 사회기술에 초점을 둔 장기간 개입으로 이뤄지게 된다.

이러한 고기능의 장기집단에서 예술작업과 과제는 집단구조화라는 목표를 만들어가기에 창의적이어야 하며 사회적응과 사회경제에 참여하는데 초점이 두어진 주제들로 구성된다. 나는 이러한 집단에서 흔히 콜라주기법을 사용하여 현실사회에 대한 느낌과 반응을 끌어내고 문제에 직면하고 대처하게 한다. 때문에 내가 이들을 위해 선택하는 주된 콜라주재료는 사회관계와 상황 및 환경 그리고 역동적인 변화를 느낄 수 있는 이미지사진을 사용하여 연상된 내용을 현실로 연결하고 원하거나 대안을 위해 수정하는 접근을 주로 사용한다. 정신장애환자들은 많은 경우가 혼자 자립하지 못하고 부모에게 의존된 생활을 하게 되므로 미술치료집단에서 부모가 자신을 언제까지든 책임져줄 수는 없다는 현실을 직면하고 "지금-여기"에서 생존기술을 배워야 하기 때문이다.

환자의 사회적응 준비를 위한 치료자의 가족개입사례

만성환자의 사회재활을 위해 나는 치료과정에서 수차례 그들의 가족을 만난다. 환자의 가족들은 일반적인 사람들이 이해하는 그 이상의 고통을 안고 있으므로 치료자가 대면해야 하는 환자는 그들 한 사람이 아니라는 이유에 대해서는 이미 이 책의 제1부에서 설명되었다. 환자의 사회재활을 위해 내가 하는 환자가족에 대한 개입은 부모만이 아니라 온 가족을 모두 초대하며 환자로 인한 고통을 드러내게 하여 고통의 감정을 다루며, 대안을 계획하도록 안내하고, 환자의 독립을 돕기위해 가족역할을 교육한다.

이것에 대한 내용은 보다 구체적이고 현실적이며 경제적인 문제까지 계획하고 나누며 대처하는 방법을 함께 논의하게 된다. 그러한 나의 개입은 많은 환자들에게 쉬운 일은 아니지만 변화하고 준비하고 노력하는 힘을 갖게하고, 실재 부모가 세상을 떠났을 때 환자 스스로가 대안적인 지지환경을 마련하게 되는 결과를 가져왔다.

아직은 정신건강 영역에서의 미술치료 전문성이 충분히 인정되지 못하고 있는 우리사회의 체계내에서 위의 사례에서와 같은 개입방법이 쉽지만은 않을 수 있다. 그럼에도 미술치료사가 전문훈련과 지도감독을 받음으로써 전문직으로서의 자존감을 가지고 기관에 요구하고, 무엇보다 환자에게 필요한 요소가 무엇인지에 우선 순위를 두어야 한다는 것은 잊어서는 안 되는 치료사로서의 자존감이자 윤리적 책임성이다.

정신장애 환자의 가족개입

가정 내에 환자가 있는 가족은 어떠한 질병을 가진 가족의 어려움보다도 더 힘들 것이다. 그러나 가족보다 더 고통스러운 사람은 환자본인이며, 그 가족이 환자를 돕지 않는다면 환자의 병은 계속 발전되어 사회에서 살아남을 수가 없게 된다. 그러므로 가족들이 환자의 정신장애를 어떻게 받아들이고 있고 어떻게 대처해 가는지 충분히 이해하고 도우려는 치료자의 자세가 필요하다. 아래에서는 이에 대한 필요요소에 대해 제시하고 있다("이상심리 미술치료지침서" 참조).

가족이 환자에게 보이는 반응에 영향을 미칠 수 있는 요소들

- 가족의 보호, 간섭, 관계 정도에 따라 환자에게 미칠 수 있는 영향은 다르다.
- 가족이 알고 있는 병의 원인, 증상, 예후에 대한 인식정도가 치료에 영향을 미친다.
- 환자가 보이고 있는 주된 증상이 무엇인지 알고 있다면 대처방법도 가능해진다.
- 정신증상과 병의 단계를 인식하고 있다면 위기개입과 예방이 가능해진다.
- 병의 경과를 관찰하고 있다면 재발을 예방할 수 있게 된다.
- 적절한 가족의 개입은 환자가 치료에 협조할 마음의 준비를 돕는다.
- 가족 내에서 환자의 역할에 미치는 장애요소를 제거해야 한다.
- 가족에게 지지체계가 있어야 가족이 지치지 않고 치료에 협조할 수 있게 된다.

- 정신장애에 대한 가족의 부정적인 태도는 사회의 낙인을 부추기게 된다.

가족 개입에서 치료자가 유의해야 할 사항

- 집단에서 가족이 신세한탄을 장황하게 늘어놓지 않도록 중재한다.
- 다른 가족을 비판하거나 무시하지 않도록 분위기를 조성한다.
- 정신장애에 대한 지식은 가족관계를 긍정적으로 돕는다는 점을 강조한다.
- 초발환자의 가족은 가능한 개별개입을 하여 집단에서 부추겨질 수 있는 불안을 예방한다.
- 지역사회의 정신장애환자를 위한 자원을 안내한다.
- 가족의 입장과 심리적 어려움을 이해하고 지지적 태도여야 하되 비현실적인 기대를 갖게 해서는 안 된다.
- 지속적인 가족지지집단에 참여하도록 안내함으로써 가족이 소외되지 않도록 도와야 한다. 그럼으로써 환자의 치료를 포기하지 않게 하며 치료에 대한 가족의 적극적인 자세가 재발을 예방하고 긍정적인 예후를 기대할 수 있게 한다는 점을 강조한다.
- 환자와의 관계에서 취해야 하는 올바른 태도에 대해 구체적으로 교육한다.
- 환자의 재발에 대한 예방전략을 세우고 교육한다.
- 약물부작용에 대해 교육한다.

이 외에 미술치료사가 알아야 할 정신장애환자에 대한 이해와 개입은 "이상심리 미술치료 지침서"에서 주요 정신병리에 대한 기초 이해와 미술치료 접근 원리에 대해 다루고 있으므로 참조하기 바란다. 강조하고 싶은 것은 정신건강 영역에서 환자를 만나는 미술치료사는 환자집단만이 아니라 그들의 가족에 대한 개입이 포함되지 않는다면 치료는 일시적인 도움 밖에 기대할 수 없다는 점을 잊지 않아야 한다.

제7장

노인 집단미술치료

이 장에서는 노인 특히 정신적기능과 사회적기능을 잃어가고 있는 치매노인의 집단미술치료에 대해서 논의하려고 한다. 내가 치매노인을 처음 접했던 것은 32년 전 K지역의 한 노인시설에서였으며 가까이에서 노인들이 겪는 삶의 애환을 접하면서, 그리고 10대 청소년기부터 끝없이 아픈 사람들 가까이에 있게 했던 나의 내적 이슈들에 대해 나에게 희망이 되었던 역전이의 힘을 이해할 수 있게 되었다.

많은 임상가들은 노인치료에 대해서 특히 의식기능이 손상된 노인들에게 제공하는 미술치료의 가치에 의문을 가지며 미술치료의 전문적인 개입과 중재를 무시하는 경우가 있다. 그러한 의문은 무의식중에 노인들에게 미술치료가 치료효과보다는 활동자체로서의 의미가 강조되는 결과를 밝히는 효과를 가져오게 되는데, 그 결과에 대한 논의조차도 드러난 전시효과와 즐거움의 관심에 가려 무시되는 현상을 나는 흔히 접하곤 한다. 미술치료사들의 전문적인 중재가 없이도 가능했던 치료적 효과는 노인들이 미술활동 속에서 느끼는 즐겁고 편안하고 긍정적인 어떠한 경험들이 복합적으로 상호작용 하기 때문이다. 그럼에도 전문치료가 어떠한 것인가를 논의해야 하는 이유는, 단순히 전문가가 되기위한 자긍심에서가 아니라 치료자의 전문성은 진정으로 더 깊고 힘있게 그들에게 반응하고 예측할 수 있는 환경 내에서 "안아주기" 경험을 제공할 수 있다는 것 때문이다. 이 책에서는 먼저 노인집단미술치료를 위한 일반적인 이슈에 대해 논하고, 내가 경험한 치료사의 담아내기 경험을 토대로 치매노인집단에서 노인과 치료자 모두에게 혼돈될 수 있는 것을 피하고 미술치료가 전문화되어야 한다는 기대에 방향의 초점을 두고자 한다.

1. 치매노인 집단미술치료의 일반적 이슈

최근 예술치료에 대한 관심이 높아지면서 거의 대부분의 노인시설과 노인관련 의료기관에서 집단미술치료가 이뤄질 만큼 확산되고 있다. 그러나 많은 치료사들이 노인집단치료를 진행함에 있어서, 노인에 대한 일반적인 이해마저 준비되지 않은 시점에서 시도되고 있는 현상을 볼 수 있다. 뿐만 아니라 치료의 본질을 벗어나 형식도 규범도 무시된 다정함의 배려에 대한 치료사의 욕구에 초점을 둔 치료관계가 미술치료의 더 큰 가능성과 전문영역으로서의 발전을 늦추고 있는 듯 하다. 그러므로 다음에서는 일차적으로 노인치료의 일반적인 이론적 이해와 치매노인집단치료에서 미술을 사용하는 집단의 타당성을 제시함으로써 치매노인 집단미술치료의 전문적 개입의 가능성에 대해 다루기로 한다.

집단치료의 이론적 가정과 개입

노인집단치료에서 개입방법들은 집단이론과 집단역동의 이론적배경하에서 이해가 가능해진다("집단미술치료방법론 Ⅰ", 제1~4장 참조). 노인치료에서 집단은 대인관계적 상호작용과 관련된 심리사회적 갈등이 해결될 수 있는 잠재적 공간으로서의 의미를 지닌다. 이에 대한 설명으로서는 정신분석이론, 행동주의이론, 역할이론, 스트레스이론 등이 활용될 수 있다.

정신분석이론은 노인의 정신역동과 갈등 그리고 정서를 이해하는데 기초가 되는 이론으로서 집단과정에서 일어나는 성적 공격본능의 표현에 관심을 집중하도록 요구하며 노인과의 집단을 끌어가는 기본적인 이론적 바탕이 된다. 행동주의이론은 집단에서 노인의 습관, 행동, 그리고 기술적 방법을 이해하고 변화시키는데 유용하며 집단내의 언어적 상호작용을 발전시키며 집단경험의 만족감과 구성원들의 전반적인 기능을 향상시키는데 도움이 된다. 특히 인지행동이론의 접근은 우울감을 가진 노인집단에서 에너지를 강화하고 노인들의 호소문제를 감소시키는데 도움이 된다. 역할이론은 노인이 경험하는 사회적 지위의 변화를 이해하는데 활용된다. 집단치료에서 만나게 되는 구성원과의 관계는 노인이 상실한 사회적 · 직업적 그리고 가정에서 상실한 역할의 전이도구로 사용될 수 있으므로 집단의 경험은 노인에게 사회화와 참여욕구를 충족시키는데 중요한 역할과 기회를 제공해준다("집단미술치료방법론 Ⅰ", 제6장 참조). 스트레스이론은 노인의 정신적 · 신체적 질병, 소외, 배우자를 보살피는 것과 관련된 문제, 가족원의 죽음이나 질병과 관련된 상실, 주택 및 이사 등의 복합적인 스트레스 요인 등을 이해하는데 도움이 되며, 집단의 목표는 스트레스에 대한 긍정적인 대처와 자존감회복에 초점을 두게 된다.

노인들에게 제공되는 집단치료의 유형은 치료자의 이론적 배경과 치료목표에 따라 다양하나 일반적으로 크게는 세 유형으로 나누어진다. 예를 들면, 분석적 치료와 생애를 회고해보도록 안내하는 통찰지향적 집단치료, 언어와 사회성 · 재활 · 활동치료를 포함한 지지집단치료, 그리고 인지행동집단치료로 구성되나 보편적으로는 지지집단치료가 강조되고 있다.

노인집단치료의 목표는 집단의 특성과 욕구에 따라 달라지지만 보편적으로는 정서적지지, 역할과 기능의 재활과 회복, 퇴행예방, 정신적 기민성의 증진, 대인관계 능력과 사회통합능력 강화, 자기수용과 자기존중 및 정체성확립, 생애에 대한 회고와 나눔의 기회제공, 정신건강과 삶의 질을 높이는데 초점을 둔다. 의식에 혼돈이 있고 사회기능이 저하된 치매노인들의 집단치료 목표는 일반노인의 치료목적과 함께 지적능력의 지원과 교육적관점이 포함된다. 치매나 질병을 가진 노인을 돕는 사람들에게 적용하는 집단의 목표는 노인성질환에 대한 지식과 치료기술, 보호에 대한 지식과 방법, 의사소통방법, 가족지원방법과 휴식에 대한 지원체계를 포함하며 그들의 스트레스를 다루어야 한다.

노인집단치료는 아직까지는 노인 관련시설에서 주로 이루어진다. 시설에 거주하는 노인들은 시설에서의 집단생활에서 경험되는 다양한 요소들과 적응문제에 노출되어 있으며, 많은 노인들이 장애가 있거나 의존적이고 건강이 좋지 못한 상태에서 집단에 참여하게 되므로 집단치료의 목적을 설정할 때 치료자는 사전에 구성원의 상황들에 대해 이해함으로써 적절한 중재와 개입이 가능해진다(“집단미술치료방법론 I”, 제7~8장 참조). 지역사회의 집단치료에 참여하는 노인들은 일반적으로는 독립적으로 기능하면서 질병을 가진 배우자를 돌보며 생활하거나 자녀들과 생활하는 비교적 건강상태를 유지하고 있는 노인들이다. 지역사회의 노인들 역시 다양한 스트레스를 안고 있고 소외된 생활을 하기 쉬우므로 집단치료의 목표는 위에서 논의된 내용을 함축하고 지지적 관계에 초점을 두게 된다.

노인집단을 구성할 때 고려해야 할 사항은 “집단미술치료방법론 I”에서도 강조되었듯이 모든 집단은 집단의 응집과 공통의 욕구를 기초로 하기 때문에, 구성원의 동일특성 뿐 아니라 적극적인 상호작용과 모델링의 가능성을 고려하여 이질특성을 가진 구성원의 균형적인 참여를 고려해야 한다. 예를 들면, 시설에 거주하는 정신문제를 가진 노인의 집단치료에서는 진단유형이 서로 다른 노인들로 구성하는 것이 권유되나, 집단구성에 있어서 치료자는 이질성의 균형을 위해서 공통적인 기반을 제공할 수 있는 동질의 요인들도 추구하게 된다. 이에 대한 일반적인 지침은 심각한 청각장애를 나타내는 노인집단의 경우 동질집단이 효과적인 반면에, 활동적인 노인집단에서는 연령과 성별에 있어서 이질집단이 더욱 도움이 된다. 연령분포에 있어서도 다양한 연령층의 노인들이 집단에 포함되었을 때 오히려 구성원들이 즐거워하는 것을 볼 수 있는데 이것은 여러 연령층의 생각을 나눌 수 있기 때문이다. 최적의 경험을 할 수 있는 형태로 집단을 구성한다는 일이 치료자에게 쉬운 일은 아니지만 취약한 환경에 노출된 노인을 집단에 포함할 때는 무엇보다도 그들에게 도움이 되는 집단경험이어야 한다는 사실이 중요하다.

집단치료자는 집단에서 노인을 보호해야 하는 책임을 가지며 배려 깊은 태도로 구성원 선정과 구성원의 기대를 확인해야 한다. 이러한 책임성을 위해서는 사전 오리엔테이션과 준비모임("집단미술치료방법론 I", 제8장 참조)이 필요하며 이 과정은 효과적인 집단을 위해 배제되어서는 안 될 중요한 집단치료의 요소이다. 노인집단의 구성원에 포함되어서는 안되는 대상이 있는데 예를 들면, 집단의 상호작용을 방해할 정도로 적응능력이 부족하고 수용능력 기능이 지나치게 제한된 노인, 심각한 우울증상을 보이는 노인, 우울 및 과대망상 또는 정신장애 그리고 기질적 뇌증후군 증상을 가진 노인 등이다. 이러한 증상을 보이는 노인은 집단에 참여하는 것보다는 개인치료에서 효과적인 도움을 받을 수 있으므로 사전준비과정에서 선별되어야 한다. 노인집단을 구성할 때 사전 오리엔테이션과 사전면담이 이루어지지 않을 경우 앞에서 제시한 이유 뿐 아니라 기능적 특성으로 인해 노인들은 집단의 목적 자체를 인식하지 못하고 왜 그러한 활동을 해야 하는지 의문을 갖거나 무의미감을 갖게 된다. 미술치료 접근이 활동 그 자체만으로도 의미 있는 경험이 될 수 있으나 치료자의 힘 있는 중재로 제공되는 전문적이고 구체화된 집단경험은 구성원 외에도 노인의 배우자나 가족의 위기문제까지 중재하게 하며 예방할 수 있게 한다.

집단미술치료의 가능성

치매나 뇌졸증을 나타내는 노인들에게 집단에서 미술을 사용하도록 하는 접근의 정당성은 초보치료자를 위한 신경학적 정보를 제공받을 수 있다는 것과 신경의 손상정도에 따른 집단행동을 도울 수 있다는 것에 의해 옹호되어질 것이다. 예를 들면, 우반구에 손상이 있으면 그림표현에서 오른쪽보다 왼쪽그림이 생략되거나 구체화되지 못하고, 좌반구에 손상이 있는 경우는 전체적인 표현은 가능하나 상세한 그림묘사가 어렵게 된다. 좌반구에 손상이 있고 우반구는 정상인 경우는 은유적인 표현을 이해할 수 있지만, 우반구에 손상이 있는 경우는 어떠한 감정을 담은 내용과 그림을 연결할 수가 없다. 다시 말해서 그림에 대한 상황을 인식하고 주의를 기울이게 하는 중요한 역할은 우반구에서 하게 되는데, 손상으로 인해 그림과 정서적 상황을 연결하는데 장애가 생기기 때문이다. 미술치료는 이러한 손상된 신경의 반대효과 즉 가능한 것과 불가능한 것의 표현, 자극과 수동성을 평가할 수 있는 자료를 제공한다.

치매노인의 집단치료 목적은 기능을 수행하는 능력을 유지하고 지속하는데 있으며 더 이상의 퇴행을 예방하는데 있다. 미술치료는 즐겁고 위협적이지 않은 미술재료와 기술을 제공하여 스트레스를 줄이고 언어로 표현할 수 없는 신경학적 부분을 시각적인 작품으로 자극한다. 미술치료는 이러한 시각적 자극에 의해 뇌의 여러 부분을 활성화시키고 자기 통제력을 향상시킬 뿐 아니라 사회적관계로 안내하는 역할을 한다.

집단에서 치료자의 역할과 지침

치매노인의 효과적인 집단치료를 위해서는 심리적환경과 물리적환경의 두 요소를 고려해야 한다. 치료에서 심리적환경이란 훈련된 치료진에 대한 요소로서 일반적으로는 노인전문의사와 보호자 및 가족, 자원봉사자, 미술치료사, 그 외의 관련 전문가들로 구성되며 노인의 치료를 위해 서로가 협조체계를 형성하게 된다. 물리적환경은 일관된 치료환경을 제공함으로써 외부의 스트레스 요인을 감소시키는 것으로 치료 공간 · 시간의 일관된 제공을 포함하고 있다. 치매노인 집단치료환경은 노인으로 하여금 치료상황의 단순하고 명료한 지시를 통해 치료기회를 발견하게 되는 것을 함축하는데, 이를 위한 치료사의 지속성은 모든 집단치료에서도 마찬가지지만 불안정한 치매노인의 안정감을 위해 더욱 중요시 다뤄져야 하는 요소이다.

집단미술치료사가 치매노인집단에서 유의해야할 내용은

- 노년기의 전반적인 특성에 대해 이해하고 있어야 한다.
- 노인 개인의 특성을 이해하고 있어야 한다.
- 노인의 개별성을 존중하고 존경과 지혜로 대해야 한다.
- 노인 개인의 기대와 욕구를 실현하는데 현실적인 방해요인을 알고 어떻게 대처하는지 이해하여 개선하도록 도와야 한다.
- 집단상황에서 표현되는 노인들의 느낌을 편견없이 수용해야 한다.
- 노인의 어떠한 표현에도 표현의 권리를 인정해야 한다.
- 노인의 모든 행동에는 이유가 있다는 것을 인지하고 세심한 관찰과 배려를 잊지 않아야 한다.
- 노인의 감정과 정서에 초점두고 반영하되 사실을 직면시키는 것보다는 느낌을 강조하는 것이 더욱 도움된다.
- 노인성 질환에 대한 지식을 가지고 있어야 하며 노년기 퇴행의 패턴을 이해하고 있어야 한다.
- 지나친 의존성을 강화하지 않도록 유의해야 한다.
- 뇌신경의 결함을 지적하고 다루는 것은 피한다.
- 노인의 언어, 표정, 행동 등의 감정이입을 사용하여 갈등을 해결하려는 노력을 지지한다.
- 언어적으로나 비언어적으로 표출된 감정만을 인식한다.
- 노인이 표현한 느낌을 판단하거나 분석하지 않아야 한다.
- 예측하지 못했던 상황에서 치료자의 유연성을 발휘할 수 있어야 한다.
- 치료사 자신의 역전이와 관련된 문제가 없는지 살펴보아야 한다.
- 가족참여를 통해 구체적이고 현실적인 문제해결에 적극적으로 대처한다.
- 노인의 삶이 고통스러운 과정이었다 해도 자신의 생애를 돌아봄으로써 고통의 의미를 발견할 수 있다면 그 고통은 더 이상의 고통이 아닐 수 있다.

집단의 시작과 끝은 항상 일정한 시간에 이뤄져야 하며 주제설정은 집단의 요구를 반영하되 노인의 기능수준과 정신적 · 신체적 능력을 고려해야 한다. 시설에 거주하는 노인들은 시설관계자나 동료노인들에 의해 보복당할 것에 대한 두려움도 가지므로 비밀보장의 책임성을 강조하여 안전하고 비위협적인 분위기를 조성해야 한다.

또한 치매노인들은 관계에 대한 특별한 욕구를 가지고 있으며 치료자나 구성원이 유일한 관계자원이 된다는 점 또한 이해하고 있어야 한다. 비협조적이고 집단을 방해하는 구성원의 경우 확고한 경계를 정하되 "다루기 힘든 노인"이라는 라벨을 붙이기보다는 그 구성원이 집단에서 표현하는 행동의 의미를 먼저 이해하려고 노력해야 한다. 예를 들면, 그 노인을 쓸모없는 사람으로 평가해서는 안 되며 한 사람의 개인으로서 존엄성을 인정해야 한다. 집단과정에서 효과적으로 다룰 수 없는 강한 감정표현은 자제한다. 구성원의 잔소리나 불평이 어떠한 사건이나 상황에 전혀 관련이 없고 허용될 수 없는 것이라도 그것을 수용하는 자세가 필요하다.

2. 치매노인의 집단미술치료 에너지

역동적인 집단미술치료가 치매노인에게는 불가능하다고 믿는 치료자들이 있지만 나는 치매노인집단에서 제한적이기는 하나 미술매체의 힘에 의해 감정이입을 가능하게 하고 집단의 응집성이 가능하다는 것을 발견했다. 치매노인들은 분열된 기억 속에서 젊은 시절의 기억에 잠재되어 있는 경험을 미술치료과정에서 표현하고 그것을 해결해 보려는 듯이 잊혀졌던 사람과 장소를 반복적으로 확인하는 모습을 보인다. 이 장에서는 그러한 노인들의 집단과정을 나의 임상 경험으로 나눠보고자 한다.

치매노인을 적응시키기

치료환경에 대해서 위니캇(Winnicott, 1965)은 반응하고 예측할 수 없는 환경 내에서의 "안아주기"라는 유아의 경험을 기술하였다. 이와 관련한 유사한 개념으로는 에릭슨과 비온의 개념을 떠올릴 수 있다. 에릭슨(Erikson, 1988)이 말한 "신뢰대 불신"의 단계에서 의미하는 신뢰의 특징은 위니캇의 안아주기 개념과 같은 개념으로 이해할 수 있으며, 비온(Bion, 1977)의 이론에서도 어머니와 유아관계의 초기경험을 대상이 "담아주는 것"이라는 관점에서 위니캇이 말한 안아주기의 유아적 경험과 유사하다고 볼 수 있다. 집단미술치료의 초기경험은 노인들로 하여금 이러한 초기경험의 치료관계를 빠른 속도로 반복하게 한다. 나는 치매노인집단에서 안아주는 지료자의 역할을 가장 중요한 치료의 시작이라고 믿고 있다. 수년전에 내가 근무했던 정신병원을 그만 둘 때쯤에 치매병동에서 집단미술치료를 한 경험이 있다. 그곳에 참여했던 노인들은 병원에 머물며 입원치료를 하는 심각한 치매증상을 가진 노인들로서 뇌졸중, 분열, 신체장애, 청각장애 등을 동반한 증상들을 가지고 있어서 인지능력과 사회적기능이 심하게 손상된 노인들이었다. 그들은 병원에 장기입원상태에 있거나 낮 동안만 병원에 입원하여 치료프로그램에 참여하거나 입 · 퇴원을 반복하는 다양한 형태의 입원상태에 있었다. 그 병원의 치료진들은 32년 전에 내가 경험했던 노인시설의 경우와는 다르게 치료자의 "안아주기" 역할에 충분히 훈련된 전문가들로 구성되어 있어서 입원상태에 있는 노인대부분이 보편적으로 만족한 집단경험이 가능했으리라는 생각을 문득 해본다.

그러나 안아주기 환경과 관련하여 어떠한 좋은 조건의 환경이라 해도 치매노인과 함께 한다는 것은 일반노인에 비해 2~3배 이상의 에너지를 필요로 하는 것 같다. 특히 정신증상을 가진 치매노인과 만나게 되는 직접적인 감정적 도전은 쉽지 않은 일이라는 것을 치료진들을 보면서 수없이 확인했다. 어떠한 경험적 대상으로 투사하는 노인은 치료자의 가치를 평가절하하여 치료자들로 하여금 강한 역전이 감정을 불러 일으킨다. 그들은 치료진에게 의지하고 있거나 매우 혼돈스러운 상태에 있기 때문에 우회적으로 감정을 표현하고 있을 수 있으며 따라서 치료자는 노인들의 감정표현에 진지할 필요가 있다.

아래의 사례는 집단치료상황은 아니지만 치매노인치료의 초기 안아주기와 관련하여 내가 근무했던 정신병원에서의 한 사례를 제시함으로써 치료자의 "안아주기" 자세가 어떻게 가능한지 생각해보기로 한다.

폐쇄 병동에서의 안아주기 사례에서

그 노인은 기억상실과 망상증상을 심각하게 나타내었으므로 치매병동이 아닌 정신과 폐쇄병동에 입원된 상태였다. 내가 그 노인을 처음 만난 것은 입원 첫날 입원실에서 한 간호사와 노인의 언쟁이 있었던 상황에서였다. 병동의 간호사들은 매우 바쁜 상황에 있으므로 상담간호사 이 외에 병동 간호사가 한 명의 환자에게 많은 시간을 투자할 수가 없는 실정이었다. 그러한 상황을 전혀 인지하지 못한 노인은 그 간호사에게 며느리에 대한 감정을 투사하여 분노를 터트리고 있었고 노인의 분노는 치료자들로부터 의미 없는 소리로 무시된 상태로 거부되고 있었다. 노인의 앞을 지나던 나는 그 광경을 목격하게 되었고 순간 노인의 손에 붙잡히게 되었다.

10분쯤 나의 한쪽 팔이 노인의 손에 붙잡힌 채 알아들을 수 없는 분노 섞인 하소연을 듣던 나는 이야기를 충분히 들어드리는 것이 노인의 감정을 안정시키는 가장 빠른 길이라고 생각되어 노인에게 따로 시간약속을 하자고 제안했다. 그 노인은 "하던 일을 마무리하고 5시에 다시 할머니를 만나러 오겠다"는 나의 제안을 받아들였고 나는 정확하게 5시에 다시 병동에서 노인을 만났다. 1시간 이상을 며느리 이야기며 속상한 마음을 토해내며 눈물짓는 노인의 손등을 쓰다듬으며 다음 날 10시에 다시 오겠다는 약속을 하고 병동을 떠났다.

이 노인은 혼돈상태에서도 오로지 치료자를 찾고 잊혀졌던 대상과 관련된 기억의 감정을 투사하여 표현하고 있었다. 나는 노인과의 약속을 지키고 진지하게 하소연을 듣는 것만으로도 안아주기 환경을 설정할 수 있었고 그로 인해 노인은 병동생활에 쉽게 적응해 갈 수 있었다.

치료자는 이러한 노인들의 감정에 대처하는 어떠한 형식을 가질 필요가 있다. 일차적으로는 안아주기 환경을 먼저 설정하고 투사에 대한 의미를 재해석하지 않고 소통하는 것으로부터 시작해야 하며 충분히 침착해야 한다. 절대적으로 약속을 지킴으로서 신뢰관계를 유지하고 호소하는 이야기들을 무시하지 않고 진지하게 경청하고 대화하므로서 치료관계를 형성할 수 있으며 더 빠르게 현실적응을 도울 수 있다.

나는 치매노인의 집단적응을 위해 최대 10명 이내의 집단구성으로 제한하되 가능한 4~6명 정도의 범위로 구성하는 것이 바람직하다고 생각한다. 집단치료실은 최대한 안정되어야 하므로 조용하고 신체장애를 가진 노인을 위해 휠체어가 들어올 수 있는 작업공간이어야 한다. 심리적환경을 위한 또 하나의 방법으로 그리고 치매노인의 회상과 지극을 위해 나는 옷차림도 특별히 신경을 쓰곤 했다. 내가 근무했던 병원에서 진행되었던 집단을 예로 어떠한 의미가 함축되어 있는지 생각해 보기로 하겠다.

치매병원에서의 사례

추석이 다가오던 어느 날의 집단 상황이었다. 그날도 나는 특별히 신경쓴 한복차림으로 집단에 참여했다. 치자로 물들인 노랑저고리와 쪽물로 염색한 치마를 입고 들어서는 내 모습이 노인들에게 자극이 되었는지 모두들 박수를 치며 나를 반겼다. 그날의 작업은 색지를 찢고 날려보며 놀이적인 상황을 느끼도록 했고 찢은 색지를 두 사람이 짝을 지어, 한사람은 색지의 끝을 잡아주고 한 사람은 그것을 댕기머리 땋듯 또는 새끼줄을 꼬아가듯 흩어져 있던 색지가 모두 사용된 후, 그것을 다시 옆 사람과 이어보도록 했다. 순간 구성원들은 강강수월래를 목청껏 부르며 흥겨워 했으므로 나는 장구를 가져와 장단을 맞추기 시작했고 이어서 노인들은 약속이라도 한 듯 춤을 추기 시작했다. 병동의 치료진들은 치매병동이 문을 연 이후 처음 있는 자발성과 흥겨움이라며 순간의 조화로운 변화에 놀라워 했다.

그 날의 경험은 수년이 지난 지금에도 잊혀지지 않을 만큼 감동적이었다. 집단이 끝난 뒤 나의 머리를 땋겠다고 두 노인이 싸우는 소동이 일어났지만 그 과정을 통해 노인들은 오랫동안 잊고 있었던 기억을 회상해냈다. 이후 곧 다시 회상되었던 기억은 감퇴하였지만 집단에서 반복된 기억의 회상연습은 반복적인 회상과 기억감퇴의 과정을 거치면서 기억기능을 회복해가고 유지해가는 변화를 보였다.

치매노인의 집단적응을 위한 또 다른 이슈는 치료자의 인원비율과도 관련이 있다. 내가 진행했던 치매노인집단에서는 구성원과 치료자의 인원비율을 2대 1의 비율로 구성하였다. 치매노인의 기능이 제한적이라는 점을 고려해보았을 때, 치료자의 양쪽에 노인구성원을 배치할 경우 치료자가 양쪽의 노인을 도울 수 있기 때문에 의미있는 비율이라고 본다.

집단유형과 집단미술치료과정

치매노인의 치료계획은 장기집단과 단기집단으로 계획해볼 수 있다. 장기집단은 요양시설에 거주하고 있는 노인에게 흔히 적용되며 단기집단은 주로 노인관련복지기관이나 병원에서 이뤄진다. 장기집단의 치료과정에 늘 등장하는 주제는 일반적인 스튜디오 집단과는 다르게 분리와 상실 그리고 그들을 외면한 가족들에 대한 상실감과 좌절이 주된 초점이 된다. 이러한 집단의 초기단계에서 그들을 강요하지 않고 문제를 발견하는 것이 내가 세운 규칙이며 나의 역할이었다. 집단과정에서 가족관계와 고통스러운 상처적 경험을 들추어내지 않는 것 또한 책임성 있는 나의 역할이라고 생각해왔지만 미술매체는 의도하지 않음에도 자연스러운 자기개방을 가능하게 하곤 한다.

요양시설에서의 사례

수년전에 나는 한 노인요양시설에서 집단치료를 진행했던 적이 있다. 그곳에는 100여명 정도의 노인들이 생활하고 있었는데 일반적인 기능을 가진 노인들이 대부분이었고 시설의 두개 방에는 각각 5명 정도의 경증치매와 신체장애를 가진 노인들이 기거하고 있었다. 나는 그곳에서 경증 치매노인들을 대상으로 2년 동안 주 1회 방문하여 집단치료를 진행했었다. 초기 3개월 정도는 주로 콜라주기법을 사용하여 그림 작업에 대한 노인들의 부담을 줄이고자 했는데 어느 날 구성원인 한 노인이 찾아낸 그림은 여자와 남자사진이었고 두 개의 사진을 나란히 붙인 후 두 사람의 손을 연결하는 선을 그려 넣었다. 그림 속에서 그 노인은 자신의 젊은 시절을 떠올렸고 사별의 슬픔과 자녀들로부터 버림받은 상실과 혼돈과 두려움의 이미지를 떠올리며 눈물짓곤 했다.

나는 이 과정에서 자기표현에 어려움이 있는 사례의 노인이 자연스럽게 제공된 미술활동을 통해 상징화된 작품에 더 의지하여 자기를 개방하게 되었을 것이라고 보았다. 아마도 사진을 통한 구체적인 표현의 결과는 그의 반응을 나타내고 자극에 대한 여과 없이 감정을 느끼게 했을 것이다.

치매노인집단의 장기집단에서 반드시 제공되어야 하는 것은 집단에 대한 두려움을 감소시키고 스트레스를 감소시키는 기술이다. 가족이나 죽음에 대한 모순된 감정들을 집단에서 서로 이야기하는 것은 현실수용과 개인의 자기수용과 회복의 기회가 된다. 치료자가 치매노인의 한계와 가능성을 이해하는 것은 치료의 구조를 분명히 하고 가능한 범위 내에서 창조적인 면을 볼 수 있게 한다. 앞에서도 말했지만 치매노인에 대한 치료자의 편견은 치료관계의 시작에 되돌릴 수 없는 걸림돌이 될 수 있는 반면에, 치료관계가 진지할수록 치매로 인한 문제들은 더 이상의 문제가 아니며 진정으로 치료가 가능해진다는 점을 우리는 잊지 않아야 한다. 장기집단을 안내하는 치료자는 치료와 소통의 중요한 도구가 되는 미술을 어떠한 단계로 구성하고 준비해야 할지가 또 하나의 중요한 이슈가 될 것이다. 어떤 치료자들은 구체적인 변화의 관찰과 평가에 대한 무계획적인 집단을 운영함으로써 시간을 소모하는 결과를 초래하게 되고 좌절감을 느끼는 경우를 흔히 볼 수 있다. 장기집단은 시간적으로 어떠한 다른 집단보다 프로그램 구성과 치료적 계획에 치료자의 욕구가 반영될 수 있는 조건에 있으므로 집단의 방법을 적용하고 단계적으로 구체적인 중재를 계획할 수 있다면 보다 효과적인 결과를 기대할 수 있을 것이다("집단미술치료방법론 Ⅰ" 참조).

활동중심인 치매노인의 단기집단은 모든 수준의 노인이 참여할 수 있는 프로그램중심으로 이뤄지며 과정에서 경험되는 통제기술과 완성품에 대한 만족감은 치료적 경험을 더욱 의미있게 한다. 이러한 집단에서 안내자는 치료자로서의 본질적인 역할보다는 재능있는 미술교사의 역할로서 좋은 결과를 책임지고 미술활동을 준비하면서 작은 부분이지만 작품과정을 통해 노인들이 무력감을 극복하도록 지지하고 작품의 완성을 통해 성취감을 갖도록 돕는 역할을 하게 된다. 노인들은 이 시간을 그 어떠한 프로그램보다 기다리고 선호한다는 것을 우리는 흔히 접할 수 있다.

어느 미술치료사의 사례에서

오래 전의 일이다. 그 집단에 참여했던 두 치료사는 아직 경험이 적은 훈련단계의 치료사들로서 활동중심의 치매노인집단을 진행하게 되었다. 집단 시작 전부터 노인들의 특성을 고려한 프로그램을 계획하고 노인들이 선호하는 매체 중심으로 집단을 진행하고자 노력했다. 수퍼비전 상황에서 두 치료사는 불안과 함께 매우 흥분된 감정으로 들떠 있었다. 단순한 그림작업을 안내했을 뿐인데 작품과정은 그 노인들을 자극시켜 치료적 만족감을 경험하게 하였고 모든 기관 내 프로그램 가운데 가장 선호하고 기다려지는 시간이라는 구성원들의 찬사는 두 치료사에게 미술치료의 능력을 신뢰하고 감탄하게 했다.

이처럼 활동중심의 집단은 치료자의 전문성이나 특별한 기술이 없이도 자연스럽게 구성원들로 하여금 치유적 경험을 하게 한다. 최근 우리 사회의 미술치료 형태가 보편적으로는 이러한 접근유형으로 이루어지는 경우가 흔한 것 같으며, 치료로서의 제한적인 전문성에도 의미있는 치유적 경험이 가능한 이유는 매체의 특성과 치료자의 온정적인 자세가 가능성의 핵심인 것 같다. 그럼에도 나는 활동중심의 집단미술치료가 좋음의 의미만 가지고는 제한적이며 그곳에도 원칙이 있고 발달이 있다는 것을 강조하고 싶다. 앞의 두 치료자는 프로그램을 계획함에 있어서 집단의 원칙을 따랐고 구성원의 특성을 고려한 목적을 설정하고 구성원의 욕구에 의해 구성원 스스로가 만든 목표에 근거한 프로그램의 발달적 계획하에 연습되고 준비되었기 때문에 더욱 가능했다고 본다.

이외에도 치매와 관련된 노인집단은 지역사회내의 학교학생들이 자원봉사활동으로 참여하는 특별집단이 있다. 특별집단이란 노인과 학생이 짝을 이루고 미술치료집단에 참여하는 것으로서 최근 우리사회에 많이 알려져 있는 지역사회복지관의 맨투맨 프로그램을 변형시킨 나의 접근방법이다. 이러한 특정집단 형태의 경험을 구체화하기 시작한 것은 나의 아이들이 유치원과 초등학교를 다니던 시기였던 것으로 기억한다. 그 당시 내가 참여했던 노인시설은 담 하나 사이로 유치원이 있었다. 나는 이 유치원과 노인시설과의 자매결연과 공동프로그램을 요청하였지만 아이들의 부모가 원치 않는다는 이유로 거절당했다. 그 당시 나는 노인들의 집단프로그램을 개발하는데 관심이 있었고 어떠한 프로그램들이 시설노인의 소외감을 극복하도록 도울 것인지에 관심을 가지고 있었다. 특히 치매노인들의 기억을 회복하고 삶의 의미를 찾기 위해 가족관계가 절실히 필요하다는 생각에 집중되어있었던 터라 나의 가족을 통해 시도해보기로 했었다. 아래의 사례에서는 그 과정을 간략히 제시하고 있다.

나의 가족과 함께한 요양시설 사례에서

그 날은 어린이날을 이틀 앞둔 주말이었다. 내 가족에게 노인요양시설 방문에 대한 나의 생각을 이야기하고 의견을 물었을 때 남편과 아이들은 흔쾌히 동의하였고 그날 즉시 기관에 알려 계약을 맺게 되었다. 아이들은 수년간 모았던 저금통을 깨고 어린이날 받기로 약속되었던 선물을 노인들에게 드리자는 의견을 모았으므로 모두 합하니 꽤 많은 돈이 되었다. 이이들은 노인들에게 첫 만남의 선물을 밤새 준비하고 편지를 썼는데 내 기억에 의하면 100여개 이상의 선물과 편지를 썼던 것 같다. 어린이날 우리가족은 오래전에 약속되었던 놀이공원 대신 노인시설에서 하루를 보내게 되었다. 각 방을 방문하며 인사를 하고 선물을 전하며 할머니들의 품에 안겨 함께 울어서 지친 아이들을 보면서 나는 아이들에게 미안함을 느꼈지만 반면에 인간관계의 소중함을 알고 사람에 대해 관심갖고 공감할 줄 아는 아이들이 기특하고 고맙기만 했다.

이날 이후 아이들과 남편은 주말이면 치매노인들이 생활하는 시설의 별관에서 종일 그들을 목욕시키고 이야기를 나누는 활동이 지속되었다. 가족이 그러한 봉사활동을 하는 동안 나는 1시간 정도를 할애하여 원하는 노인들에게 집단치료를 진행했다. 그 과정에 사용된 매체는 미술재료보다는 자연물을 주로 사용하였다. 이 일과 관련하여 매년 나에게 그날을 떠올리게 하는 가슴 아픈 이야기와 감동으로 스쳐가는 그곳에서의 특별한 기억이 있다. 그날은 집단구성원인 치매노인 뿐 아니라 모든 노인들에게 봉숭아물을 들여 드리게 되었다. 우리가족이 만나는 대상을 치매노인으로 제한하자 다른 노인들이 시샘을 하고 있던 터라 그날은 특별한 계획을 세우게 되었던 것이다. 우리 가족은 노인들을 만나는 날 새벽에 광주근교 시골을 돌아다니며 봉숭아꽃을 따왔고 하루 종일 100여명 이상의 노인들 손톱에 봉숭아물을 들였다. 우리 가족 모두의 열손가락은 빨간 봉숭아물이 들여졌고 그것은 오랫동안 지워지지 않고 아이들의 가슴을 차지하고 있었다. 이날의 경험은 노인들에게도 잊혀져 있었던 과거의 좋은 기억들을 떠올리게 했으므로 이후의 일상 내내 그리고 집단과정 내내 노인들은 그들의 가족과 자신의 삶에 함께 했던 사람들과의 관계와 관련된 이슈가 등장하곤 하여, 관계 속에 얽힌 감정들을 풀어내는 치료적 기회가 되었다.

이 특별집단의 프로그램은 노인뿐 아니라 내 아이들에게도 특별한 경험을 하게 하였다. 이 이야기는 다른 가족들에게도 알려졌고 유사한 경험을 시도한 이웃가족도 있었으며 나의 부모님 또한 이후에 노인시설을 방문하고 그들과 친구관계를 맺는 자원봉사를 시작하게 되었다.

이러한 특별집단의 유형은 치매노인의 가족들을 참여시킴으로써 또 다른 특별한 경험을 안내할 수 있다. 시설에 거주하는 치매노인의 경우 가족이 없는 경우도 있지만 대부분의 많은 경우는 가족의 거부로 시설에 수용 · 요양상태가 된 경우로 이러한 노인들이 늘어나는 현상은 우리 사회의 어제오늘이 아닌 일이 되어버렸다. 때문에 노인들은 버려졌다는 상처가 더 큰 고통으로 경험될 것이다. 나는 사례의 노인들과 만나면서 그 가족들을 찾기 시작했다. 내가 만난 가족들은 그들 또한 아픈 사연들을 가지고 있는 경우가 많았으며 반면에는 일반적인 상식으로는 이해하기 힘든 가족의 차가운 비윤리적인 냉대도 있었다. 시설에서의 치료적 중재에 내가 아무리 노력해도 부모의 임종마저 지키지 못하는 가족들의 모순된 감정을 다루고 치료에 협조자로 참여시키기에는 장애가 너무 많았다. 기관의 비협조적인 태도마저 나를 지치게 했지만 그래도 가능했던 몇몇 가족의 도움으로 치료에 엄청난 영향을 미치는 가족지지집단을 형성할 수 있었다. 이러한 특별집단의 개입은 장기집단에 중요한 에너지원인 지지체계를 형성하게 하고 적극적이고 직접적인 치료를 가능하게 하기에 충분하다.

집단과정에서 치료자의 중재

아래에 소개되는 사례의 집단발달과정은 내가 초보치료사였을 때 만났던 유료노인시설의 집단이다. 참여했던 노인들은 대부분 뇌졸중과 편마비, 기억상실, 알코올중독, 청각장애를 가진 노인들로서, 8명의 치매노인과 4명의 보조치료자가 참여하여 1년 동안 진행되었던 집단이다. 집단의 과정은 초기, 중기, 후기의 세 단계로 나누어서 특정적인 내용만을 소개할 것이며 주된 내용은 내가 초보미술치료사로서 경험했던 문제이슈들을 중심으로 다루고자 한다. 문제이슈를 다루고자 하는 그 이유는 노인시설에서 집단임상을 접하고 있는 초보미술치료사들에게 작은 위안이 되고 힘이 되길 바라는 마음 때문이다.

초기단계의 목표와 중재

치매노인집단의 초기단계 이전에 나는 모든 집단에서와 마찬가지로 사전 개별면담과정을 거친 이후였기 때문에 구성원들과는 이미 관계를 시작한 상황이었지만, 노인들의 기억은 늘 새로운 관계이듯 첫 날에 멈춰버리고 매 회기마다 대부분의 노인들은 나를 기억해내지 못했다. 뿐만 아니라 작업에 집중하고 주제에 따르는 것에 대한 기대를 하기 어렵다는 것을 나는 그들과 첫 작업을 끝내고서야 알아차릴 수 있었다. 초기단계에서 사전면담을 거친 구성원들이 집단에 모두 참여하리라는 기대를 하지는 않았지만, 나의 예측대로 노인들은 자발적으로 치료실에 들어오지 않았고 자원봉사자들에 의해 치료실에 모일 수 있었다. 어떤 노인은 화장실에 간다며 나가서는 돌아오지 않는 경우도 있었으며 미술재료를 아껴야 한다며 사용을 두려워하거나 다른 노인들이 사용하는 것을 간섭하면서 매회기마다 싸우는 노인들도 있어서 보조치료사들과 나는 혼돈에 빠지기 시작했다.

이 과정에서 나는 최선을 다해 구성원들의 안정을 위해 안아주고 담아내는 치료자의 역할과 자세를 잊지 않으려고 노력했지만 기억을 상실한 한 노인은 나의 노력과는 무관하게 6회기가 지나도 집단에 적응하지 못하고 결국은 집단을 떠나버렸으며, 대부분의 구성원들도 자신이 표현한 이미지에 집중하지 못했다. 시간이 지나면서 나는 집단에 적응하지 못하는 구성원들에 대한 나의 관심이 줄어들기 시작했고 분열증상을 가진 한 구성원에 대해서는 나 자신도 스스로를 이해할 수 없고 통제할 수도 없는 화가 나기 시작하였다. 한동안 시간이 지난 후 분석과정에서 나는 그러한 자신의 화가 그 집단에서 나 자신의 역할에 대한 좌절로 인한 역전이가 아닌가 생각하게 되었다. 내가 그 과정에서 발견한 것은 구성원들의 돌출행동을 가식적으로 받아들이는 거짓자기 내 모습에 대한 화였고 내가 느끼는 감정이 그들의 감정과 보조치료사들의 감정과도 다르지 않았음을 알게 되었다. 내가 집단에서 경험하는 투사적 동일시를 깨우치게 되면서 놀랍게도 보조치료사들도 안정되고 구성원들도 안정되는 것을 느낄 수 있었다.

집단의 초기단계는 그렇게 나의 미숙한 혼돈과 함께 시작되었다. 이 단계에서는 노인들의 의존성이 집단발달의 가장 큰 이슈였는데 나의 의식적인 안아주기 역할이 그들을 다루어주지 못했던 결과는 너무나도 당연한 사실이었다. 구성원인 노인들은 자신의 화지에 지속적으로 이미지를 남기고 있었는데 그것을 제대로 읽어내지 못했던 나의 실수 때문에 오류를 범한 초보치료자의 역할을 지금 부끄러움보다는 그래도 도움되었던 경험을 말해주었던 노인들로 부터 위로받으며 이 자리에 있다.

중기단계의 목표와 중재

집단이 5개월을 넘어서면서 구성원들은 나와 집단과정에 익숙해지기 시작했다. 사물에 대한 관찰과 색채사용을 통해 현실감각에 초점을 두었던 초기단계의 후기경험을 지속하면서 이 단계에서는 콜라주를 통한 인지능력을 자극하고 연상 작업을 안내했다.

어느 날의 작품과정에서 있었던 전직 교장선생님이었다던 언어장애가 없음에도 말을 하지 않았던 한 노인이 기억난다. 그날 노인은 한동안 잡지를 뒤적이다가 무언가를 오려내고 화지 위에 붙이고 있었다. 잠시 후 내가 그 노인을 바라보았을 때 테이블 위에는 아무 것도 없었고 빙그레 웃고 있는 노인이 유난히 커보였다. 궁금했던 나는 그에게 다가가 금방 했던 작품이 어디에 있느냐고 물었고 머뭇거리던 그 노인은 호주머니를 뒤지더니 몇 겹으로 접은 종이를 꺼내어 펼쳤다. 그곳에는 젊고 예쁜 한 여성이 웃고 있었다. 누구냐고 물었지만 말하지 않는 그에게 나는 글로 써보길 권했는데 "막내며느리"라고 쓴 후 미소를 지었다. 노인은 이후부터 계속해서 남자와 여자를 오려붙이는 작업에 열중했는데 알게 된 사실은 그 노인이 시설에 입주한 초기에는 가족들의 방문이 있었으나 얼마 전 부터는 전혀 오지 않는다고 했다. 아마도 인물상을 보면서 가족들을 떠올렸고 가장 그리운 순서대로 표현을 했었던 것 같다. 그 노인은 9개월 동안 거의 결석하지 않고 집단에 참여했던 유일한 구성원이었는데 집단 7개월이 되면서 그의 그림에는 색채가 나타나기 시작했으나 불참하기 3주전부터는 검정색과 회색조의 색을 인물사진 위에 가득 칠하기 시작하면서 노인의 얼굴에 미소가 사라지고 무표정해지는 변화가 나타나기 시작했다. 나는 불길한 느낌이 들었기 때문에 가족방문을 요청하도록 시설에 권했지만 곧바로 이뤄지지는 않았었고 2주가 지나서야 막내 아들과 며느리가 다녀간 그날 밤 노인은 잠을 자다가 사망했다는 소식이 전해져 왔다.

기능과 표현이 잘 안 되는 노인들의 그림에서 우리는 그들이 무엇을 느끼는지 구체적이지는 않지만 느낌을 공감할 수 있었고 시간이 지나면서 파문처럼 일어나는 집단의 힘을 느낄 수 있었다. 듣지 않는 것 같아도 그들은 듣고 있었고 말하지 않는 것 같아도 말하고 있었던 그들의 변화에서 보였듯이 치매노인들의 집단에서도 일반적인 집단에서와 마찬가지로 전체로서의 집단이 가능하다는 사실을 우리는 이해해야 할 것이다.

종료단계의 목표와 중재개입

1년 동안의 집단과정에서 마지막 4개월을 나는 종결준비로 사용했다. 그 과정에서 두 명의 보조치료사가 계약을 어기고 집단을 떠나는 상황이 일어나면서 나는 마음이 다시 불편해지기 시작했지만 나의 불편감과는 무관하게 집단은 의미 있는 경험을 하는 것 같았다. 중기단계 후기에서의 그림과 색채작업을 종결단계 초기에도 지속함으로써 인지자극과 연상주제를 연결하고 조형작업을 추가하여 색채를 사용하기도 하였다. 이러한 작업들을 기초로 나는 구성원들에게 기억을 자극하고 자신이 살았던 집의 집 평면도에 대한 토의를 하도록 지지하고 설계도를 그려보도록 했고 상자로 각자의 집을 만든 후 마을 꾸미기로 마무리되었다. 각자의 집에는 자신들의 이름이 붙여졌고 집과 집 사이에는 길과 풍경이 그려졌다. 이 과정은 3개월 정도를 소요하여 마무리되었다. 이러한 마무리과정은 구성원들에게 큰 성취감과 자존감을 갖게 했으며 이들에게 치매는 더 이상의 퇴행이 아니며 문제가 아니었다. 초기단계의 무분별과 혼돈이 아닌 개별화된 자기세계를 구성하면서 노인들은 소외감에서 관계로 들어올 수 있었다.

그동안에 또 한 노인을 떠나보내야 했으므로 노인들의 우울감이 집단 내에 영향을 미쳤음에도 집단은 좌절하지 않고 새로운 의미의 삶과 죽음을 수용하는 주제로 발전하면서 지속되었다. 아마도 이 노인들은 언제 또 다시 다른 대상으로부터 나에게로 와 어디서 온 처자냐며 처음 만난 사람처럼 대할지 모를 일이다. 그렇더라도 나는 더 이상은 그들의 퇴행에 두려움을 갖지 않고 인내하며 감당할 수 있을 것이다. 치료자 개인의 성장은 치매노인의 치료적 성장과 직접적인 관련이 있다. 치료자자신의 부정적 감정은 바로 구성원의 감정을 알리는 것이며, 치료에 대한 치료자의 불신은 구성원에게 치료가 필요 없음을 알리는 것과 같다는 사실을 우리는 잊지 않고 반성해야 할 것이다. 그리고 우리 치료사의 역할이 얼마나 의미있는 일인지 우리자신이 자존감을 가져야 할 것이다.

제8장

가족 집단미술치료

가족은 인간의 출생이전부터 한 개인에게 영향을 미치며 항상 그 관계 속에 있게 한다. 가족 내에는 마술과 같은 사랑의 주기가 있으며 그 사랑의 주기는 한 세대에서 다음 세대로 다시 그 다음 세대로 지속적인 연결고리를 만들며 진행되어 간다. 그 순환적인 연결을 어떻게 이어가느냐에 따라서 가족개인은 행복하기도 좌절되기도 한다. 나는 30여 년 전부터 이러한 가족에 대해 많은 관심을 가지고 가족치료에 몰두해 왔었다. 20여 년 전부터는 가족과 미술치료를 연결하는 작업과 연구를 해왔으며 가족집단과 부부집단에 가족과 집단과 예술을 적용한 통합적 예술치료를 진행해왔다. 수차례 실재로 그러한 집단을 운영해 오면서 지금도 가족과 부부집단 캠프식의 집중적인 단기 가족미술치료를 진행하고 있다. 그 안에서 가족들은 웃고 울고 부등켜안으며 며칠 동안에 전 생애를 다 거슬러 가듯 분노하고 화해하고 또 다시 시작을 계획하는 것을 보아왔다. 나는 앞으로 이 사례들을 근거로 여행지를 출간할 계획이므로 사례에 대한 소개는 다음으로 미루고 이 책에서는 기본개념을 소개하는 것으로 제한하였다. 실제로 가족집단을 다루기 위해서는 가족치료의 일반적인 개념과 집단치료의 기본개념("집단미술치료 I"을 참조하고 충분히 이해해야 함)을 이해해야만 가능해지므로 가족치료의 기본개념을 다루는 것으로 시작할 것이며 가족과 집단과 미술치료 사이의 적합성과 가능성을 논하는 것으로 대신하려고 한다.

1. 가족치료의 기초이해

아직은 미술치료영역에서 가족에 대한 접근이 통합적이지 못한 실정이지만 이 책에서 나는 인간의 심층에 가까이 가려는 노력이, 집단으로서의 가족이 그리고 개인으로서의 가족이 미술치료에 통합적인 전체이면서 부분이 될 수 있는 전망을 가늠해 볼 수 있는 열쇠가 되리라 기대해 본다.

개인 · 가족 · 집단치료의 차이점과 유사점

인간의 모든 부 적응적 행동문제의 유발원인을 보면 크게 생물학적 요인, 가족 요인, 환경요인(학교, 사회 등의)으로 나눠볼 수가 있겠는데 그중에서 가족요인이 가장 중요시 된다. 가정이란 인간의 초기 인격형성의 중심이 되며 가족은 인간이 만나는 최초의 사람이기 때문이다. 또한 가족관계는 모든 인간이 만나는 최초의 사회적 관계를 학습하는 장으로서 인간관계, 문제해결, 기술훈련, 가치관 형성, 태도형성의 기초가 되기 때문이다. 특히 아동청소년을 도울 때 가족개입은 제외될 수 없는 중요한 핵심 주요체계이며 모든 치료대상에게도 마찬가지이다. 그러므로 미술치료사가 만나는 직접적인 대상이 가족이 아니더라도 모든 인간은 어느 기간동안은 가족을 떠나 살 수 없는 존재로서 가지고 온 문제가 가족과 무관할 수 없다는 것을 우선 생각해야 한다. 그러므로 가족치료이외에도 모든 치료에서 가족을 이해하고 있어야 한다는 보편성의 논리가 성립되며 따라서 인간의 심층을 만나는 미술치료사가 가족치료를 이해하고 있어야 한다는 것은 지극히 당연하고 중요한 이유가 된다.

가족이란 결혼한 부부, 핵가족, 확대가족을 통틀어 말하며 가족치료를 가족 및 부부치료라고 한다. 핵가족(nuclear family)은 자녀가 성장하는 동안 한 가정에서 같이 사는 부모자녀를 포함하며, 확대가족(extonded family)는 생물학적으로 연결된 모든 가족을 의미한다. 가족체계(family system)는 가족구성원이 정서적으로 중요시하는 모든 친구 또는 사회인을 포함하며 가족관계망(network)으로도 이해될 수 있다. 방위가족(family of origin)은 성인 개개인이 구축한 핵가족의 의미를 담고 있다.

가족치료와 개인치료의 차이점은 병리적 초점, 대상, 치료단위, 이론적 근거로 나눠볼 수 있다. 개인치료에서는 문제요인을 개인(정신분석 접근)에 두는 반면, 가족치료에서는 문제요인을 가족과 체계에 두며 가족 내 상호작용에 초점을 둔다. 개인치료에서 치료대상은 문제를 가진 그 사람 개별이 되며 그 개인의 지각에 초점을 두는 반면에 가족치료에서는 가족과 체계 전체가 대상이 된다. 그러나 개인치료의 치료 단위(unit)로서 개인은 핵심 치료 대상이지만 문제의 원인이 개인에게서만 온 것이 아니라는 관점에서 개인을 중심으로 가족접근을 함께 하게 된다. 더불어 가족치료에서도 가족의 전체문제를 다룸에 있어서 항상 가족전체에 개입하는 것이 아니라 필요에 따라 개인, 부부, 부모와 개인 등의 접근으로 상호적인 접근을 하게 된다.

치료기간은 개인치료의 경우 개인의 보다 깊은 심층에 접근하므로 장기간의 시간이 필요한 반면에 가족치료에서는 단기 즉 6개월 이내 또는 12회 이내를 선호한다. 개인치료의 이론적 근거는 보편적으로 직선적이고 결정론적(부모가 ~해서 현재 ~하다)관점인데 반해, 가족치료는 가족의 상호작용(A 때문에 B가 있다가 아니라 상호작용, 순환적 사고로 봄)에 초점을 둔다. 개인치료나 가족치료 그리고 집단치료 모두가 사람을 돕는다는 점은 같으나 접근방식에 있어서는 차이가 있다. 이러한 특성을 종합해보면 개인치료는 개인의 심리를 다루며, 가족치료에서는 가족개인을 둘러싼 가족관계속에서의 역동문제를 다루며, 집단치료에서는 집단 내 구성원들의 상호작용을 통해 개인의 성장을 돕는다. 결국 한 개인을 돕는데 있어서 가족을 떠나서 개인을 도울 수 없으며 집단의 이해 없이 가족을 돕는다는 것 또한 한계가 있다. 그러므로 미술치료사는 집단의 기초인 가족에 대한 이해를 토대로 기본적인 가족치료이론과 실천방법을 활용하므로서 미술치료의 궁극적인 목표를 달성할 수 있으리라 본다.

사회적 · 집단체계로서의 가족

집단치료가 집단이 관계하는 역동적 관계방식에 대한 이해에 초점을 두듯이 가족치료 또한 가족구성원간의 역동적 관계방식의 이해에 초점을 둔다. 그것은 가족치료이론이 가족전체에 대한 이해와 가족전체의 역동이 어떻게 움직이는가에 대한 이해의 기초를 제공할 수 있어야 할 뿐 아니라, 가족치료의 목표인 역기능적 가족행동 또는 증상이 어떻게 일어나고 있는지에 대해 설득력 있게 설명할 수 있어야 하기 때문이다. 앞에서도 이야기했듯이 집단을 한 단위로 보았을 때 집단치료가 집단 내에서 일어나는 구성원간의 관계흐름에 관계를 가지듯이, 가족치료에서는 가족을 한 단위로 보고 가족 내에서의 관계흐름에 관심을 갖는다. 체계적 관계적 관점에서 가족의 상호작용은 전체로서의 관계단위로 정의되며 부부관계는 또 다른 하나의 전체로 이해될 수 있다. 가족 내에는 여러 다른 유형의 하위체계들이 존재하므로 부부는 전체체계를 형성한다고 볼 수 있다. 가족이나 부부들이 가지고 있는 체계는 그 자체로서 살아있는 기능을 하며 이 부부체계는 스스로 변화하고 통제할 수 있는 살아있는 체계이며, 가족구성원들의 행동은 순환적이며 스스로 통제와 변화를 가능하게 하는 기제를 가지고 있다. 가족들 사이에 일어나는 상호작용들은 가족구성원 서로를 통제하고 변화시키는 힘을 가지고 있으며 그 힘은 구성원들이 일정한 어떤 행동 이상을 하지 않도록 하는 역할을 한다. 그러므로 가족은 하나의 살아있는 체계로 이해될 수 있으며 그러했을 때 그 체계의 형태와 구조는 일차적으로 중요한 의미를 가지게 된다.

이처럼 체계적 · 관계적 관점에서 본 가족구성원의 병리적 현상은 곧 가족구성원의 형태와 구조라는 점에서 이해되고 해석되므로 가족원 한사람의 증상은 개인의 내면세계의 문제에서 기인한 것이라기보다는 가족의 상호작용형태라는 점에서 이해될 수 있다. 그러므로 가족치료사에게는 문제를 가지고온 대상의 증상이 가족의 상호작용을 반영하고 가족의 어떠한 구조를 반영하는가에 대해 평가하는 것이 핵심과제가 된다. 즉 구성원개인의 문제는 가족의 병리구조를 충족시키기 위해 증상을 발달시키며 가족의 병리구조는 가족원의 체계적 병리의 상호작용 결과로 온다는 것이다. 따라서 가족치료의 핵심은 "가족구성원들이 가족체계 속에서 그리고 하위체계 간에 어떠한 역할이 있는가"라는 질문을 함으로서 체계의 병리적인 상호작용을 평가하고 변화시키려는 노력이라고 볼 수 있다.

가족원 개인의 발달과 집단으로서의 가족생활주기

가족체계가 가족을 시간의 흐름에 따라 움직이며 변화를 따라 이동하는 유기체로서의 사회적체계로 보았다면, 가족생활주기는 그 가족체계내의 가족원개인의 발달과 그들의 체계로 들어오고 나가는 것을 지원하기 위해 관계체계를 재조정하는 주요과정을 나타낸다. 가족체계의 긴장은 가족이 가족생활주기의 전이에 대처하는 과정 중에 발생하는 발달적 긴장과 가족의 전 세대를 거쳐 전수되는 긴장이 있다. 이러한 가족의 긴장은 가족의 파탄을 초래하며 증상과 역기능을 유발시킨다. 가족원의 역할과 지위와 기능은 선택의 여지가 없기 때문에 만약에 가족원들이 가족관계를 선택하고 관계를 차단한다면 가족원들은 정체감의 문제를 일으키게 될 것이다. 그러한 가족 문제는 세대를 거쳐 순환적으로 영향을 미칠 것이므로 가족원의 지위변화는 반드시 수반되어야 하며, 가족생활주기의 단계에 따라 욕구는 수용되고 허용되어야 하며, 발달적 진전을 지속해야 한다. 가족의 생활주기란 한 개인이 시간의 흐름에 따라 그 발달주기를 가지듯이 가족도 그 자체가 정서적발달의 기초단위로서 발달적 과업을 가졌다는 관점이다.

아래의 [표 8-1]부터 [표 8-4]까지는 이러한 관점에서 일반적인 가족의 발달과업과 이혼가족 그리고 재혼가족의 발달과업을 생활주기의 틀에 의해 도표화한 내용으로서 각 단계에서 다음 단계로 넘어가는 과정에 어려움이 있을 수 있다는 신호이다. 그러므로 치료는 그 단계로 복귀하는 것에 방향이 주어져야 그 가족의 정상적인 발달을 가능하게 한다는 것이다.

두발(Duvall)은 1950년대에 가족의 발달주기를 8단계로 나누고 1977년에 현대의 가족상황과 사회적 관습을 반영하여 수정하였다. 두발의 가족체계는 가족이 발달단계 별로 수행해야 할 과제가 제시되며 이러한 발달적 접근은 어떠한 가족에게도 적용이 가능하다.

[표 8-1] 가족생활주기의 중요한 가족발달과업

가족생활주기	가족원의 지위	가족발달단계과업
1단계 신혼부부기	남편 아내	서로 만족하는 결혼생활 성립 임신준비와 부모됨을 확인 친족체계에 적응
2단계 자녀임신기	남편 – 아버지 아내 – 어머니 어린 아들/ 딸	유아를 가족일원으로 인식 유아의 발달을 위해 노력 부모와 유아를 위한 가정형성
3단계 학령전 아동기	남편 – 아버지 아내 – 어머니 아들 – 형/오빠 – 동생 딸 – 언니/누나 – 동생	유아를 가족일원으로 인식 유아의 발달을 위해 노력 부모와 유아를 위한 가정형성
4단계 자녀아동기	남편 – 아버지 아내 – 어머니 아들 – 형/오빠 – 동생 딸 – 언니/누나 – 동생	학령기 자녀의 부모로서 건설적 방법으로 지역사회에 참여 자녀들의 학업성취 격려

5단계 자녀청년기	남편 – 아버지 아내 – 어머니 아들 – 형/오빠 – 동생 딸 – 언니/누나 – 동생	청소년기 자녀들이 성장하면서 갖기 원하는 자유를 책임감과 균형을 이룰 수 있도록 지도 부모들의 취미와 직업개발
6단계 진수기	남편 – 아버지 아내 – 어머니 아들 – 형/오빠/동생 – 삼촌 딸 – 언니/누나/동생 – 고모/이모	적절한 의식과 도움을 주어 자녀들을 사회로 내보냄 자녀를 지원하는 가정을 유지
7단계 중년부부기	남편 – 아버지 – 할아버지 아내 – 어머니 – 할머니	가족관계를 재형성 구세대와 신세대간의 친족관계 유지
8단계 노년기	홀아비/과부 남편 – 아버지 – 할아버지 아내 – 어머니 – 할머니	배우자의 죽음 극복 노년기에 적당한 가족형성 은퇴에 대한 적응

자료 : Stage Critical Family Developmental Tasks through the Family Life Cycle(p.179) in Marriage and Family Development, Fifth Edition by E.M, Duvall.(J. B.Lippincott).

표 8-2는 가족생활주기에 따라 가족이 어떻게 관계를 수정하고 태도를 바꿔야 하는지에 대해 설명하고 있다. 카터와 맥골드릭(Carter & McGoldrick, 1980)은 이러한 가족생활주기를 다세대 가족체계에 적용하여 3세대이상의 가족관찰에서 세대 간의 긴장을 이해하고 돕고자 하였다.

[표 8-2] 가족생활주기 단계

가족생활주기	정서적 전이과정 : 주요원리	다음 단계를 위해 필요한 가족지위에서의 변화
1단계 결혼전기	부모 – 자녀관계의 분리 인정	원가족과의 자아분화 친밀한 동류관계 형성 직업세계 형성
2단계 결혼적응기	새로운 가족체계를 위해 노력함	부부체계 형성 친척과 친구관계의 재 형성
3단계 자녀아동기	체계에 새로운 성원을 받아 들임	부부체계에 자녀를 위한 공간마련 부모역할수행 부모와 조부모의 역할을 통한 친족관계의 재정립

4단계 자녀청년기	가족경계선의 융통성 증가	청년기 자녀를 위한 융통성 있는 부모 – 자녀관계 형성 중년기의 부부관계와 직업에 관심 노인세대를 위한 준비시작
5단계 자녀독립기	다양한 가족성원의 증감에 적응	부부만의 체계로 재조정 장성한 자녀와의 관계를 성숙한 성인과의 관계로 재정립 사돈과 손자녀와의 관계형성 노부모의 죽음과 신체장애에 대비
6단계 노년기	세대교체에 따른 역할에 적응	신체적 쇠약에 따른 기능과 흥미유지–새로운 가족적, 사회적 역할개발 중간세대의 중추적 역할을 위한 지원 지혜와 경험을 바탕으로 여유를 찾음 배우자, 형제, 친구와 자신의 죽음을 맞을 준비 삶을 돌아보고 재정리

자료 : The family life cycle edited by E.A. Carter and M. McGoldrick

가족생활주기의 1단계는 배우자가 될 자신들이 태어난 원 가족과 앞으로 부부가 만들어 가야 할 가족사이의 중간에 있을 뿐 아니라 원 가족에서 분리된 어떠한 가족에도 소속되지 않은 어른의 단계이다. 그러므로 이 단계의 개인들은 원 가족으로부터 자기분화의 의식을 가져야 하며 적절한 직업과 관계 맺은 다른 사람들과의 친밀관계를 발전시켜 가는 능력을 익혀가야 건강한 결혼생활로 진입할 수 있게 된다.

2단계는 결혼에 의한 가족결합의 단계이다. 이 과정은 부부서로에 대한 헌신이 필요하며 커플로서의 충분한 기능을 하기 위해 기본적인 규칙과 유형을 만들어가야 할 필요가 있으며, 서로가 개인으로서의 자립성을 손상하지 않고 일체감을 느끼는 동시에 명확한 경계를 만드는 것이 필요하다. 각자의 원가족과 배우자와의 관계는 적절한 균형을 유지하는 것이 중요하다. 이 시기의 부부갈등은 많은 경우가 결혼 전 단계에서의 미해결문제를 결혼생활로까지 가져온 경우이다.

3단계는 신혼의 부부사이에 자녀가 생기면서 이자관계의 가족관계에서 삼자관계의 가족관계로 변화되고 남편에게는 아버지의 역할이 기대되며 아내에게는 어머니의 역할이 기대되는 단계이다. 이 시기의 부부에게는 부모로서 자녀양육과 관련하여 인내심이 요구되는 시기이며, 만약에 이 단계의 과제를 극복하지 못하게 되면 자녀학대문제와 부부갈등문제가 나타날 수 있으며 부부 한 쪽 또는 양쪽이 우울상태에 빠지기도 한다. 따라서 이 시기의 과제는 가족이 자녀를 포함한 집단 또는 체계로서의 존재를 확립하는 것이며 발달적 상호작용이라는 관점에서, 이전에는 부부로서 원만하게 상호작용하던 관계였다면 어린자녀를 둔 3단계에서는 부부가 부모로서의 바람직한 상호작용으로 발전해야 하는 단계이다. 건강한 체계의 경계와 명확한 성역할로서 유연한 적응성을 발휘하며, 시간사용과 공간의 양식을 적절한 수준에서 배분하고 수용하는 것을 포함하며, 부모로서의 역할에 적응하고, 확대가족의 관계를 회복하며, 더불어 부부가 한단위로서 결합하는 구심력을 강화해야 하며, 자녀의 사회화를 위해 자녀를 지지해주는 부모의 역할이 요구된다.

자녀가 사춘기에 접어드는 4단계에서는 아이들이 부모를 떠나는 과정이 시작되는 시기이다. 부모자녀관계에서는 자립과 의존의 갈등이 한층 더 심하게 나타나는 시기이므로 부모자녀의 구조적인 유형은 자녀의 성장에 적합한 형태로 변화하지 않을 수 없다. 일반적으로 이 시기에 자녀는 가족체계를 드나들게 되므로 가족경계는 점차 유연성을 띄게 되고 동시에 부부는 부모역할에서 부부에게로 주의를 기울이기 시작하며 양육을 맡고 있던 어머니는 다시 사회생활을 시작하게 된다. 이 단계의 부모는 자녀가 필요에 의해서 집으로 돌아올 때 보호와 쉼의 장소를 확보하여 안정된 심리적 대상으로서 계속 남아있어야 한다.

5단계는 자녀가 집을 떠나 독립을 향해가는 자립시기로서 가족원이 들어오고 나가는 것이 더욱 심해지며 이 단계에 부모와 자녀모두가 자녀의 자립을 준비하지 못하면 가족관계에 장애가 일어나 문제에 직면하게 된다. 이 과정에서 만약에 가족의 생활이 부부관계보다는 부모로서의 역할이 중요시된다면 자녀가 떠난 가정에서 새로운 생활의 초점이나 목적을 찾는 일은 어렵게 된다. 이 시기의 부모자녀관계는 가족의 경계가 물리적으로는 명확해지나 심리적인 끈이 끊어지는 것은 아니다. 이 단계의 발달과제는 부부체계로서의 친밀관계를 위한 재구성이 요구되고 바람직한 가족관계를 어떠한 방법으로 영위할 것인가이며 확대가족의 형성과 노화에 동반하는 신체장애나 사별에 대한 대응이다.

마지막 단계는 부모세대가 조부모세대가 되어 부부만 남게 되는 단계이다. 이 시기에 가족에게 주어지는 과제는 지금까지 쌓은 신뢰관계를 손상하지 않고 가족 내 상실경험을 수용하는 것이 핵심이다. 이 단계에서는 부모의 부모 즉 조부모와 관련된 다양한 가족문제가 동반할 수 있으며 특히 조부모의 노화로 인한 동거문제나 간병에 따르는 스트레스가 가족에게 부담으로 올 가능성이 높아진다. 그러나 조부모와의 동거나 친밀관계는 부모세대의 내면에 다양한 긍정적인 변화를 가져오며 그 변화는 부모의 성숙을 도우며 손자녀세대의 상호작용과 성숙한 대인관계에도 영향을 미치는 결과를 가져올 수 있다.

카터와 맥골드릭(Carter & McGoldrick, 1980)은 이혼과 재혼이 일상적인 가정생활의 주기에 변형을 가져온다고 보고 그에 따라 과업수행에 따른 개입이 필요하다고 제시하였다.

[표 8-3] 이혼 가족을 위한 가족주기

	단계	정서적 전환에 필요한 태도	발달과업
이혼	1단계 이혼결정	부부관계의 긴장을 완화하기 어려움	결혼실패에 본인도 책임이 있음을 인정
	2단계 가족체계 해체	가족내 모든 체계가 재구성 되도록 지원	아이들 양육, 생활비 등을 함께 해결 이혼에 대한 친족들의 의견조정
	3단계 별거	부모역할 수행에 협조적 태도	가족을 상실함으로 인한 슬픔 부부, 부모-자녀관계 재형성 확대가족 관계 재조정
	4단계 이혼	정서적 이혼 성립 슬픔, 분노 등 극복	재결합에 대한 희망 포기 결혼에 대한 기대, 희망, 꿈을 되살림 친족들과의 관계를 지속
이혼 후의 가족	한부모 가족	부모역할 수행을 위해 배우자와 접촉, 아이들과도 관계 유지	배우자나 아이들과 융통성있게 서로 만날 수 있도록 방문
	단독가구	전 배우자와 연락 아이들과의 관계유지	아이들과 살지 않더라도 주어진 상황에서 효율적인 부모역할 모색

자료 : The family life cycle edited by E. A. Carter and M. McGoldrick.

여기에서는 이혼에 동반된 가족생활주기의 혼돈과 그 전 · 후에 일어나는 가족과정이나 재혼에 의한 새로운 가족형성에 따르는 문제를, 예외적인 현상으로 보지 않고 오히려 기본적인 가족과정으로 보고 치료분야의 역할과제로 제시하고 있다. 이혼가정에 대한 접근은 부모의 이혼으로 자녀가 받게 되는 충격과 부모의 반응 그리고 이혼까지의 심리적 · 물리적 과정, 이혼 이후의 결과를 통해 전체맥락에서 접근되어야 한다. 이혼은 보편적인 가족생활주기의 흐름을 방해하므로 그 주기를 회복하는 데는 2년 이상의 기간이 필요하다. 이혼이나 별거 중에 있는 배우자는 결혼실패시 후견인 문제와 배우자가 아이를 만나는 문제, 경제적 문제 등과 같은 자신들이 책임져야 하는 부분을 타협할 필요가 있으며, 이혼 후에도 그 가족은 사회적 관계를 재구축하고 부모자녀관계를 재형성해야 하며 그 과정에서 극복해야하는 과제들이 있다. 이것은 가족체계의 분열과 재구성에 동반하여 나타나는 필연적인 정서과정과 거기에서 달성해야 하는 과제가 실제체계 속에 있는 당사자들이 어떠한 심리적인 움직임을 해 가는 하나의 준거 틀을 제시한다는 점에서 의미 있다.

아래의 표는 재혼가정이 거치는 발달과정과 그 과정에서 요구하는 태도와 발달과업에 대해 설명하고 있다.

[표 8-4] 재혼가족 발달단계

단계	필요한 태도	발달과업
1단계 새로운 관계 맺음	결혼실패감 극복 (정서적 이혼)	복잡하고 애매한 감정을 다스리고 결혼과 가족형성에 새로운 각오로 대비하는 것
2단계 새로운 결혼과 가족에 대해 계획	자신, 새 배우자, 아이들이 재혼에 대해 갖고 있는 두려움 극복 a. 다양한 새 역할 b. 가족경계 재 형성 c. 감정적 문제해결	a. 유사 상호관계를 피하고 새로운 관계에 대해 개방적인 태도 b. 전 배우자와는 협조적으로 부모의 역할에 협조를 제공 c. 아이들이 갖는 두 다른 가족에 속하게 될 두려움과 갈등을 이해 d. 새 배우자와 아이들을 친족체계 안으로 인도 e. 전 배우자와 친족들과 아이들이 관계를 유지하도록 협조
3단계 재혼과 재혼가족 형성	전 배우자와 이상적인 결혼관에 대한 집착을 완전히 정리하고 융통성 있는 가족경계 확립	a. 새 배우자를 부모역할을 가신 가족성원으로 가족경계 조정 b. 다양한 가족 하위체계를 재 조정 c. 아이들의 생부, 생모를 포함한 친족들까지도 관계를 유지할 수 있도록 여유공간 확보 d. 재혼가족의 통합증진을 위해 추억이나 경험을 공유

자료 : The family life cycle edited by E.A. Carter and M. McGoldrick.

재혼가정은 이혼으로 인한 재혼과 사별에 의한 재구성가정 두 경우로 설명될 수 있다. 재혼가정은 가족생활주기의 분열인 동시에 새로운 생활주기의 시작으로서 그전의 가족생활주기가 약간의 형태를 유지하면서 새로운 가족의 생활주기가 시작된다. 재구성가정은 모든 가족원이 부모의 죽음이나 별거와 같은 중요한 상실경험을 가지고 있으며 서로 다른 경험과 전통, 가치, 기대를 가진 사람들이 낯선 사람들과 가족관계를 형성하면서 맞게 되는 어려움을 경험할 수 있다. 재혼가정의 가족구조가 자칫 배우자 관계보다는 부모자녀 관계가 우선시되면서 팽배한 결혼긴장이 초래되고 친부모와의 실제적인 기억과 관계가 중단됨으로써 새로운 가족관계를 더욱 어렵게 만드는 경우가 흔히 있을 수 있다. 또는 이혼한 부모들 사이의 끝나지 않은 싸움에 자녀가 휘말려드는 경우가 있어서 심각한 자녀의 정신문제가 동반되기도 한다. 따라서 재혼가정의 발달과제는 대상상실의 고통을 극복하고 새로운 생활양식을 확립하는 것이다.

2. 가족치료이론의 기본개념과 가설

가족이론들은 집단미술치료에서의 접근방법들과 일치하는 요소들을 많이 볼 수 있다. 가족미술치료사는 가족들과 먼저 계약을 맺고 동일시된 문제들의 이슈를 다루게 하며 문제에 대한 수용이 가능해질 때 변화가 일어나게 된다. 그 결과 가족들은 문제의 대안을 찾게 되며 그에 대한 대처는 가족에게 남겨지고 지지체계를 형성하면서 치료의 종료를 고하게 되는데 이러한 접근은 가족치료의 보편적인 방법으로서 미술치료에서와 유사한 접근방법이다. 따라서 아래에서는 몇 가지 이론에 한정하여 가족치료이론의 치료적 관점을 살펴볼 것이다.

미누친(Salvador Minuchin)의 구조적 가족치료이론

구조이론에서 기능적 가족이란 부모체계를 위계로 자녀하위체계로 구분되어지는 것으로 가정하며, 가족의 문제행동은 가족의 발달적인 변화과정에서 적용문제가 일어나거나 하위체계내의 갈등이 문제화되는 가족구조를 조성할 때 발생된다고 본다. 그러므로 구조이론에서의 치료목표는 현존하는 가족의 문제를 감소시키고 제거할 수 있도록 위계와 경계를 바꾸는 것이다. 그러기 위해서 치료자는 가족 내 감정에서 생각들을 분리하고 문제와 관심에 대한 정서적 반응을 감소시키며 기존의 정서적 단절과 역기능적 패턴을 약화시켜 새로운 정서를 접목시키고 반복된 갈등을 감소시키고자 노력한다.

미누친은 치료에서 목표를 위한 몇 가지 기본가설로서 정서적 개념을 설명하고 있다. 정서적 삼각관계는 감정이 과다하게 다른 이와 접촉하려고 하는 두 사람을 만들어낼 때 서서히 생겨나며, 핵가족의 정서적 과정은 배우자들 간의 감정적인 거리가 존재하거나 풀리지 않는 부부간의 다툼 또는 자녀에게 심리학적인 손상이 존재할 때 일어난다. 가족의 투사과정은 대부분 상처받기 쉬운 아이들에게 초점을 두고 정서적 단절을 불러오며 이것은 가족과 다세대에 전수되고 영향을 미친다고 가정한다. 가족을 위해 치료자는 체계내의 병리적인 가족구조를 평가해야 하며 새로운 상호작용을 강화하고 기존의 패턴을 변화시키며, 치료종료 후에도 전화, 방문, 편지를 통해 가족의 지속적인 변화를 돕게 된다.

구조적가족치료에서는 인간의 내면적 주제에는 관심이 없고 가족구성원 행동의 표현적 형태에만 관심을 가진다. 행동의 표현적 형태는 관계하는 가족원들의 구조적 특성을 통해서 나타나고 일정한 구조를 이루는 구성원들은 그 구조의 특성에 의해 예측 가능한 행동을 하게 되며 그러한 구조적특성은 일정한 체계를 이루고 있다고 본다. 이러한 이론의 관점은 치료의 일관된 전략을 위해 기초를 제공해주며 구조, 하위체계, 경계선 등의 세 가지 기본개념이 필수적인 구성요소로서 제시되고 있다.

구조적 가족치료는 가족이 세 가지 형태의 하위체계로 구성되어 있다고 보며 이 하위체계간의 규칙은 위계질서이다. 가족전체는 체계로서 체계를 둘러싼 외부의 모든 것을 환경이라고 하며 여기에서 체계는 가족이고, 하위체계는 가족구성원이므로 가족치료사가 관심 갖는 것은 부분들, 체계들, 환경 그리고 상호작용이다. 하위체계(subsystems)는 배우자 하위체계(배우자와 같이 결정을 내리고 갈등을 처리하고 의존욕구와 성적 욕구를 충족하는 것 등을 어떻게 부부가 같이 해결하고 기능하는가). 부모-자녀하위체계(어떻게 부모가 자식과 한 팀으로 작용하는가, 부모 각자는 자녀들의 상호관계에서 양육, 교육, 사회, 성, 부모-자식간의 한계점 등을 어떻게 서로 기능하며 일차적으로 부모-자녀기능을 완수하는가), 형제하위체계(어떻게 자녀들이 서로 지지하고 놀고 경쟁하고 있는가) 등의 세 범주로 설명된다. 치료자는 이러한 세 범주의 하위체계 관계를 이해하고 평가할 수 있어야 하며, 이때 만약 치료사가 체계전체를 보지 못하고 각 체계의 한 수준만을 보게 되면 가족의 가능한 요소가 배제된 가족문제의 일부분 밖에 볼 수 없게 된다. 체계에 대한 접근은 가족원 각자의 모든 수준과 체계들 간의 상호양상을 보게 하며 더 많은 가능성에 접근할 수 있도록 한다. 그러므로 최근의 보편적인 치료개입 접근법은 체계접근 방향이며 이러한 체계이론은 세대간의 적합한 경계선을 주장한다.

가족경계선(boundaries) 에 대한 개념은 하위체계를 둘러싸고 있는 은유적인 울타리를 의미하는데, 이 울타리는 하위체계들 간에 접촉되는 침투성의 수준에 따라 분류되며 가족관계의 양과 종류를 규정하고 설명하는데 도움이 된다. 가족경계선은 직접 보여지지는 않지만 개인과 하위체계 간에 그리고 가족원간에 허용되는 접촉의 양과 종류가 이 경계선으로 구분될 수 있으며, 가족의 경계선은 명확한 경계선과 경직된 경계선 그리고 모호한 경계선으로 설명될 수 있다. 명확한 경계선이 유지되고 있는 가족은 하위체계들 사이에서 가장 이상적인 경계이며 가족원의 개별성이 인정되고 규칙이 융통성 있는 경우를 의미한다. 즉 경계가 분명한 가족체계는 가족들이 서로 지지하고 돌보고 상호간에 자율성을 존중할 뿐만 아니라 가족 안에서 하위체계 사이에 분리성을 유지하고, 독립성을 가지며 전체 가족체계에 소속되어 있다는 것을 강조하며 체계 간에 서로 협상하고 적응하므로 가족은 안정을 유지하게 된다. 경직된 경계선은 지나치게 경계가 분명해서 불침투적인 것을 의미한다. 가족 간에 거리감이 있고, 서로 소외감을 느끼며, 사회적 고립, 가족구성원들이 스스로 기능은 하지만 독립적 · 소속감이 부족하며, 각자에 대한 다양성을 인정하지 못하므로 서로를 개별화해서 보지 못하며 이것이 극단화되면 가족의 기능은 역기능적이 된다. 모호한 경계선은 밀착된 경계선으로서 가족이 지나치게 심하게 밀착되어 있어서 미분화되고 침투가 쉽고 유동적이 된다. 따라서 가족구성원들은 자기 모습대로 살지 못하게 되고 구분도 없고 거리감도 없는 강한 소속감 때문에 자율성을 상실하게 되며 가족의 자발적인 문제해결은 어렵게 된다. 그러므로 한 개인의 긴장은 극도로 빨리 전파되어 혼란스러워하고, 필요이상으로 관여되고, 부모는 지나치게 헌신적이므로 그러한 가정의 자녀들은 의존적이고 독립적이지 못하며 자신감도 떨어진다. 이처럼 가족 경계의 명확성은 가족기능을 평가하기 위해 유용한 척도로서 하위체계 사이의 상호관계의 속성을 설명해준다.

구조적가족치료에서 사용되는 상징들은 삼각관계, 연합, 규칙 등 몇 가지 개념으로 설명될 수 있다. 예를 들면, 삼각관계(triangulation)는 양친과 한 사람의 자녀 사이에서 일어나는 경직된 삼자관계의 패턴을 말한다. 이때 대립하고 있는 부부는 각각 자녀에게 자신의 편이 되기를 요구하게 되며, 자녀는 부부 어느 편에 있든 다른 한편의 부모로부터 공격받고 있다고 생각되므로 어느 쪽도 선택할 수 없게 되며 그로인해 자녀는 혼돈에 빠질 가능성이 높아진다. 이 개념은 미누친의 부모자녀관계 개념에 한정하지 않고 이자의 개념에 삼자가 말려들며 충성심의 갈등 속에서 경직되는 것을 말한다. 연합(coalition)은 두 명의 가족구성원이 제 삼자에게 대응하기 위해서 결합하는 것으로 삼각관계는 항상 자녀를 포함하는데 비해 연합은 꼭 그렇지는 않다. 연합은 고정된 연합(a stable coalition)과 우회적인 연합(a detouring coalition) 두 가지 유형으로 설명되어진다. 고정된 연합은 거의 모든 가족기능에서 변화를 기대할 수 없는 경직성으로 특징지어지는 반면에 우회적인 연합은 두 사람간의 갈등을 제 삼자가 회피하고 있는 삼자관계로서 고정된 연합에서의 스트레스를 줄이는 기능을 하며 가족상호 간의 갈등으로 특징 지워진다. 이러한 우회적인 연합은 아이들의 문제행동시 부모사이의 갈등을 얼버무려 회피시키는 숨겨진 작용을 갖는데, 이것은 부모가 자신의 갈등을 직시하는 대신 문제자녀를 지나치게 힐책하거나 반대로 과보호하는 것으로 나타난다. 또 다른 예로는 남편의 경제능력에 대해 아내가 비난하고 부부갈등 시 나이든 딸이 가족의 경제를 맡게 되는 경우가 있다. 이러한 행동은 부모의 갈등에 우회작용을 갖고 있다고 볼 수 있다. 좀 더 복잡한 예로, 아내가 남편에게 불만을 갖고 남편에게 직접 표현하지 않으면서 그것을 아이들에게 푸는 경우로서 이러한 환경에서 아이들은 아버지에 대해 대리성 분노를 느끼게 되지만 직접적인 표현은 하지 않는다. 그러므로 이러한 가정의 아이들은 우울 또는 다른 형태의 문제를 나타내게 되고, 아내는 남편에게 지나치게 아이들을 걱정하여 표면적으로는 부부의 자리를 지키면서 남편을 지배하는 결과를 가져오게 된다.

가족규칙은 일반적인 것과 특별한 것의 두 가지 유형이 있다. 일반적인 규칙은 보편적인 것으로서 모든 가족에게 적용될 수 있다고 가정된 상호작용 유형이다. 가족들은 그 가족만의 위계가 있으며 부모는 상호보완적이고 상호적인 관계를 보여준다. 특별한 규칙은 개별적인 것으로서 그 가족만의 특이한 상호작용 유형이 있으며 그 규칙이 지켜지지 않았을 때의 어떠한 결과를 예상할 수가 있다.

[표 8-5] 구조적 가족치료의 요약

주요개념	**구조(structure) :** 행동유형은 가족기능을 충족시키기 위해 구성된다고 보며, 가족 구조를 설명하기 위해 도표를 사용한다. **하위체계들(subsystems) :** 가족의 역할수행을 위해 구성되며, 하위체계의 범주는 시간, 근접성, 행동적 활동으로 구성되며, 배우자하위체계, 부모하위체계, 자녀하위체계들이 있다. **경계들(boundaries) :** 하위체계를 둘러싼 은유적인 울타리를 의미하며, 혼돈된, 명확한, 경직된 경계로 분류된다. **삼각관계(triangulation) :** 자녀가 다른 쪽의 부모에 대항하기 위해 한쪽부모와 동맹을 맺는 것으로서, 이때 다른 쪽 부모는 이 동맹을 배신으로 간주하게 된다. **연합(coalition) :** 두 명의 가족원이 제 삼자에 대항하기 위해 협력하는 것으로, 삼각관계와 다른 점은 꼭 자녀를 포함하지는 않는다는 점이다. 고정적 연합은 경직된 연합으로서 가족기능이 불변하며, 우회적인 연합은 고정연합에서의 스트레스를 줄이나 정신신체질환을 유발할 수 있다.
주요기법	실연(enactment), 합류(joining), 조절(accommodating), 추적(tracking), 모방(mimesis), 재정의(reframing), 강도높이기(raising)
문제의 발생과정	역기능적 행동은 부적절한 가족구조에서 발생하며, 역기능적 가족구조는 가족의 발달단계에서 부정적 변화, 부모관계의 갈등, 발달적 부적응, 발달지체, 하위체계의 갈등 등의 문제를 일으킨다.
문제의 지속성	문제행동은 가족체계를 대변하는 것으로 부적절한 가족구조를 반영한다.
치료의 목적	구조를 변화시키고 증상을 제거한다.
변화요소	새로운 교류유형은 적당한 위계를 강화하며 경계선을 강화하게 한다.
변화과정	세션 중에 기법을 사용하므로서 필요한 구조적 변화를 방해하는 귀인관계와 신념을 수정하기 위해 도전하고 시도하게 된다.
치료자의 역할	조언하고, 강도높이기, 유머사용, 교류변경, 귀인관계에 도전하므로서 상호작용 유형을 변화시킨다.

헤일리(Haley)의 전략적 가족치료이론

전략적 가족치료는 가족 내에 현존하는 문제에 치료자가 직접적이고 적극적으로 가족의 상호작용 패턴을 수정하려는 것으로서 해결중심치료(Shazer, 1985), 이야기치료(White & Epston, 1990), 의사소통접근법(Watzlawick, 1990)등이 여기에 포함된다.

이 이론의 가설에 의하면 증상을 가족조직에 대한 은유적인 하나의 표현으로 보므로 가족문제로 드러나는 행동의 증상은 부적절한 위계나 두 개인 간의 갈등에서 기인한 체계내의 권력문제가 있을 때 나타난다고 본다. 이러한 가설에 의한 치료목표는 해결할 수 있는 현존의 가족문제를 확인하고 그 문제를 없애는 것이다. 따라서 치료자는 행동을 통해 전체가족을 바라보며 문제를 유지하기 위해 가족 내에 무엇이 행해졌는지를 탐구하며, 가족과의 사회적 연대성과 목적 있는 중재로 가족의 문제를 제거할 전략을 개발하고 변화시킬 책임을 가진다.

[표 8-6] 전략적 가족치료의 요약

주요개념	**권력(power) :** 체계 내에서 규칙을 결정하는 위치에 있는 사람이 권력을 갖는다는 개념으로서 권력은 조직의 위계와 관련되는 개념이다. **삼각관계(triangle) :** 가족의 문제란 두 사람간의 권력투쟁이 강제로 제 삼자를 연관시키려할 때 문제가 발생한다는 가정이다.
주요기법	**시련(ordeals) :** 역설적 지시(paradoxical), 재정의(reframing), 긍정적 함축(positive connotation), 증상의 조작(manipulating the symptom)
문제의 발생과정	문제행동은 두 사람 사이에 부적절한 위계 또는 갈등이 있기 때문에 체계 내에 갈등이 있을 때 발생하며, 증상은 문제해결의 부적절한 방법으로 인한 고착된 실패로 나타난다.
문제의 지속성	경직된 행동의 지속이 문제를 유지시키며 증상이 일단 성립되면 문제와 관계된 증상들은 가족 상호작용 패턴을 규제하는 항상성 기제로 작용한다.
치료의 목적	현존하는 문제를 제거하고, 행동패턴을 수정함으로써 행동이 변하고 문제도 변화된다.
변화요소	변화는 가족이 현존하는 문제에 관련된 행동연쇄와 경쟁하지 않으면서 새로운 행동의 변화를 시작할 때 일어난다.
변화과정	변화는 치료회기 외의 과제를 부과하고 증상을 재구조화 함으로써 가능해진다.
치료자의 역할	적극적이고 지시적이며 변화를 수행해야 할 책임을 가지며, 가족 내에 현존하는 문제를 제거할 수 있도록 가족의 상호작용을 변화시킬 방법을 개발한다.

보웬(Murray Bowen)의 가족체계이론

보웬은 정신역학이론과 가족체계이론을 최초로 결합시켰고 1950년대와 1960년대에 걸쳐 정신분열을 앓는 아동과 부모와의 관계에 구체적으로 접근하여 원가족의 역사를 다루는 것으로 시작되었다. 그는 인간의 정서와 관련된 질병이 3세대에 걸친 질병이라는 관점을 가족관계에서 관찰하면서 가족 내의 삼각관계는 자녀의 성인기까지 지속될 수 있는 정서문제를 발생시킨다고 보았다. 이러한 가족관계에 대한 연구는 예술치료학자인 Hanna Kwiatowska가 포함된 팀으로 국립 정신연구소에서 일하면서 계속되었다. 보웬은 1963년에 최초로 가족체계이론에 기본적인 이론의 가정이 되는 자아분화(differentiation of self), 정서적단절(emotional cutoff), 삼각관계(triangle), 핵가족정서과정(nuclear family emotional process), 가족투사과정(family projection process), 형제순위(sibling position) 등 6개의 이론적 개념을 만들었다.

자아분화는 보웬의 이론에서 핵심적 개념으로서 자기가 속한 체계에 대한 자아의 자유도를 나타내는 술어다. 개인 내부에서 일어나는 자아 분화의 정도는 정서적 기능과 지적 기능 사이에 융합이나 분화의 정도를 반영하고, 한 개인의 자아분화 정도는 개인이 감정이나 사고기능 가운데 선택하는 정도와 관련있다고 본다. 자아분화는 정신내적이며 인간관계적인 개념으로 자신과 타인의 구분, 정서과정과 지적과정을 구분할 수 있는 능력이며 확고한 자기와 거짓자기를 구분할 수 있는 능력을 말한다. 그러므로 자아분화가 잘 이루어진 사람은 자신의 감정으로부터 분화되어 있고, 가족체계의 정서로부터 분화되어 있으며, 가족의 정서적 혼합으로부터 벗어날 수 있는 능력을 가진 사람이다. 그러므로 이들은 삶이 유연하고 적응력이 강하며 자신의 감정과 타인의 감정을 이해하며 객관성과 감정적 거리를 유지할 수 있으며 독립적이고 자율적인 역할수행이 가능하고 성공적인 사회적응이 가능하다.

반면에 가족 내에서 일어나는 대부분의 문제는 정서체계와 지지체계를 분리하는데 실패한 경우이며 이들을 자아가 분화되지 못한 사람으로 보았다. 자아가 분화되지 않은 경우는 자아의 융합정도가 심해서 주위사람의 감정이나 반응에 민감하고 의존적이며 지나친 애착관계를 형성하므로 관계가 만족할 때는 문제가 없으나, 불만족 시에는 신체적 · 정신적 문제와 사회적 역기능문제를 일으킬 가능성이 높다. 생각하는 능력이 부족하기 때문에 감정적으로 반발하기 쉽고, 자신의 감정만을 느끼며 다른 사람의 감정을 모르고 융통성이 없으며 자율적인 정체감을 가지기 어렵다.

정서적 단절은 세대 간에 이뤄지는 정서적 과정에 관한 개념으로서 부모와의 정서적인 관계로부터 자신을 자유롭게 하려는 시도를 하거나 정서적인 연류를 피하려 시도하는 아이들에 의한 방법으로 정의될 수 있다. 단절된 정서관계를 가진 가정의 아이들은 부모와의 관계에서 과거에 해결하지 못한 정서적 애착을 처리하는 과정으로 현재 자신의 삶을 위해서 과거로부터 자신을 차단시키는 방법으로 격리, 위축, 멀리 떠남, 부모에 대한 거부 등의 방법을 선택하게 된다. 불안이 높고 정서적 의존이 높은 사람에게서 단절이 일어나며 이들은 대화가 피상적이고 짧다. 부모와 조부모간에 정서적 단절은 부모와 아동간의 단절을 증가시키므로 가족들은 불안해지고 의존적이며 대화가 피상적이며 세대를 거슬러 반복되고 가족 내 유용한 자원을 감소시키는 결과를 가져온다. 이 경우 가족치료의 도움효과는 떨어지며 부부 중 한사람 또는 양쪽이 각자의 부모와 정서적 접촉을 재설정할 수 있을 경우 불안이 감소되고 증상이 감소되며 치료가 용이해진다.

정서적 삼각관계란 가족 내에서 가장 작고 안정된 단위인 3인 하위체계를 의미한다. 가족은 두 사람의 관계로 형성되며 두 사람 관계에서 갈등, 긴장 또는 불안이나 취약성을 경험할 때 보다 많은 불안을 느낀 사람이 제 삼자를 끌어들여 불안을 완화시키기 위해 삼각관계 속으로 들어가게 된다. 이 삼각관계는 삼각관계의 양축이나 한 쪽에게 두 사람사이의 긴장을 완화시키게 된다. 예를 들어, 남편 때문에 힘든 아내가 자신의 고충을 친정에 말하거나 직장에서 상사에 대한 이야기를 다른 동료에게 말함으로써 위로를 받게 된다. 이때 두 사람 사이에 긴장이 크면 클수록 삼각관계는 밀착되는데 이러한 삼각관계는 아내의 불안정감을 감소시켜 주기는 하지만 연합, 동맹, 편들기의 관계체계로 확장하므로 부부문제의 해결을 더욱 어렵게 만드는 결과를 가져오게 된다.

핵가족의 정서체계 개념은 가족체계내의 정서적 기능의 형태를 설명한 것으로 과거 세대의 반복되는 과정을 통해 전달된 것이고 다음 세대에 어느 정도 예측이 가능하다고 보았다. 사람들은 대체로 어른이 되어 가족을 떠나면 가족의 영향으로부터 벗어날 수 있으리라 생각하지만 원 가족을 떠난다 하더라도 가족은 우리에게 남아서 새로운 가족관계에 계속적인 영향을 미친다. 즉 현재 우리가 깊게 사귀는 관계의 사람에게 원가족과의 관계에서 해결하지 못한 감정들을 나타내는 현상으로 몰고 가게 된다. 보웬은 분화의 정도가 비슷한 삶끼리 배우자로 선택하게 되며 자녀에게 그 형태를 전한다고 한다. 그러므로 사람은 누구든지 자기의 분화정도에 따라 비슷한 사람을 선택하고 원가족에서 발달된 분화수준을 갖고 결혼생활을 시작하므로 살아가는 동안 자신이 성장기에 경험했던 대로 결혼생활에서도 반복하게 된다고 한다. 예를 들면, 알코올 부모에게서 자란 자녀가 알코올 배우자를 만나게 되는 원리에는 가족의 긴장과 불안정성을 다루는 방어 수단의 사용을 포함하고 있기 때문이다. 이러한 원가족의 경험은 긍정적인 밀착관계를 유지할 수 없는 정서적으로 거리가 먼 배우자나, 육체적으로 또는 정서적으로 역기능을 가진 배우자나, 만성적인 부부싸움이나, 심리학적 손상을 지닌 아이로 표현되곤 한다.

가족의 투사 과정은 나선형으로 움직이는 정서적 병리수준이 자녀의 역기능을 통해 세대에 걸쳐 전달되는 과정으로서 미분화된 "아버지–나–자녀"의 삼각관계에서 한 자녀 이상에게서 장애가 나타나는 과정을 설명한 것을 말한다. 예를 들면, 부부간의 다툼이 자녀를 희생양으로 만들고 그 자녀에게 유전되는 경향을 의미한다. 이러한 아이는 부모가 그들의 미성숙함과 분화의 부족을 자녀에게 전하기 때문에 자아분화가 가장 낮은 경향을 보이며 가장 미성숙한 모습을 보일 수 있다. 부부간의 감정적 혼란은 결혼갈등이나 정서적 거리감으로 이끈다. 일반적인 예가 원가족으로부터 감정적으로 단절된 남편이 부인을 차갑고 거리감을 가지고 대하면 부인은 자녀에게 집착하게 된다. 따라서 남편으로부터 멀어지고 자녀에게 정서적인 에너지를 쏟게 되는데 특히 그 에너지는 한 아이에게 집중하며 주로 장남이나 막내, 자신과 닮은 아이 또는 결함이 있는 아이에게 집착하게 된다. 남편은 자신의 불안을 덜기 때문에 부인이 자녀에게 전념하는 것을 방관하거나 지지하게 되며 이러한 어머니의 투사과정은 자녀에게 정서적 손상을 초래하고 결합이나 만성적인 질환, 무능력 등을 유발하게 된다. 부모의 관심대상이 된 아동은 다른 형제보다도 더 가족 정서체계와 혼합되므로 가족의 감정적 긴장에 더욱 약해질 수 밖에 없게 된다. 가족의 투사과정은 부모의 미성숙과 미분화 정도 그리고 가족이 경험하는 스트레스와 불안의 수준과 관련된다. 가족투사과정으로 손상된 많은 사람은 타 형제들보다 분화수준이 떨어지고 생활을 잘하지 못하는 경우가 많으며 심각하게 손상될 경우 몇 세대를 거슬러 올라갈 수 있다.

형제순위는 핵가족 안에서의 출생 순위에 관련되어 있으며 가족 안에서 그 사람이 어떻게 취급되어지는지에 인성과 가족역할을 형성한다고 본다. 예를 들면, 아들이 많은 가정에 중간순위에 있는 외동딸은 연령의 순위는 막내가 아니지만 성별 때문에 막내취급을 받게 되고 맏이와 막내는 가족 내에서 삼각관계형성에 있어 보다 더 취약하며 가족역할은 체계가 정서적으로 어느 정도로 융합되어 있느냐에 따라서 과장되고 역기능적이 될 수 있다.

[표 8-7] 보웬의 가족치료 요약

주요개념	**자아분화(differentiation of self) :** 정서적 또는 인지와 감정을 분리함으로써 객관성을 유지 할 수 있는 능력을 의미하며, 분화된 개인은 견고하고 참된 자기를 가지므로 관계에서 적응과 독립성을 나타낸다. **정서적 융합(emotional fusion) :** 인지와 정서를 분리하지 못하고 밀착된 관계의 정서로서, 가족들은 의존과 소원한 관계를 나타내며 의식적이고 거짓된 자기를 형성한다. **정서적 단절(emotional cutoff) :** 정서적으로 융합된 가족 내에서 구성원들이 서로 거리를 두는 극단적인 형태이며, 가족에게 유용한 지원을 감소시키고 세대에 걸쳐 문제를 반복하게 된다. **삼각관계(triangle) :** 한 구성원을 교란시키거나 연합하기 위해 제 삼자를 이용하여 2인 관계의 불안정성을 감소시키는 관계를 말한다. **핵가족 정서과정(nuclear family emotional process) :** 불안을 처리하기 위해 배우자들이 사용하는 관계전략으로서 정서적 거리감, 부부갈등, 배우자의 역기능, 자녀의 역기능을 가져오게 한다. **가족 투사과정(family projection process) :** 자녀의 역기능을 통해 계속적으로 세대에 걸쳐 전달되는 정서적 병리과정을 가져온다. **형제순위(sibling position) :** 인성과 가족역할을 형성한다.
주요기법	가계도(genograms), 원가족 방문과제(going home task), 나-입장(I-position)
문제의 발생과정	개인은 상황적 스트레스 동안에 증상을 나타낸다. 정서적으로 발생과정 융합된 개인들은 분리된 경우보다 스트레스를 다루는 기술이 부족하기 때문에 증상을 더 많이 나타낸다.
문제의 지속성	정서적으로 융합된 가족들의 투사과정(즉 정서적 거리감, 부부갈등, 배우자 역기능, 자녀 역기능)은 계속된다.
치료의 목적	일차적으로는 가족들이 보다 높은 수준의 자아분화를 달성하도록 돕는 것이며, 이차적으로는 개인의 변화를 보다 기능적인 방식으로 핵가족 및 확대가족으로 이동시킨다.
변화요소	개인적 수준에서의 변화는 획득한 동기화된 가족원으로부터 시작된다. 통찰을 성취한 가족원은 감정적 기능과 인지적 기능을 분별하며, 감정적 기능보다는 인지적 기능성을 더 선호하며 가족 내에서 기능적으로 상호작용한다. 본질적으로 개인의 내적 향상은 체계전체에 걸쳐 보편화되며, 변하이 성취는 미래세대에 까지 긍징적인 결과로 영향을 미치게 된다.
변화과정	원가족 찾아가기를 통해 관계들은 아동기의 경험보다는 현실 변화과정을 반영하기 시작한다. 개인적 관계가 변화되면서 삼각관계의 필요성은 감소되므로 가족투사과정은 사라진다.
치료자의 역할	자아분화 수준을 향상시킬 수 있는 길로 가족원을 안내하며 회기 중에 침묵과 객관성을 유지하면서 가족과정의 관찰자 또는 탐색자로서 중립적 역할을 수행한다.

사티어(Virginia Satir)의 경험적 의사소통이론

가족치료의 대모로 알려진 사티어는 치료를 치료자와 가족들이 문제해결을 위해 힘을 합치는 진행모델로 접근했다. 따뜻한 서로간의 대화를 사용하는 사티어의 역동적인 생각들은 감정들에 중심을 두고 있으며 그녀의 접근법들은 현재 임상의들과 가족치료연구가들에 의해 계속 연구되고 있다. 사티어의 의사소통 모델은 그녀의 방법들이 언어적인 것이나 비언어적인 중재도구와 기술을 모두 포함하고 있는 문화적이고 성적으로 세심한 방법으로 고려되므로 시간을 초월한 영원한 모델이라 할 수 있겠다. 이 이론에서는 가족들에 의해 확인된 어떠한 증상은 마치 위급한 구조요청의 신호와 같은 것으로서 가족개인이나 가족기능 양 쪽 모두에 나타난다고 본다. 이러한 증상들은 보통 핵가족화에서 일어난 외상의 결과이며, 두 가족의 발달적 기원의 결과이며, 핵가족의 구성원들 속에서 일어나는 자연적 · 발달적 변화의 결과라고 보는 것이 기본가설이다. 치료의 목표는 세대 사이의 특정패턴과 증상이 나타나는 전후 관계를 찾아내는 것이므로 치료자는 가족의사소통 속에서 불일치를 밝히고 바로 안내하게 되며, 가족구성원 개인들이 자신의 생각이나 의견을 말하는 것을 통해 같은 상황에 대한 가족 구성원들이 각각 서로 다른 인식을 하고 있다는 차별성을 인지하게 하는 것이다.

프로이드는 의사소통에 숨겨진 의미에 관심을 보였지만 의사소통 가족치료 모델에서는 의사소통의 내용보다 의사소통의 과정과 형태에 초점을 두었다.

의사소통이론의 기본명제는 사람들이 살아가면서 행동하지 않을 수 없듯이 의사소통 또한 하지 않고 살 수 없으며 생활속에서 일어나는 모든 행동은 의사소통이며 언어 이외에 침묵, 자세, 손짓, 발짓들 모든 움직임과 정지 또한 의사표현이라고 본다. 모든 의사소통에는 내용과 관계차원이 있으며 내용의 측면은 정보를 전달하고 관계의 측면은 정보가 받아들여지는 방법을 전달한다. 따라서 의사소통이란 정보만 전달하는 것이 아니라 의사를 교환하는 사람들의 관계를 규정한다. 예를 들어, 아이가 혼잣말처럼 “목말라 죽겠네”라고 했다면 그 내용 속엔 물이 먹고 싶다는 정보 외에 엄마가 물을 줄 거라는 기대의 의미도 포함되어 있다. 그러나 이때 엄마가 모른척했다면, 아이가 문제를 제기하지 않고 스스로 물을 가져다 먹을 경우 별다른 문제는 일어나지 않게 되지만 반대로 아이가 짜증을 내거나 울어버렸다면 다른 어떠한 문제가 발생하게 될 것이다. 이러한 경우 엄마는 자녀에게 올바른 의사표현을 하도록 가르칠 수 있으나 먼저 우선되어야 하는 것은 자녀의 욕구 안에 있는 의미를 이해하는 것이다.

의사소통의 모든 체계는 규칙에 의해 규정되어지며 이러한 규칙으로 인해 항상성이 유지되고 그 결과로 체계가 보존된다. 다시 말하면 가족의 의사소통에서는 그 가족만의 규칙에 의한 메시지의 패턴화가 있다는 것이다. 따라서 모든 행동과 의사소통은 상황 안에서 검토되어져야 하며 상황에 대한 고려없이는 완전한 이해가 있을 수 없다. 진단적 추론이 아니라 상호교환에 대한 치료자의 관찰이 중요시된다. 또한 의사소통은 순환적 상호교환의 연속이다. "왜"가 아니라 "무엇" 즉 진행 중인 관계에 초점을 두라는 것이다. 시작과 끝이 없는 순환이란 "지금-여기"에서가 아니라 갈등 상황이 어디에서 비롯되었나가 중요하다(~하니까 ~하다가 아니다).

마지막으로 의사소통 유형은 의사소통이 일어나는 상황내의 피드백으로 인해 반복되고 문제 또한 유지되며 가족체계는 구조를 원한다. 예를 들면 취학 아동이 친구와 만나는 시간이 많아지는 것에 어머니의 꾸중이 많아지면 아이는 밖에 나가지 못하고 집에서 지냄으로서 어머니가 원하는 기존의 모습을 유지하려고 한다. 이것은 "어머니-자녀" 사이의 체계유지를 가능하게 하나 아이로 하여금 사회적응을 방해하는 문제를 유발하게 하는 요인이 되기도 한다.

가족을 만나는 치료자는 의사소통이론의 주요개념인 역설적의사소통과 대칭적관계 또는 보완적관계의 개념을 이해할 필요가 있다. 역설적의사소통은 메시지간의 상호 모순되고 일치하지 않는 의사소통으로서 말과 표정이 일치하지 않는 경우이다. 말은 반갑다고 표현하면서 표정은 냉담하므로 이러한 경우 상대방은 그것을 어떻게 받아들여야 할지 혼란스러워진다. 이것은 병리적인 가족의 가장 보편적인 특징으로서 대표적인 유형으로는 이중구속이 있다. 이것은 전적으로 상호모순되고 일치하지 않는 두 가지 메시지를 동시에 전달하는 것을 의미한다. 이러한 메시지를 받는 쪽은 이러지도 저러지도 못하는 혼돈과 갈등상황에 놓이게 되고 그것을 해결하는 방법으로 개인은 사고장애와 정서장애를 일으키게 된다.

대칭적관계와 보완적관계는 둘 다 병리적으로 발전될 수 있는 관계의 소통으로서, 대칭적관계란 서로가 힘이 비슷한 관계를 의미하며 이 관계에서 힘겨루기를 하게 되면 상승작용이 일어나 갈등이 강화된다. 이와는 달리 보완적관계는 힘의 관계에서 한 사람은 우위에 한 사람은 의존적인 입장에 놓이는 경우이며 이러한 경우 힘의 차이는 더욱 극대화될 수 있다. 예를 들면 한쪽이 공격적이면 다른 쪽은 더 순응적이 되며 이러한 순응태도는 공격태도를 더욱 유발시키게 되고 이것은 또한 더욱 순응하게 만들므로 결국은 보완적관계가 경직된다. 일반적으로는 동일한 사람 간에도 상황에 따라 바뀌는 유연성을 가지게 되나 병리적인 관계에서는 경직되어 있으므로 평등성에 기초하기는 하지만 병리적으로 발전할 가능성이 높다.

[표 8-8] 사티어의 경험주의적 가족치료의 요약

주요개념	**원가족 삼인군(ter primary family triad) :** 부모, 자녀로 구성되며 가족은 자녀가 자신과 타인에 대해 배우는 기초가 된다는 것으로서, 대처기제, 의사소통기술, 자존감형성의 기초가 된다. **은유(metaphor) :** 부모로부터 받은 양육의 질을 이미지나 연상으로 표현한다는 것. **의사소통유형(communication stance) :** 정서에 대처하기 위해 다양한 전략을 나타내는 상호작용 유형 중의 하나로서 일치형을 제외하고는 정서를 억압하므로 신체증상이 나타난다.
주요기법	**조각기법(sculpting) :** 가족이 자세, 동작, 공간을 통하여 감정체계를 지리적으로 묘사하는 기법으로, 장점은 언어보다 더 정확한 가족기능의 정보를 제공하고 정서를 노출한다는 점이다. **로프(ropes) :** 체계의 정서체계를 나타내기 위해 행동으로 표현과제를 제시하는 것으로서, 로프로 묶고, 눈을 가리고, 최근의 소통에 대한 느낌을 나눈다. **가족재구성(family reconstruction) :** 역사적 가족근원을 재 경험하기 위한 과제로서, 스타의 3세대를 지정하고 특정장면을 시연하여 가족역사의 영향을 밝히고 대처능력을 갖게 한다. **역할파티 :** 개인적 경향과 표현되지 않은 정서의 의식과 수용을 촉진하는 것으로서 새로운 유형과 정서경험을 위해 자세를 바꾸게 한다.
문제의 발생과정	표현되지 못한 정서와 거부된 충동이 문제와 증상의 원인이다.
문제의 지속성	억압된 정서는 다시 파괴적인 방법으로 표면화되어 신체질병, 신경증, 정신장애 등으로 표출된다.
치료의 목적	가족의 정서, 행동, 의견에 대한 표현력을 높이고, 의사를 결정함에 있어서 개인의 독특성을 인정하고 통합으로 안내하며, 개인의 독특성과 개별성을 위해 지속적으로 지지하는 것을 목표로 한다.
변화요소	회기 중에 발견되지 않은 정서를 발견하기 위해 구성원들에게 과제를 제시하고, 정서를 가족 내에서 공유하기 위해 적절한 방법을 발견하도록 가족을 이끌어감으로써 역기능적인 소통유형을 변화시키고, 따라서 정서가 명백해지고 증상이 사라진다.

변화과정	표현되지 않은 정서를 발견하기 위해 과제를 주고 위기정서를 표현함으로써 혼돈을 촉진하고, 그 정서를 가족 내에서 공유하기 위해 적절한 방법을 발견하도록 촉진시킨다.
치료자의 역할	각 회기는 치료자가 성장을 향상시키기 위해 사용되며, 전 과정을 통한 치료자의 변화는 가족의 성장을 촉진시킨다. 가족의 창조성을 향상시키고 일반적인 지지제공과 돌봄. 가족이 공포감과 감정표현을 극복하도록 가르친다. 치료자 자신의 정서적 반응을 믿고 가족에게 행동의 모델이 되며, 성장은 계속되는 것이라고 본다.

대상관계(Object Relations) 가족치료이론

대상관계가족치료 관점에서는 인간은 태어나면서부터 다른 사람과 적극적인 관계를 맺으며 그 관계 속에서 여러 단계를 거쳐 발달한다고 본다. 유아는 부모에 의해 양육되면서 만족과 좌절을 경험하며 그 만족과 좌절은 다시 불안을 만들어내므로 불안을 극복하기 위해 부모의 상을 내면화하고 자아를 형성해간다. 유아는 자아를 형성해 가는데 있어서 분리를 통해 자신의 좋은 모습과 나쁜 모습을 구분하며, 투사를 통해 자신의 나쁜 모습을 다른 사람에게 덮어씌우며, 투사적 동일시를 통해 타인이 자신의 나쁜 부분을 소유하고 있다고 믿게하는 병리적 현상을 보이게 된다. 가족치료에서 이러한 가족개인의 병리적 자아의 형성을 해결할 수 있는 조건은 가족의 안아주기 경험만이 가능하다고 본다. 가족구성원의 분리와 투사현상이 가족구성원들에 의해 받아들여지고 서로가 지지적이고 친밀관계를 맺기 위한 노력이 시작되었을 때 분리와 투사는 줄어들게 되고 개인 내면의 좋은 모습과 나쁜 모습의 통합이 가능해진다.

유아의 자아는 양육자와의 관계경험 속에서 발달하게 되며 다섯 단계를 거쳐 발달하게 된다. 첫 단계는 미분화의 단계로서 이 단계의 유아는 자신을 돌보는 사람을 구분하지 못하는 것만이 아니라 자신에게 경험되는 자극과 자신을 구분하지 못하는 총체적인 미분화의 단계이다. 두 번째 단계는 처음으로 즐거움과 불쾌한 경험을 구분하는 단계이나 아직은 자신과 타인을 구분하지는 못하고 좋음과 나쁨의 근원이 누구로부터 발생되는지가 구분되지 않는 단계로서 이 단계에 고착이 되면 정신분열장애와 심한 자폐장애증상을 보이게 된다. 세 번째 단계는 자신이 경험하고 있는 자극의 원천을 구분할 수 있으며 자신과 타인을 구분할 수 있는 단계이다. 그러나 아직은 자신과 타인의 내면에 좋음과 나쁨이 동시에 존재한다는 것을 구분하지는 못하는 단계이다. 이 단계에 고착이 되면 경계선성격장애를 보이며 분리현상을 사용하여 좋은자아와 나쁜자아를 구분하게 된다. 발달과정에서 분리의 현상은 자신의 일부를 부정하는 것으로 형성하므로 성인으로부터 학대를 받거나 부정적인 경험을 한 아이들은 학대한 대상은 좋은 점만 있고 자신은 나쁜 점만 있다고 생각하게 된다. 네 번째 단계는 자신 속에 좋은 점과 나쁜 점이 공존하며 그것을 동시에 수용할 수 있는 단계이다. 이 단계에서는 대상 항상성이 유아의 내면세계에 형성하며 이것은 자신을 돌보는 양육자를 내면화한 결과로서 가능해진다. 마지막 단계는 수정보완의 단계로서 현재의 관계에 적응할 수 있기 위해 내적구조의 변화가 일어나는 단계이다.

대상관계 가족치료의 주요개념은 분리, 투사, 내사, 투사적통일시 개념들로 대표될 수 있으며 가족의 역기능은 가족들의 투사적 · 내사적 동일시와 관련이 있다. 가족들은 자신이 소유하고 싶지 않은 자아의 부분들을 다른 가족원에게 투사하고 그 가족원을 체계적으로 병리적인 사람으로 만들게 된다. 치료자는 가족들의 대화 속에서 원치않은 자아의 부분이 무엇인지 평가함으로써 가족 내 분리와 투사의 과정 그리고 투사적 동일시가 가족관계속에서 어떻게 일어나고 있는지 이해하게 되며 따라서 가족 내 역기능의 핵심을 이해할 수 있게 된다. 치료의 목표는 발달적 통합을 이루는데 있으며, 치료자는 전이와 역전이를 통해 가족체계에 적극적으로 개입하게 되며 전이가 발달상의 자아통합과 어떠한 관련이 있는지 해석을 통해 밝힐 수 있게 된다.

[표 8-9] 대상관계가족치료 요약

주요개념	**내사(introject) :** 현실과 환상을 반영하는 초기양육자에 관한 억압된 기억들로 자기와 타인에게 영향을 미친다. **분리(splitting) :** 양육자의 바람직하지 못한 특성을 분리시키고 억압시키므로서 불안을 감소시키는 기본적인 방어기제 **투사적 동일시(projective identification) :** 배우자나 자녀들이 무의식적으로 다른 사람의 바람직하지 못한 내면화된 특성을 취하게 되는 무의식의 과정 **안아주기 환경(holding environment) :** 자유연상이나 자발적인 상호작용을 통해 가족이 보호받고 있으며 안전하다고 느끼는 배경 **경계(boundaries) :** 부부 또는 가족 내에서 가족원들 간에 지각된 분화의 수준 **전이(transference) :** 한 가족원의 정서반응이 다른 가족원이나 치료자에게 투사되어지는 경우 **유래(derivatives) :** 태도, 행동, 감정의 이면에 잠재된 의미로서 치료과정에서 나타나는 개인의 반응으로 분석된다.

주요기법	감정이입적 경청(empathic), 해석(interpretation), 역전이(counter transference)
문제의 발생과정	문제들은 하나 또는 그 이상의 가족원들에 있는 초기아동기의 심리적 외상에서 기인된 정신내적 결함을 반영하며 전형적으로 부적절한 부모의 양육행동을 포함한다.
문제의 지속성	문제는 가족들이 투사적 동일시 과정을 계속하면서 무의식의 공모과정에 말려들기 때문에 지속된다(공모는 증상을 가진 가족원의 불안을 일시적으로 감소시키고 자존감을 유지시키고 가족 내 응집성을 증진시킨다)
치료의 목적	가족원은 억압되었거나 잊혀진 자료들을 의식하고 수용해야만 한다. 그러므로 가족원들이 과거의 이미지보다는 현실에 기반하여 서로 상호작용할 수 있게 된다.
변화요소	전체적인 대상관계의 성취는 좋은대상과 나쁜대상의 통합으로 이루어진다.
변화과정	개인의 통찰은 변화를 위해 필요한 전제조건은 아니다. 가족원은 유아기 동안 받은 불충분한 부모의 양육행동으로부터 중요한 에너지를 저장하기 때문에 과거의 관계양상의 불충분함을 재현하고 애도과정을 거치야만 변화가 가능해진다.
치료자의 역할	비지시적인 행동을 취한다. 지적하고, 교육하고, 안심시키기, 충고, 안내 등은 불필요한 방해요소다. 숨겨진 동기 또는 회피된 정서를 드러나게 함으로써 새로운 논의를 불러 일으킬 수 있는 해석을 제공한다.

3. 가족미술치료의 기초이해

가족은 인간사회의 기초이자 틀이며 미술과 이미지는 개인의 마음에 표상화되어 있는 가족사회의 표현을 위한 캔버스이다. 가족미술치료는 어떠한 가족치료 접근보다 의미있는 치료방법이지만 앞에서 논의한 가족치료이론과 미술치료 그리고 심층심리학의 적용경험이 튼튼한 토대가 되어야만 가능해진다. 그러므로 이 장에서 나는 미술치료사들이 가족집단을 준비하기 전에 선행되어야 하는 가족미술치료에서 미술이 갖는 의미와 핵심관점을 다루려고 한다.

가족미술치료의 세 가지 핵심관점

가족의 다양한 문제에 접근하기 위해 치료자는 가족이론의 어떠한 관점으로 치료개입을 할 것인지 방향을 설정할 것이다. 이에 대한 논의는 이미 앞에서 다루었으므로 여기에서 나는 니콜라스와 에버렛(Nichols & Everett, 1986)의 관점으로 제시된 가족미술치료의 세

가지 핵심관점(역사적, 상호작용적, 존재론적)으로 대신하려고 한다. 이러한 관점들은 상호소통과 평가와 진단 그리고 치료로서의 미술과 가족이론을 포함한다.

역사적관점이란 가족이 현존하는 가족의 염려와 문제를 돌아보면서 가족사 내의 개인의 역사를 다루는 것으로서, 이에 대한 나의 접근방법은 개인력 조사를 위한 가족개인별 인터뷰와 가계도를 그리는 것으로부터 시작한다. 가족의 역사적 이야기에 함축하고 있는 순환적 내용과 개인력과 가족력을 조사하고 가족의 행동패턴을 확인하는데 있어서 치료자가 최초로 접근하는 방법은 건축가의 설계와 유사하다고 볼 수 있다. 이러한 관점에서 치료사는 비전문적이고 가족에 대해서 아무 것도 모른다는 입장을 취하며 침범하지 않고 가족들이 자신의 이야기를 할 수 있도록 격려하며 경청하고 반영하는 자세를 취함으로써 안전한 울타리로서의 치료환경을 조성해줄 수 있게 된다. 개인력에 의한 개입과정에서 이뤄지는 가계도의 접근("청소년입상미술치료방법론", 제6장 참조)은 가족으로 하여금 원가족과의 관계와 현재의 가족관계에 얽힌 가족사의 순환적 상처를 읽게 한다.

상호작용적 관점은 예술치료의 선구자인 크래머(Edith Kramer, 1958, 1974, 1987)의 창작과정의 치료적 관점과 관련이 있다. 이러한 관점에서 가족의 상호작용을 보는 치료자는 가족의 창의적인 참여와 가족의 관심과 상상과 감정적인 요소를 행동과 연관하여 보게 되는데 이러한 사고는 울만(Eleanor Ulman, 1975)의 예술을 바라보는 이론적 견해와 키아코스카(Kwaiatkowska, 1975)의 창작과정에 대한 이론적 견해와 관련된다. 존재론적 관점은 가족개인의 근원적인 관심사와 관련이 된다.

존재론적 관점에서 가족의 문제는 피할 수 없는 걱정과 두려움, 삶의 의미 등과 관련되어 있다고 보므로 치료에서는 가족개인의 내적욕구에 초점을 두게 된다. 가족미술치료에서는 이러한 세 관점에서 가족문제를 바라보며 통합적 접근을 하려고 노력한다. 이러한 미술치료의 가족접근에서 미술치료사는 가족에게 자유화, 가족화, 가족협동화 등의 과제를 제시하여 치료개입을 할 수 있다.

가족미술치료에서 미술의 의미

가족미술치료에서 미술의 결과물과 장작과정은 둘 다 가족의 의사소통을 위한 수단이며 가족개인이 있는 그대로 보여지고, 말하게 하고, 가족들이 무엇을 말하고자 하는지 듣게 한다. 치료에서 창작과정이 가족에 의해 자발적으로 이뤄졌든 치료자에 의해 안내되었든 간에 가족개인이 참여한 창작은 치료공간 안에서 제한된 검열과정과 함께 그 사람의 내적 감정과 생각의 소통을 허용해준다. 그림이 상징적이든 추상적이든 의도되었든 아니든 간에 그 결과물은 가족 내에서 가족개인이 내적감정을 소통하고자 하는 필요 욕구로 드러낸 동기의 표현이다.

가족치료에서 표현되는 그림의 이미지들은 가족의 현실과 내적환상 뿐 아니라 가족전체와 개인의 경험을 반영하므로 치료과정과 미술표현은 개인과 가족을, 가족과 사회 · 문화를, 사회 · 문화와 인간과, 집단의식과 집단무의식을 연결하며 가족개인의 성장과 함께 상징적이고 창의적인 언어에 대한 통찰력을 가져다 준다. 구체적인 예를 들어보면, 이미지들은 가족의 궁극적인 관심을 표현해 주며 안정과 불안정의 감정들, 개인과 가족의 목표를, 가족관계와 가족개인들의 사회적 관계들을 알게 해준다. 그리고 창작의 결과물은 치료자에게 가족전체와 가족개인에 대한 평가와 진단 그리고 가족 내의 문제를 가져다 준 부적절한 의사소통의 유형과 치료의 구체적인 자료들을 제공해준다. 치료적으로 사용되는 지시적인 미술과제의 적용은 역설적이고 개인의 주관성이 반영되는 경험을 제공하며, 미술치료 경험들과 함께 형성된 이미지들은 가족과 개인의 안전한 구조로서 사용되도록 제공된다. 안전한 구조 속에서 경험되는 창작의 경험은 표현하거나 그 자리에 있는 것 그 자체만으로도 개인과 가족의 감정을 느끼게 하며 표출하게 한다. 이렇듯 시각적으로 다가오는 이미지와 상징을 통해 가족은 실재로 개인들이 느끼는 스트레스와 신체적 불편감을 제공하는 원인적 요인을 발견하게 하며 그것에 대면하는 기술을 사용하게 한다. 뿐만 아니라 그러한 기술은 개인에게 자기존중을 갖게 해주며 의존에서 벗어나게 하므로 자신도 모르는 사이에 안정으로 안내되어진다.

가족미술치료의 목적과 미술치료사의 역할

가족미술치료의 핵심목적은 가족에게 가족개인의 정서와 감정을 함께 나눌 수 있는 시간을 제공하고 미술매체와 안전한 환경을 제공하는 것이다. 그러한 환경에서 가족들은 표현언어를 통해 안정되고, 생각하고, 상처적인 경험들을 돌아보며, 현재 드러난 행동의 의미를 이해하고 수용과 용서와 미래의 희망에 장애가 되는 것의 변화를 찾게 되며 회복을 향해가도록 안내된다. 그 과정에서 치료자는 자신의 창의적인 표현과 주제와 전문지식과 기술을 동원하여 가족들의 의식과 무의식을 자극하며 행동에 영향을 끼치게 된다.

일반적인 치료목표는 현재의 가족문제를 다루고, 가족의 발달단계에서 성취되어야 하는 가족과업을 촉진하며, 가족의 미술작업과정을 통해 가족 상호작용의 경험을 가능하게 한다. 가족개인의 문화와 가족갈등을 해소할 수 있도록 협조관계를 유도하고, 적절한 가족체계를 유지할 수 있도록 삼각관계 없는 2인 관계의 부부체계를 형성함으로써 적절한 탄력관계와 애정공유, 구성원 간의 자율적이고 주도적인 가족원의 자기관리와 가족생활의 만족을 성취하게 하는 것이다.

치료목표를 위한 가족미술작업의 이론적 접근은 몇몇 관점에서 이해될 수 있다. 정신분석적 관점의 입장에 있는 치료자는 창작과정과 작품내용에서 중립적 자세를 갖고 창작과정이나 작품내용의 관찰을 통해 개인과 가족의 행동에 관해 해석하게 된다. 경험주의적 관점에서는 적극적인 작업에 의한 자각과 이해에 초점을 두며 치료자는 가족의 정서생활, 자발성, 순수성, 자각과 이해를 다루는 것에 창작예술경험들을 제공하고 치료자자신의 발달적 성장을 돕는 능동적인 역할을 한다. 보웬의 관점에서는 삼각구도에 초점 둔 작업과정을 적용하며 치료자는 제 삼자분할을 강조하는 스타일로 가족으로 하여금 개별화되고 자율적인 개체 기능을 강조하는 것에 표현매체를 사용한다. 의사소통 관점에서는 인과관계적 체험에 초점을 두며, 사티어의 관점에서는 치료란 분명한 의사소통과 문제해결 원칙을 담은 가족구성이라 보고 가족공통의 예술체험을 연쇄반응의 순환적 인과관계모델에 적용하여 의사소통의 양상과 방법을 관찰하게 된다. 전략적 관점에서는 규범적, 역설적 개입을 위한 매체사용으로 문제해결을 돕는다. 밀란학파의 관점에서는 가족비밀과 가족신화를 심도있게 다루며 일방경을 사용한 팀 접근치료를 시각적인 그림에 적용한다. 체계론적 입장에서는 문제해결의 지도적 · 역설적 · 개입도구의 수단으로 미술작업을 사용하는 미술치료사의 역할을 강조하며, 가족문제는 가족이 더 잘 안다고 생각하여 문제의 결과에 초점을 두었으므로 문제의 순환고리를 찾으면 가족문제는 해결된다고 보았다.

가족미술치료 목표성취와 평가를 위한 질문지표

면담이전의 변화(잠재능력)에 초점을 둔다.

예외질문 : 그전에 좋았던 상황을 찾아내어 자원을 활용하도록 함으로써 성공적인 경험을 끌어내고 자존감을 높일 수 있다.

기적질문 : 해결시의 상황을 상상해보도록 하여 해결하기 원하는 것을 구체화시키고 현

실적인 목표설정을 하도록 안내함으로써 변화의 원동력이 된다.

척도질문 : 문제해결의 전망, 동기, 자존감, 관계 등의 진전상태를 0~10의 범위에서 나는 어디에 있는지 체크해 보도록 한다.

대처질문 : 어떻게 그렇게 대처할 수 있었는지 질문함으로써 더 이상 나빠지지 않고 적응해온 과정을 새롭게 인식하여 성공감을 갖게 한다.

문제 : 현재문제, 자원(장점), 행동을 계속 지속하게 하는 원인, 바람직하지 못한 것(언제 어떤 행동에 불만족하는가), 문제는 어떻게 발전되어 왔는가 평가한다.

장점 : 자원, 공유된 관심, 현재 어떤 기술이 가능한가, 현재 사용하는 기술, 현재 드러난 성문제, 장래희망 또는 기대, 회복을 위해 어떠한 노력을 해왔는가 등에 대한 평가를 한다.

가족치료에서 작품의 가치

가족치료에서 창작매체를 사용한다는 것은 작품에 가족의 관심과 욕구를 드러내게 하는 반면 가족의 대화를 끌어내는 도구로서 작품이 사용될 수 있다는 점이 적극적인 치료를 가능하게 하는 요소가 된다. 언어는 상대의 방어에 의해 부인될 수 있으며 행동은 곧바로 잊혀질 수 있지만 창작물의 시각적인 결과물은 눈으로 확인가능한 가족문제의 기록이 된다. 뿐만 아니라 계약된 치료의 영속적인 과정을 보여주므로 부인할 수 없는 가족의 현상을 인식하게 하며 변화의 촉매제가 된다는 점이 언어적인 치료와 차별되는 가치라고 볼 수 있다.

가족미술치료 과정에서 확인될 수 있는 구체적인 작품의 가치는 가족치료의 몇 가지 요소로 설명될 수 있다. 첫째는 치료를 위한 청사진으로서의 가치로서 가족의 미술작품은 상호작용이 초점을 제공하고 의사소통의 윤곽을 보여준다. 가족체계를 그대로 보여주며 가족미술의 내용은 시각적인 증거물로서 한 장의 그림은 천 마디의 말 만큼이나 그 이상의 가치를 가진다. 그러므로 초기단계에서 가족그림은 가족구조의 평면도로서 나타나며 이것은 치료를 위한 청사진이 될 수 있다. 두 번째 가치는 진단적 가치로서 가족원의 행동이 작품에서 드러나므로 치료자에게 가족의 작품은 가족이해의 방법이 된다. 가족에게는 상호간에 더 잘 알고 함께 배우는 수단이 되며 의식적 · 무의식적 의사소통의 표출수단으로서 그리고 상호관계의 예행연습과정의 도구로서의 가치를 가진다. 셋째는 가족관계의 역기능적 패턴의 단서로서 그림 뿐 아니라 과정에서도 역기능적 패턴의 단서를 볼 수 있으며 그 증거가 된다는 점이 또 다른 가치라고 볼 수 있다.

역기능적 가족관계에서 관찰되어질 수 있는 작업패턴

미분화된 자아상태의 가족관계에서는 가족의 예술작업이 서로 겹치고 하나로 연결되어 있어서 개인의 작품이 구별되지 않고 작업평가가 쉽지가 않다. 미분화된 자아와 집착에 대한 표현내용은 뚜렷하지 않은 경계선과 혼란으로 겹쳐져서 표현되며 가족의 그림은 단일의 집합이고 각 구성원의 기여는 뒤섞여 있어서 개별적으로 인식되어질 수가 없다.

작업과정에서 표면화 될 수 있는 삼자관계는 두 명의 개인들이 제 삼자와 집단적으로 행동할 때 보여지는 현상으로서, 세 명중에서 두 명은 한 쌍이 되어 그림을 그리기 시작하며 공간의 대부분을 차지하고 세 번째 사람의 작업이 무시되든가 배척되어지는 것으로 나타난다. 이러한 삼자관계의 가족관계인 경우는 작업과정에서 두 사람이 제 삼자에게 불만을 표출하고, 자녀가 부모역할을 하는 가정인 경우는 부모와 자녀 역할이 뒤바뀌는 부모화의 현상이 작업과정에서 나타난다. 가족들은 이러한 방법으로 가족의 평정(항상성)을 유지하려고 노력하므로 치료적으로는 저항적이 된다.

결혼분열과 부부왜곡이 가족미술작업과정에서 두드러지게 나타날 수 있다. 부모관계에서 불화가 심각한 부부의 경우는 가족작업을 통해 서로에 대한 적개심이 강렬하게 드러나는 것을 볼 수 있다. 상호보완적인 부부는 주도권을 가진 개인이 상대의 의존성과 접촉되는 것이 작업에서 나타난다. 예를 들면 불화가 심한 부모의 경우, 성격의 불일치가 갈등과 적개심과 함께 서로가 상대의 공간에 대해 전혀 존중을 하지 않게 되므로 과도하게 그림을 그리거나 내키지 않은 마음으로 공간 한 쪽을 내어주므로서 상대방이 그림을 그릴 여백이 별로 없게 된다. 부부의 왜곡현상은 부부가 상호보완적인 조화와 협동으로 나타나기도 하며 이때 부부의 미술작업은 보충적인 역할을 한다. 지배적인 배우자의 독립성은 중요한 기여를 시작하고 작품을 만들 때 환영 받으며, 의존적인 배우자는 미술의 질을 높이는 손질을 가끔하면서 자기가 맡은 부분을 잘 혼합시켜가고 각자의 역할수행에 의해 만들어진 결과물은 부부의 만족감을 충족시킨다.

가성 상호소통의 가족현상은 가족미술작업에서 마치 긍정적인 관계를 지닌 가족의 겉

모습으로 제시된다. 그들의 협동적 과제는 대체로 보상적이고 즐거운 쪽으로 치우치는 경향이 있으며 미술작품은 그들이 사회에서 드러내는 방법과 유사한 방법으로 창조되는 동시에 연합된 겉모습은 내면의 감정적 차이와 분열을 완전히 감춰버린다. 이러한 가족은 자유화를 그리도록 제시될 경우 많은 경우에서 가족 나들이나 꽃과 햇빛이 있는 장면을 그리기로 결정하기도 한다. 이러한 방식으로 가족단위는 평정을 유지하려고 하는 것이며 가족구성원들이 항상성을 계속해서 지키려고 하기 때문에 치료과정에서 변화에 맞서는 가족저항이 노출되기도 한다. 이러한 가족에게 그림의 아이디어는 가족의 피상적인 행동과 같은 것으로서 문제는 강력하게 이러한 상태를 유지하여 만족감을 얻고자하므로 치료에 방해가 된다.

어떤 가족의 협동작업에서는 드러난 표현은 서로가 보상적이고 유쾌한 반면에 위협감도 드러내는데 이러한 애매하고 모순된 메시지들을 통하여 우리는 병리적이고 혼란스러운 의사소통이 가족 내에 존재한다는 것을 예측할 수 있다. 미술작업에서는 문자 그대로 표현상의 가치가 드러나는데 가족 내에서 노출되는 정반대의 메시지는 표현 밑에 숨겨져 있는 것들이 있을 수 있다. 가족은 표면에 드러난 지시를 따를 경우 숨겨진 내용은 비록 옳게 파악이 되었다 하더라도 무시해야 하기 때문이다. 미술치료사는 예술체험의 이중적인 잠재력을 이해해야만 하는데 그것은 특정한 문제점을 다루는 정서가 창작이라는 초점의 직접성에 의해 강화된다는 것이며 작업의 산물은 치료자에게 구체적인 증거를 제공해 줄뿐 아니라 창작자와 그 나머지 가족에게도 마찬가지다. 이러한 이유들로 해서 미술작업이 자주 숨겨진 소재를 상징적으로 표면화시키기 때문에 주의가 필요하다. 또 다른 가족의 작업에서는 충분한 공간을 사용할 수 있는데도 그림들 사이에 거리를 두는 것으로 나타나는 이탈현상도 흔히 나타난다.

가족들은 자신들의 작품 속에 깔려진 메시지를 충분히 알아차리지 못하므로 치료자는 가족의 작업과정을 관찰할 때 가족의 역기능적 측면이외에도 긍정적인 측면을 잘 관찰해야 한다. 작업의 협동 스타일, 자율성 존중, 적절한 리더십, 긍정적인 강화, 문제해결 기술, 유머감각, 배려와 관심, 느낌의 민감성 등을 고려해야 하며, 그림으로써 가족이 자신을 노출하는데 방어가 있다 하더라도 그림 속에 표현된 메시지를 더욱 적절하게 현실문제로 연결하고 안내할 수 있기 때문이다. 가족이 안정감 있는 치료에 참여할 수 있도록 돕기 위해서 치료자는 충분한 임상적 지식을 갖추어야 하며 그것에는 인간의 심층적 역동이해와 가족치료이론과 미술치료의 전반적인 지식과 기술이 포함된다.

4. 가족 집단미술치료

가족 집단미술치료란 둘 또는 세 가족 이상이 하나의 집단으로 구성되어 가족치료에 참여하는 모델을 의미한다. 이러한 가족집단미술치료는 20여 년전부터 단기가족치료로 진행해왔던 나의 접근방법이다. 아직은 다른 가족치료 문헌으로나 소개된 실재 사례를 만나보지 못하였지만 수차례 나의 임상경험에 의해 그 효과성이 검증되었다.

이러한 방법론을 적용함에 있어서 나는 집단치료의 방법론과 가족치료의 방법론을 통합하여 적용해왔다. 단일가족 또한 집단이라는 관점에서 집단치료의 모델을 포함하기에 무리가 없으며 그러한 맥락에서 가족집단의 가능성에 대한 당위성이 성립된다. 서론에서도 이야기했듯이 구체적인 사례의 접근은 다음으로 미루고 다만 여기에서는 방법론이 갖는 의미를 제시하는 것으로 제한하였으므로 구체적인 내용은 앞에서 제시한 가족치료의 일반적인 내용과 "집단미술치료방법론 I"의 내용으로 대체하기로 한다.

부록1

집단 역동이해를 위한 기초자료

1. 방어기제

방어기제는 구성원 개인들의 자아가 새로운 집단에 대한 긴장과 불안에 압도되지 않고 극복하려는 시도로서 흔히 나타나는 정상적인 행동이다("표현예술치료로 만나는 정신건강 이야기" 제11장 참조). 방어기제는 프로이드에 의해 제기된 개념으로서 개인에게 스트레스를 주는 상황을 왜곡하여 자신을 속이는 방법으로 불안, 갈등, 좌절 등을 감소시키는데 도움을 주지만 지나치게 사용하게 되면 성격적인 부적응을 초래하게 되므로, 집단과정에서 치료자는 구성원의 불안을 이해하고 무의식의 의식화를 도울 수 있어야 한다. 집단에서 흔히 사용되는 방어기제는 억압, 투사, 반동형성, 치환, 합리화, 승화, 퇴행, 동일시 등이다. 아래의 내용은 "표현예술심리치료 초급과정 참고자료집"의 4부 내용에 실은 정신분석이론에 대한 나의 제시 글 가운데 일부를 옮겨왔다.

억압(repression)

억압의 개념은 프로이드학파의 치료과정에서 가장 중요한 것으로 다른 방어기제나 신경증적 기초가 된다. 이것은 위협적이거나 고통스러운 생각 또는 느낌을 자각하지 않으려는 방어수단으로서 억압된 것은 개인이 자각하고 싶지 않은 생애초기에 있었던 가장 고통스러운 사건과 관련된 경험들이다. 그 억압된 사건들은 무의식중에 의식 밖으로 내보내 기억할 수 없는 곳으로 쫓으려 하지만 현재의 개인행동에 영향을 미칠 수밖에 없게 되며 작품표현에서 두드러지게 된다.

투사(projection)

투사란 자기 안에 있는 어떤 정신의 내용을 외부에 있는 어떤 타인에게 전가한 것으로 우리의 일상생활에서 가장 흔히 또는 직접적이고 강렬하게 사용되는 기제이다. 투사는 방어기제 이전에 정신작용의 한 요소로서 기본적인 정신 과정이나, 방어적으로 사용하게 되면 이것이 내안에 있는 것을 인정하지 않고 밖으로만 보내게 되어 자신이 수용하기 싫은 소망이나 충동을 다른 사람의 탓으로 전가하는 식으로 나타내게 된다. 투사가 가장 강렬하게 나타나는 대상은 편집증적 성격을 가진 사람이며 집단에서는 치료자와 구성원 간에 가족관계와 대인관계 경험과 관련하여 흔히 나타날 수 있다.

반동형성(reaction)

개인들은 위협적인 충동에 대처하기위해 적극적으로 그러한 충동에 반대되는 행동을 하게 된다. 이것은 자신의 무의식적인 소망에 반대되거나 자신의 감정이 위협감을 느낄 때 그러한 감정을 부인하기 위해 반대행동을 함으로써 혼돈스러운 충동을 은폐하려는 것이다. 예를들면 증오심을 사랑의 표현으로 감추어 진짜감정을 숨기거나 적대감을 과도한 친절로 은폐하고 잔인성을 친절로 위장하여 나타내기도 한다. 집단에서는 타인의 지지와 친절로 위장하여 자기개방을 피하는 모습으로 드러나기도 한다.

전치(displacement)

불안에 대처하는 방법으로 위협적인 대상을 보다 안전한 대상으로 바꾸는 것이다. 본래 자기가 원하는 대상이나 사람에게 접근하기 어려울 때 다른 대상을 향해 에너지를 분출하는 것으로서 예를들면 상사에게 위협을 느낀 온순한 남자가 집에 와서 자녀에게 적절한 이유 없이 화를 내는 경우가 그러한 예이다.

합리화(rationalization)

자기보호와 체면의 유지를 위해 가장 일반적으로 사용되는 기제이다. 합리화 방어기재를 흔히 사용하는 사람은 진정한 이유를 감출 수 있는 그럴듯한 변명을 사용함으로써 부정적인 행동에 대한 사후 정당화가 될 수 있으며 마음의 평온을 얻을 수 있지만 지나치면 망상을 초래할 수도 있다. 합리화는 무의식적인 언행의 과정이므로 본인 스스로가 자신이 사용한 이유가 허구라는 것을 충분히 인식하면서 사용하는 거짓말과는 다른 것이다.

승화(sublimation)

승화의 방어기제는 억압된 충동이나 부정적인 감정을 사회적으로 잘 수용될 수 있는 형태의 욕구로 변형시켜 표현하는 것이다. 폭력성을 가진 사람이 격렬한 스포츠나 공격성이 요구되는 직업을 가짐으로서 사회적으로 승인될 수 있는 방식으로 삶의 방향을 바꾸거나, 성적인 충동이 강한 사람이 예술이나 창작활동을 통해 사회적으로 유익한 방향으로 삶을 집중하게 되는 것은 승화의 흔한 모습이다.

퇴행(regression)

욕구의 좌절을 경험한 개인은 어린 시절의 수준으로 후퇴하여 적응하려는 행동을 보이는 경우가 있다. 이것은 성인사회에서 요구되는 자주적이고 독립적인 생활과 책임의식에 대한 두려움과 불안을 다소 덜 수 있지만 성숙을 위해서는 부적합한 행동이라 할 수 있다. 이것은 집단 안에서 구성원의 동정심을 유발시키려 한다든지 당연한 과제를 회피하려고 하거나 침묵으로만 일관하는 신경질적 반응 등의 형태로 나타날 수 있다.

동일시(identification)

동일시는 타자와 자기를 동일시하는 것으로서 정상적인 정신과정에서 필요한 기제이지만 지나치면 타인성을 인정하지 못하게 되므로 사랑의 관계를 가질 수 없게 된다. 동일시를 많이 사용하는 사람은 자신보다 우월하다고 생각되는 타인의 가치나 성격특성을 자기 것으로 내면화함으로써 자신의 무능함과 나약함을 회피하는 것이다. 동일시는 개인이 완전히 무력해지는 상황에서도 자기방어 형태로 나타나며 자신의 욕구나 갈등을 대리적으로 해결할 수 있게 하는 작용도 하며 집단 효과성의 부정적 결과와도 관련이 있다.

2. 저항

집단의 저항은 구성원개인이 이전에 억압되었거나 부정되었던 것으로서 개인을 위협하는 무의식의 자료를 의식화하는 것을 피하는 것이다. 저항은 집단구성원들이 무의식적인 자료를 다루는 것을 막음으로서 집단의 바람직한 효과를 저해하므로 자유연상을 통해 집단의 저항을 다룰 수 있다. 검열 받지 않고 억제되지 않은 개인의 사고의 흐름은 인간의 무의식적 갈등에 대한 단서를 제공해준다. 집단 내에 저항이 일어날 때 치료자가 저항을 관찰하고 해석하며 지지하는 것은 구성원의 저항과 방어를 깰 수 있는 유용한 방법이다.

저항의 원인은 사생활이 침해되는 것에 대한 두려움, 치료자에 대한 독점욕구, 가족관계의 재경험에 대한 불안, 무의식을 들여다보고 논의하는 것에 대한 불안, 집단에서 얻을 것이 없다고 느낌으로서 집단을 떠나려는 것과 관련한 것 등이 공통적인 저항의 이슈이다. 이러한 집단구성원의 저항으로 인한 치료자의 좌절은 흔히 경험할 수 있는 현상이며 어떠한 집단에서든 일어날 수 있는 자연스러운 과정이다. 집단에 저항이 나타났을 때 치료자가 자신의 무능함을 자책하고 저항을 참지 못하거나 두려워하는 것은 도움이 되지 못하므로 오히려 구성원의 당면문제를 다루어야 한다. 이것은 집단과 치료자가 동일한 목적을 가지고 있다는 점을 이해하며 방어를 인정하고 저항하는 구성원을 비난하지 않아야 한다. 그 구성원이 수용하지 못하는 비판은 저항을 더욱 증가시킬뿐이므로 구성원 각자 자신들의 저항을 분석해보도록 하는 것은 매우 도움이 된다.

3. 전이와 역전이

전이는 구성원들이 무의식적으로 느끼는 감정, 태도, 상상(긍정적인 것과 부정적인 것 모두를 포함)이 치료자에게 향하는 것을 의미한다. 전이는 집단에서 구성원이 치료자의 인정을 얻으려고 할 때 명확해진다. 이러한 시도는 일반적인 관심욕구인지 구성원 개인의 일생을 지배하고 있는 미해결감정인지 탐구되어질 수 있으며, 이러한 전이는 구성원 간에도 나타날 수 있다. 집단에서 자주 등장하는 경쟁적 요소는 구성원개인의 형제자매와 관련된 초기경험과 관련된 이슈로서 탐색되어야 할 치료적 재료이다. 이처럼 집단에서 나타나는 전이내용이 가족과 관련한다는 점에서 치료자가 남녀의 성이 다른 두 치료자로 구성된다면 원 가족문제를 더욱 잘 도울 수 있어서 도움이 된다.

역전이는 치료자가 구성원의 전이욕구에 대해 무의식적이고 비자발적으로 부적절한 일시적인 충족을 주려는 반응을 의미한다. 역전이의 관점에서 치료자가 구성원으로부터 존중받고 인정받기를 원하는 욕구가 강하다면 구성원의 승인과 강화에 더 많은 의존을 하게 된다. 이때 치료자의 대부분의 행동은 구성원들의 지지를 얻기 위해 적절한 상황을 만들게 될 것이며 특정구성원의 애정을 얻기 위해 치료자의 위치를 이용하게 된다. 이러한 현상은 치료자의 미해결된 감정과 억압욕구로 인해 나타나며 집단과정을 방해하는 결과를 초래한다. 치료자가 구성원들의 증오와 질투 및 죄책감 그리고 놀라움과 사랑과 같은 감정에 좌우되지 않고 현상 그대로를 경험하고 인내한다면 역전이는 집단의 역동을 이해하는 지름길이 될 것이다.

부록 2

집단의 변화를 위한 개입기법

1. 개입기법

집단과정을 돕는 기법에는 자유연상, 꿈 분석, 저항과 전이의 해석과 처리, 초점 맞추기, 치료자의 적극적인 행동, 과정의 관찰과 평가능력 등의 기술을 사용함으로써 집단이 순조롭게 진행될 수 있다.

자유연상

자유연상은 구성원들이 자신이 경험한 고통의 정도와 비논리성에 무관하게 떠오르는 것을 무엇이든 말하게 하는 것으로서 개인의 억압된 무의식의 감정을 드러내도록 하는 기본적인 기법이다. 이러한 접근은 구성원이 돌아가면서 주제를 이야기하는 것보다는 먼저 이야기하고 싶은 사람이 언제든지 어떠한 이야기든 자유롭게 하도록 하는 것이다. 예를들면 어떠한 구성원들이 자신의 꿈이나 상상을 이야기하면 각자가 각 구성원들의 꿈에 대해 자유연상을 하도록 안내하고 돌아가면서 공유하도록 함으로써 서로가 적극적인 보조치료자가 되도록 돕는 것이다. 이 과정을 통해 구성원들은 자신의 내적감정들을 드러내고 적극적인 자세로 집단에 참여하고 심리적 갈등을 이해할 수 있는 능력을 키우게 된다. 자유연상을 통한 구성원들의 무의식의 언어는 제3의 귀로 듣는 의식화의 언어로서 통찰을 가능하게 한다.

꿈 분석

구성원 개인이 꿈을 집단에 내어 놓는다는 것은 직면하기 어려워하는 감정과 동기를 구체적인 방법으로 다루고 통찰하도록 돕는다. 집단 초기에 꿈을 내어놓고 나눔을 하는 것은 구성원들의 감정과 행동과 생각을 이해하는데 유익한 자료를 제공하며 집단의 경험을 풍부하고 자유롭게 한다. 그러므로 집단에서 꿈을 다룬다는 것은 집단의 적극적인 참여와 갈등에 대한 통찰을 위해 매우 의미 있는 일이며 구성원개인의 미해결문제를 다루는데 있어 중요한 기회가 된다.

해석 다루기

집단에서 해석을 통해 행동의 의미를 이해하는 것은 치료과정을 가속화하지만, 구성원들이 해석을 이해하고 수용할 준비가 되지 않은 시기에 해석을 하는 것은 불안을 촉진하고 저항을 유도할 수 있으므로 감정을 해석하기 전에 방어형태가 먼저 이해되어야 한다. 해석은 내면에서부터 해석되는 것이 아니라 표면적인 것에서부터 시작하여 정서적으로 허용될 수 있는 영역까지만 다뤄져야 한다.

저항의 처리

처음 집단에 참여한 사람들은 불안과 긴장을 가지고 참여하므로 타인의 이야기는 하면서 자신의 이야기는 드러내지 않으려하므로 집단과정에 도움이 되지 못하는 경우가 흔히 있다. 이러한 저항적인 구성원을 대처하는 방법은 개별개입이 도움이 되며 그의 감정을 드러내도록 도와야한다. 치료자가 모든 구성원에게 도움이 될 수 없다는 한계성도 인정함으로써 현실적이고 유연성 있게 대처할 수 있어야 한다.

초점 맞추기

집단에서 한 구성원의 관심사에 대해 집단이 함께 생각하도록 주제를 중심으로 모으는 것을 초점 맞추기라고 한다. 이때 유의할 점은 집단목표의 초점에서 벗어나지 않도록 중재하는 치료자의 자세가 중요하다.

2. 전이와 집단치료자의 역할

- 주제를 확인하고 명료화하며 초점을 맞추도록 지도적 기능을 담당한다.
- 신선한 자극을 줌으로써 능동적인 집단을 가능하게 한다.
- 구성원의 의식적 자아와 무의식적 자아를 연결해주는 확충적 역할을 한다.
- 해석을 통해 구성원 개인이 미처 자각하지 못하는 의식의 자료를 통찰하도록 돕는다.

부록 3

효과적인 집단치료 과정기록의 기본지침

1. 유의해야 할 일반적인 사항

- 기록은 가능한 정확하고, 간결하고, 명료하게 목표에 합당한 내용으로 정리한다.
- 지워질 수 있거나 물에 번지는 필기도구는 사용하지 않는다.
- 기록은 임상처에서 집단이 종료된 직후 기록한다.
- 기록에 대한 비밀보장을 위해 기록지를 메일로 보내거나 팩스로 보내지 않는다.
- 기록 마지막에는 기록자의 이름이 분명히 기재되어 있는지 확인하고, 이름 앞에는 '미술치료사'라고 기록한 후 수련생 또는 실습생의 경우에는 항상 슬러쉬(/)를 한 뒤 감독자의 이름을 기록(예 : 수련 실습생 김○○ / 미술치료사 김○○)하고 확인 서명을 받거나, 실습생○○○라고 기록하고 줄바꿔 아래에 미술치료사 ○○○라고 기록하고 서명한다.
- 기록일자를 분명히 기록한다.
- 이미 기록한 내용을 반복하지 않는다.
- 보편적이지 않은 용어와 기호 등의 사용을 피한다.
- 기관 내에서 통용되지 않은 전문용어 사용에 유의한다.
- 사적인 정보를 구체화하지 않는다.
- 읽는 사람이 쉽게 파악할 수 있도록 깔끔하고 단정한 글씨체로 기록하고 긴 내용에는 소제목을 붙인다.
- 실수한 문장에는 수정 펜을 사용하지 않고, 두 줄을 긋고 error라고 쓴 후 기록자의 성

명과 날짜를 기록한다.

- 질적 평가가 될 수 있는 내용으로 체크리스트를 사용하면 보다 객관적인 기록을 가능하게 한다.

2. 회기시작에 대한 내용기록에서 다뤄져야 할 이슈

- 집단 전 분위기를 관찰하고 기록에 포함했는가?
- 집단 시작나눔에서 구성원들은 집단에 무엇을 제공했는가?
- 집단구성원들의 문제를 다루기 위해 초점화한 체험주제를 구체화한 대화를 어떻게 활용했는가?
- 집단 시작과정에 목표수정이 있었는가?

3. 회기과정 기록에서 다뤄져야 할 내용

- 과정 중에 무슨 일이 있었는가?
- 하위그룹의 형성이 있다면 집단에 어떠한 영향이 있는가?
- 구성원 간에 비언어적 상호작용, 언어적 상호작용, 작품의 표현이미지에 들어있는 의미는 구성원 개인의 또는 집단의 무엇을 의미하는가?
- 집단의 중요한 역동은 무엇인가?
- 집단이 제기한 어떠한 특징 이슈에 모두 동의하는가?
- 집단과정의 발달에 따른 집단의 목표와 구성원 개인의 목표가 달성되고 있는가?
- 집단과정은 구성원 전체가 공동으로 창조하고 있다고 생각되는가?

4. 회기요약과 관련하여 생각해보아야 할 내용

- 집단의 회기과정 요약은 집단과 개인의 목표와 역동을 다루고 있는가?
- 집단의 초기목표가 계속적으로 집단의 욕구를 다루고 있는가?
- 집단과정 중에 초기에 설정된 내용과는 다른 수정된 접근을 사용하고 있는가?
- 집단의 목표와 접근방법이 수정되었다면 집단의 어떠한 변화 때문인가?
- 초기의 집단목표와 접근방법이 계속되고 있다면 그 방법이 집단의 목표를 충분히 달성하고 변화효과를 보이고 있는가?

- 치료자는 이 집단사례를 수퍼비전이나 연구자료로 사용하고자 하는 목표를 가지고 있는가?
- 이 집단사례가 치료자 사용의 목표를 담고 있다면 동의서를 받았는가?

부록 4

가족 역동이해를 위한 기초자료

1. 가족의 관점과 실제 상호작용

가족체계와 경계선

가족체계란 외부환경과 경계선에 의해 구분되어지는 가족 상호작용의 체계로서 가족은 전체적인 하나의 체계로 인식되며 부부하위체계, 부모-자녀하위체계, 형제하위체계로 나뉜다. 가족체계의 경계선은 가족하위체계들 속에서 구분되는 상호작용으로서 명확한 경계선, 애매한 경계신, 경직된 경계선으로 나타난다.

[부록 4-1]

구조주의 가계도에서 사용되는 기호	
- - - - - - - - - - -	명료한 경계선 (clear boundary)
··	애매한 경계선 (diffused boundary)
————————	경직된 경계선 (rigid boundary)
═══════	협력관계 (affiliation)
≡≡≡≡≡≡≡	지나친 밀착관계 (overinvololrement)
——+ +——	갈등관계 (comfilict)
}	연합 (alliance)
→	우회 (detour)

가족규칙

가족은 규칙에 의해 지배된다. 가족의 일상생활에서 구성원 중 누가 힘을 가지고 어떤 일을 할 것인가에 대한 규칙이 있으나 역기능적 가족관계에서는 가족규칙이 드러나지 않고 암묵적으로 동의된 내재화된 불문율이 있다. 치료자는 가족에게 역기능적인 가족규칙 표를 만들어보도록 함으로써 가족 내에 드러나지 않으면서 동의된 규칙을 평가할 수 있다.

가족신화

가족신화는 모든 가족이 가족관계에 대해 의심없이 갖는 기대와 믿음을 의미한다. 치료자는 가족의 신화를 찾아볼 수 있는 단서가 있는지 그리고 그 단서를 통해 그 가족의 어떠한 신화를 추측해 볼 수 있는지 평가할 수 있다. 그것은 가족이 어떠한 행동의 결과를 어디에서 원인을 찾으려 하는가를 파악하는 것이 도움된다. 가족신화는 치료목표를 정하고 가족의 저항을 최소화 하는데 도움이 된다.

가족항상성과 변형성

항상성이란 가족체계가 가족전체의 일정한 상태나 바람직한 균형을 유지하려고 노력하는 경향에서 나타나는 반면에 변형성은 새로운 균형을 위해 변화하려는 특성이다. 치료자는 가족의 위기문제를 다룸에 있어서 그 가족이 위기문제에 어떻게 대처하고 있는지 평가함으로써 가족의 변화노력을 이해할 수 있다.

2. 가족문제를 이해하기위한 개념의 틀

분화

분화란 가족개인이 다른 가족과 상호작용할 때 감정적으로 접촉하면서 개인 자신으로 머물러 있을 수 있는 정도를 의미한다. 분화가 잘된 가족은 자신의 사고와 감정을 구분할 수 있고 스트레스상황에서 자율성을 유지할 수 있다. 치료자는 가족의 분화척도를 1~100의 범위에서 분화척도를 평가해봄으로써 가족의 분화정도가 관계에 어떠한 영향을 미치는지 이해하고 가족관계가 기능적으로 분화하도록 돕게 된다.

삼각관계

삼각관계는 세 명의 가족구성원이 불안할 때 두 가족이 밀착하고 한 사람이 소외되는 관계로서 두 사람관계에서 소외된 한 가족원은 관계를 위해 사람이나 사물 또는 사건을 끌어들이는 것을 의미한다. 가족 삼각관계를 다루는 치료자가 자신의 원 가족관계에서 분리되지 못하면 치료상황에서 치료대상인 가족이 만드는 삼각관계에 휘말릴 수 있으므로 유의해야 한다. 치료자는 치료상황에서 가족의 삼각관계가 어떻게 나타나고 있는지 그리고 삼각관계에 들어간 구성원은 누구이며 어떠한 현상이 일어나고 있는지 평가할 수 있어야 한다.

융합과 정서적 단절

융합은 가족개인이 가족에게 정서적으로 지배된 상태를 의미하며, 정서적 단절이란 원 가족관계에서 가족들이 분화되기를 원하지만 정서적 어려움을 해결하지 못하고 단절된 정서상태를 의미한다. 정서적 단절의 예는 청소년자녀가 부모와의 정서적 관계에서 자유로워지기 위해 사용되기도 하며, 이러한 정서적 단절은 상대방을 회피하거나 전혀 접촉하지 않는 양상으로 나타날 수 있다.

가족세대간 대물림

세대 간의 가족관계는 질서 있고 예견이 가능한 과정으로 한 세대에서 보이는 분화의 수준은 다음 세대에서 나타나는 분화수준과 밀접한 관련이었다. 치료자는 가족의 대물림현상이 있는지 살펴보고 그것은 무엇이 가족문제와 어떠한 관련성이 있는지 평가해야 한다.

출생순위

개인의 출생순위는 다른 사람과의 관계양식에 영향을 미치며 다르게 기능한다. 치료자는 가족개입에서 구성원의 출생순위가 가족 내에 영향을 주고 있는지 가족구성원 개인이 관계를 형성하는데 어떠한 영향을 미치는지에 대한 평가는 가족의 관계와 문제를 이해하는데 도움이 된다.

의사소통양식

가족의 의사소통양식은 관계를 규정하고 규칙을 함축하고 있다. 가족의 의사소통양식이 대칭적인지 보완적인지, 그러한 양식이 가족관계에 어떠한 영향을 미치는지 지각하도록 도움으로서 상호작용의 변화를 유도한다.

가족발달주기와 환경적 요인

가족개인과 가족전체는 어떠한 발달단계에 있으며 어떠한 위기를 겪고 있는지, 가족의 외부 환경적 요소는 가족문제에 어떠한 영향을 미치는지 파악하는 것은 치료의 초점화를 가능하게 한다.

부록 5

가족 변화를 위한 개입지침

1. 가족과의 첫 만남

가족의 불안을 감소시키고 신뢰감형성을 위해 노력하며 가족욕구에 초점화하여 면담의 방향을 구조화하고 공유한다. 가족모두에게 이야기할 기회를 제공하고 치료자는 가족개인이 아닌 모두와 상호작용하며 가족이 치료에서 기대하는 것에 대해 질문하고 명료화한다.

2. 치료환경의 구조화

외부로부터 침해받지 않는 안전한 치료환경을 설정하고 치료자가 주도적인 역할로서 과정의 틀을 제시한다.

3. 문제를 개념화한다

가족문제가 무엇인지, 그 문제가 가족에게 문제시되는 이유를 파악하고 문제의 맥락을 규정한다.

4. 가족가계도 평가

가족관계, 실제사실, 구조적평가, 발달주기, 대물림, 하위체계의 권력관계, 통제, 의사소통, 지배적인 정서, 사회문화적 관점, 주요사건 등의 평가와 생태도에 대해 평가한다.

가계도 작성 방법의 도식기호와 관계표시

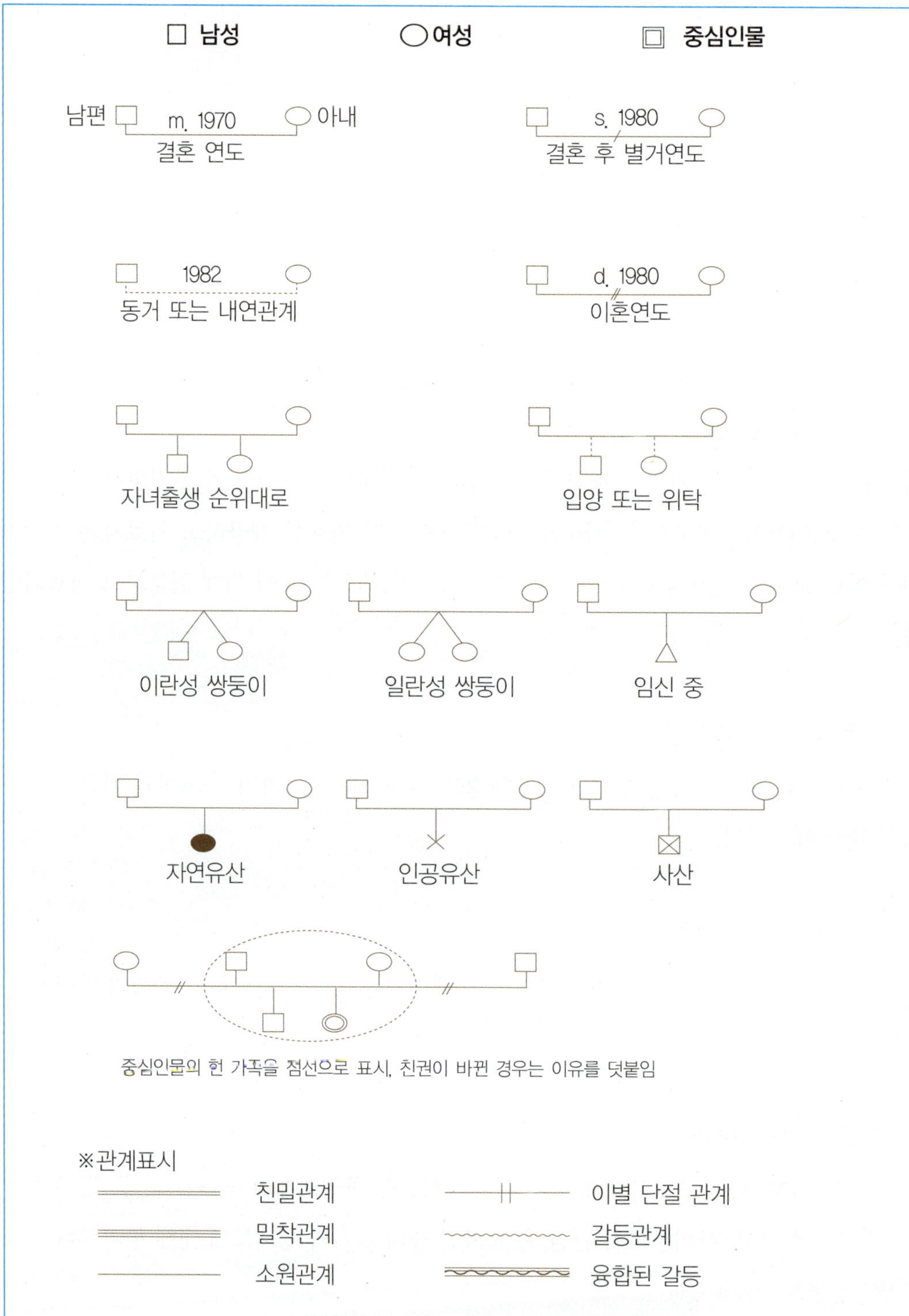

면담에서 사용되는 질문의 범위

- 질문은 제시된 문제에서 시작하고 문제의 배경으로 확장한다.
- 동거가족에서부터 시작하여 확대가족과 사회심리체계로 확장한다.
- 현재의 가족상황에서 가족사로 구체화해간다.
- 대답하기 쉬운 내용에서 시작하여 불안을 느낄 수 있는 내용으로 구체화한다.
- 사실적인 가족인식 내용에서 가족유형의 가설세우기까지 확장한다.

면접에서 다루어져야 할 정보수집 내용

- 동거가족을 확인하고 문제에 대한 반응이 어떠한지 질문한다.
- 가족의 최근변화와 사건 등 현실상황을 파악한다.
- 확대가족관계와 생활에 영향을 미치는 주요한 가족이 누구인지, 그의 역할은 무엇인지, 지역사회에 미치는 도움이 무엇인지 관련성 등을 질문한다.
- 핵가족과 동거가족의 출생, 출생순위, 결혼, 별거, 사망, 직업, 학력, 현주소 등의 사실적 정보를 파악한다.
- 가족의 상실과 출생 등의 사건에 대한 가족의 반응을 토대로 적응 유형과 변화를 파악한다.
- 가족의 친밀관계와 갈등관계를 추적한다.
- 가족 중 누가 강자이고 약자, 보호자, 문제아 취급, 지배자, 복종자, 실패자, 성공자, 냉정함과 따뜻함 등을 파악한다.

가계도에 대한 해석

- 가족구조 : 가족구성의 유형(핵가족, 한부모가족, 재혼가족, 다세대가족, 동거인 등)과 형제의 나열(순위, 성별, 연령차, 가족사에서 출생의 시기, 개인특성, 자녀에 대한 가족의 계획, 성차에 대한 부모의 태도와 편견, 부모의 형제위치와 자녀의 형제위치의 유관성)을 평가한다.
- 생활주기의 적합성 : 가족의 발달과 가족유형에 따른 발달적 과제의 적절한 경험과 단계의 인지수준을 평가한다.
- 세대를 통해 반복되는 유형 : 역할, 관계, 구조의 반복성을 평가한다.

- 인생의 중대사와 가족역할 : 중대사의 우연성, 생활변화나 재난에 의한 충격, 기념일에 대한 반응, 사회 · 경제 · 정치의 영향
- 삼각관계 유형 : 삼각관계, 부모자녀 간의 삼각관계, 부부의 삼각관계, 이혼과 재혼가정의 삼각관계, 위탁 또는 입양가정의 삼각관계, 다세대에 걸친 삼각관계의 반복과 유형, 가족이외의 삼각관계에 대해 평가한다.
- 가족의 균형 : 가족구조, 가족원의 역할, 가족개인의 기능수준과 유형, 자원의 정도에 대해 평가한다.

가계도에 기록해야 할 사항

- 구성원의 이름, 별명, 가족애칭
- 출생, 사망, 질병, 결혼일, 이사와 승진 및 졸업 등의 정보와 날짜
- 가족외의 동거여부
- 확대가족과의 접촉빈도와 유형
- 가족관계의 친밀정도 표기
- 정서적 단절이 있다면 언제부터, 이유는 무엇인지 파악한다.
- 이 외에 종교, 사회경제적 수준, 정서적 이슈 등을 포함한다.

5. 호소문제의 기능

호소문제는 가족의 역기능적인 상호작용체계를 나타내는 기능을 가지므로 가족개인의 호소문제가 가족 내에서 어떠한 역할을 하는지 살펴보는 것은 매우 중요하다.

6. 호소문제의 결과에 대한 평가

- 호소눈제로 인해 주변체계의 행동이 달라진 것이 있는가
- 호소문제가 가족의 상호작용을 증가시키는가
- 호소문제가 부모 중 다른 한쪽과 적대적이 되거나 상호작용을 증가시키는가
- 호소문제가 또 다른 문제를 만들어 내거나 전이되었는가
- 행동의 증가는 가족의 반응을 얻기 위해 필요했는가

- 누가 누구와 시간을 많이 보내는가
- 가족 내에서 어떤 일이 피해지고 싸우지 않고 있는가

7. 호소문제와 관련된 또 다른 증상이 있는지 평가한다

8. 호소문제에 대한 치료적 관점과 목표설정

치료목표는 현실적이고 성취 가능한 구체적인 목표를 설정하고 장기목표와 단기목표를 설정한다.

호소문제의 배경과 힘

- 호소 문제를 통해 얻어지는 것은 무엇인가?
- 호소 문제가 누구에게 이익을 주는가?
- 그 호소문제는 왜 지금에서야 공개되고 있는가?
- 호소문제는 가족의 패턴과 구조에 어떤 방식으로 관련되고 있는가?
- 호소문제는 어떤 패턴으로 유지되고 있는가?
- 호소문제의 결과는 무엇인가?

행동의 의미

- 호소문제는 어떤 가족구성원에 초점이 맞추어져 있는지, 가족의 이상적 가치, 실제행동 등과 관련하여 어떻게 정의되고 있는가?
- 호소문세와 관련된 행동은 가족, 언론매체, 약물사용, 정신건강관련 전문가 등 누구에 의해 강화되고 실제화되고 있는가?

행동에서 호소문제로 가는 과정

- 무엇이(행동 그 자체, 시간, 결과 등) 그 행동을 문제로 만드는가?
- 누구(다른 가족구성원, 학교, 이웃 등)를 위한 문제인가?

변화를 위한 요소

- 무엇이 변화되어야 하나?
- 누가 치료에 들어와야 하나?
- 치료의 시점과 기간은 어떻게 정해야 하나?
- 어떠한 구조적 변화가 가능하겠는가?
- 문제를 가진 구성원이 또는 모든 가족이 그 문제를 인식하고 있는가?
- 문제해결을 위해 누가 가장 많이 노력하고 있는가?
- 변화가 일어나면 가족에게 어떠한 일이 일어나는가?
- 치료자는 가족 중 누구를 가장 치료에 잘 이용할 수 있는가?

9. 재구조화

- 가족을 직면시켜 가족관계의 병리적 경향을 통찰하고 상호작용을 변화시켜 역기능적 행동을 기능적 행동으로 대치시킨다.
- 가족경계를 명료화 한다.
- 가족지도를 사용한다.
- 가족이 가족사의 어느 부분에 관심 가지는지 파악한다.
- 가족이 서로 다른 의견을 가질 수 있다는 것을 제시한다.
- 가족간에 서로의 고통에 대해 말할 수 있게 한다.

10. 구조를 찾는 방법

- 가족구성원이 가족 내에서 어떠한 역할을 하고 있는지 찾는다(보호자, 가해자, 피해자 역할 등).
- 가족의 패턴을 찾는다(연속된 흐름이 있는가, 그 흐름은 어떻게 시작되었으며 누가 그 흐름에 빠져있는가, 가족구성원에 대한 반응은 무엇이며 그 반응은 표면화되는가 또는 숨어있는가, 어떻게 그 흐름이 끝나는가, 누가 어떤 방식으로 대답하는가, 대답은 자신감을 가지고 힘있게 또는 약하게 하는가, 비언어적 용어들은 어떤 것들이 사용되고 있는가 등을 파악한다).

- 구조를 찾는다(누가 어떤 역할을 수행하나, 누가 어떤 책임감을 가지고 있는가 등을 평가해봄으로써 가족체계 내에서 규정지어진 역할을 이해할 수 있다).

11. 질문하기

- 예외질문
- 기적질문
- 척도질문
- 대처질문

12. 재 정의

- 비난보다는 원하는 것과 필요로 하는 것을 부각시킴으로서 가족의 행동을 수용하고 이해하는 가운데 가족개인을 새롭게 인식하는 기회가 된다.
- 가족행동의 리스트를 작성해보는 것도 도움된다.

13. 행동과제

- 가족조각, 역할놀이, 긍정적 강화, 돌보는 날 등의 과제 사용
- 의사소통훈련, 문제해결훈련 등을 적용할 수 있다.

14. 평가와 사후계획

부록 6

효과적인 가족치료 과정기록의 기본지침

1. 확인되어야 할 일반적인 정보

간략한 가족력

- 문제는 언제부터 나타났으며 어떠한 상황에서 가족이 그것을 문제 상황으로 여기게 되었는가?
- 가족의 발달주기와 문제의 관련성이 있는가?
- 문제를 보게 된 최초의 사람은 누구인가?
- 문제는 대물림되는 가족 역사와 관련이 있는가?
- 가족 중 누가 증상의 보유자로 보이는가?
- 치료에 들어와야 한다고 느끼는 사람은 누구인가?
- 가족이 치료자를 어떻게 인지한다고 생각하는가?
- 치료계획을 고려할 때 어떠한 이론이 가족의 욕구에 적합하다고 느끼는가?

2. 회기시작에서 다뤄져야 할 이슈

- 회기의 시작은 어떻게 이루어졌는가?
- 가족구성원들은 치료시작 나눔에서 치료자에게 무엇을 제공했는가?
- 가족의 호소 문제를 다루기 위해, 초점화한 창작체험의 주제를 구체화한 대화는 어떻게 활용하였는가?
- 목표수정이 있었는가?

3. 회기과정 기록에서 다뤄져야 할 내용

- 회기 중에 무슨 일이 있었는가?
- 기족 간에 비언어적 상호작용, 언어적 상호작용, 작품의 표현이미지에 들어있는 의미 등은 가족의 무엇을 의미하는가?
- 회기중에 드러난 가족의 역동과 중요한 이슈는 무엇인가?
- 가족들이 과정중에 드러난 특징 이슈에 모두 동의하는가?
- 회기과정의 발달에 따른 가족의 적합한 목표가 달성되고 있는가?
- 가족들이 자신들의 치료과정을 공동으로 창조하고 있다고 생각하는가?

4. 회기요약과 관련하여 생각해보아야 할 내용

- 가족의 회기과정 요약은 가족과 구성원 개인의 욕구와 역동적 이슈를 다루고 있는가?
- 치료초기에 다루었던 치료목표로 계속 가족의 욕구를 다루고 있는가?
- 초기계획과는 다른 수정된 접근을 사용하고 있는가?
- 치료목표와 접근방법이 만약 수정되었다면 어떠한 이유때문인가?
- 최초의 목표와 접근방법이 그대로라면 그 방법이 가족의 변화에 효과가 있는가?
- 이 가족의 사례가 치료자자신의 수퍼비전이나 연구자료로 사용하고자 하는 목표를 가지고 있는가?
- 사례가 치료자 사용의 목표를 담고 있다면 동의서는 받았는가?

참 고 문 헌

대한신경정신의학회(1997). 신경정신과학용어집. 중앙문화사.

옥금자(2007). 집단미술치료방법론Ⅰ. 하나의학사.

옥금자(2007). 청소년임상미술치료방법론. 하나의학사.

옥금자(2001). 표현예술심리치료 4단계Ⅱ 교육 자료집. keapa광주 출판물

한국정신보건사회사업학회 편(2001). 정신보건전문요원 수련교재. 양서원.

Bateson, G.(1972). steps to an ecology of mind New York:

Ballantine. Griffin, W. A. (1993). Family therapy: Fundamentals of theory and practice. New York: Brunner/Mazel

Bion, W. (1961). Experience in Groups, London: Tavistock/Routledge.

Bowen, M.(1976). Theory in the practice of psychotherapy. In P. J. Guerin(Ed), Family therapy: Theory and practice. New York: Gardner.

Bowen, M.(1978). Family therapy in clinical practice. New York: Jason Aro-nson.

Dalley, T. (1993). Art Psychotherapy Groups. Group Work with children and Adolescents. London: Jessica Kingsley Publishers.

Erikson, J. (1988). Wisdom and the senses. New York: Norton.

Foulkes, S. H.& Anthony, E. J. (1984). Group Psychotherapy: The Psychoa-nalytical Approach. London: H. Kamac Books.

Freud, S. (1921). "Group psychology and the Analysis of the Ego." In S. Freud (ed.) Civilisation, society and Religion. Harmondsworth: pelican Books.

Freud, S. (1921). "Group psychology and the Analysis of the Ego." In S. Freud(ed.) Civilisation, society and Religion. Harmondsworth: Pelican Books.

Haesler, M. P. (1997). In K. Killick & J. saverian. Art Psychotherapy and psychosis. New York: Routledge.

Landgarten, H. (1987). Family art psychotherapy. New York: Brunner/Mazel.

Le Bon, G. (1895). Group Mind. London: Fisher Unwin Publications.

Lieberman, M. (1996). Art approaches to conflict. London: Jessica Kingsley Publishers.

Malchiodi, C. A. (1998). The art therapy source book. Lincolnwood, il: Low-ell House.

Malchiodi, C. A. (2003). Handbook of art Therapy. New York:Guilford press.

Malchiodi, C. A. (1998). Understanding Children's Drawings. New York: Guil-ford press.

McDougall, W. (1920). Organized and Unorganized Group Mind. London: Ca-mbridge University press.

Nadeau, K. (1997) ADD in the Workplace. New York: Brunner/Mazel.

Nadeau, K. Littman, E. and Quinn, P. (1999). Understanding Girls with ADHD. silver spring, MD: Advantage Books.

Pertman, A. (2000). Adoption nation: How the adoption revolution is transfo-rming America. New York: Basic Book.

Riley, S. (1999). Contemporary Art Therapy with Adolescents London:Jessica Kingsley Publishers.

Riley, S. (2001). Group process Made visible Group Art Therapy.

TRotter, W. (1921). The Instincts of the Herd in war and peace. London: Emest Benn.

TRotter, W. (1921). The Instincts of the Herd in war and peace. London: Emest Benn.

Waller, D. (1993). Group Interactive Art Therapy. London : Routledge.

Winnicott, D. (1965). The Maturational processes and the Facilitating Envir-onment, London: kamac.

찾 아 보 기

- 한글 -

(ㄱ)

(ㄴ)

(ㅅ)

(ㅇ)

(ㅊ)

(ㅌ)

– 인명 –

저자 약력

옥 금 자

임상사회사업학석사, 상담학박사, 철학박사
간호사로서 그리고 임상사회사업가로서 일반병원과 정신병원에서 수년간 일하고, 이후 15년 이상 한양대학원과 명지대학원 및 광주대학교에서 겸임교수로 있었다. 현재는 예술심리치료사와 정신건강상담사들을 훈련하고 있고 한국표현예술심리치료협회 수련감독자와 미국 Lighthouse Counseling Center-Korea 수련감독자, 사)마음등대-한국학교미술치료연구회 대표, 미국 Cumberland University 협력교수로서,
미국 Lighthouse Counseling Center(North Carolina 소재)와 연계기관으로 옥금자정신건강연구소를 운영하고 있다. 주요 임상대상은 정신건강 및 정신장애를 가진 대상이며 개별치료와 부부 및 가족치료를 집중적으로 하고 있다. 임상자격증은 정신보건전문요원, 정신건강 상담전문가, 예술심리치료전문가, 가족상담사, 대상관계정신분석치료사이다.

저서와 역서

- 청소년임상미술치료방법론(하나의학사, 2005)
- 미술치료평가방법의 이론과 실제(하나의학사, 2005)
- 집단미술치료 방법론 I - 이론과 기법(하나의학사, 2006)
- 집단미술치료 방법론 II - 임상적 실제(하나의학사, 2007)
- 모든 연령의 아동을 위한 미술치료-치료사들을 위한 요리책(하나의학사, 2010, 역서)
- 미술치료의 발달적 심리학적 매체선택과 적용(하나의학사, 2013)
- 의료미술치료의 실제(하나의학사, 2015, 공역)
- 아동청소년의 트라우마 극복을 위한 인지적 접근 미술치료(하나의학사, 2016, 공역)
- 이상심리 미술치료 지침서(하나의학사, 2016)
- 집단미술치료 방법론 I - 이론과 기법 · 개정판(하나의학사, 2016)
- 집단미술치료 방법론 II - 임상적 실제 · 개정판(하나의학사, 2016)
- 표현예술치료로 만나는 정신건강이야기(시그마프레스, 2009)
- KSATI 학교미술치료지침서 1편-학교미술치료의 실제(시그마프레스, 2008)
- KSATI 학교미술치료지침서 2편-위기의 아동청소년을 위한 학교미술치료지침서(시그마프레스, 2010)
- KSATI 학교미술치료지침서 3편-학교미술치료지침서-아동청소년치료의 평가방법과 임상준비를 위한(시그마프레스, 2013)
- KSATI 학교미술치료지침서 4편-발달적 접근과 특성별 지침서-미술치료사의 아동청소년정신건강을 위한(시그마프레스, 2014)
- KSATI 학교미술치료지침서 5편-미술치료 프로그램 매뉴얼-아동청소년의 부적응예방을 위한(시그마프레스, 2015)
- 학교표현예술치료-임상감독과 프로그램 개발가이드(시그마프레스, 2007, 역서)

이 외에 10여 편이상의 논문과 10권 이상의 미술치료 및 정신의료관련 자료집을 발간하였다.

집단 미술치료 방법론 II

임상적 실제

(개정판)

초판발행일	2007년 10월 30일
개정판인쇄일	2016년 11월 07일
개정판발행일	2016년 11월 17일
지 은 이	옥 금 자
펴 낸 이	오 무 근
펴 낸 곳	도서출판 하나의학사
출 판 신 고	제25100-2013-000061호(1988. 4. 1)
주 소	서울시 서대문구 거북골로 7-7 (홍은동) 하나빌딩 1층
전 화 번 호	02)730-2555, 2556
팩 스	02)730-2557
홈 페 이 지	www.hanampc.co.kr
이 메 일	hanampc1@naver.com

정가 18,000원

ISBN 979-11-85696-37-9 93180